公共安全视频图像信息系统管理条例

理解与适用

刘为军　倪　龙
编著

中国法治出版社
CHINA LEGAL PUBLISHING HOUSE

前　言

近年来，公共安全视频图像信息系统（以下简称公共安全视频系统）在维护社会治安秩序、预防和打击违法犯罪等方面发挥了重要作用。与此同时，公共安全视频系统重复建设、非法乱建及视频图像信息被随意收集、泄露、滥用等问题时有发生，构成公共安全、个人隐私和个人信息安全隐患，甚至危及国家安全。为规范公共安全视频系统建设、使用，更好维护公共安全、保护个人隐私和个人信息权益，有必要通过专门立法予以规范。随着《中华人民共和国网络安全法》《中华人民共和国数据安全法》《中华人民共和国个人信息保护法》等法律法规相继出台，如何规范公共安全视频系统的建设使用更加引发社会关注。

《中华人民共和国个人信息保护法》第二十六条明确要求，在公共场所安装图像采集、个人身份识别设备，应当为维护公共安全所必需，遵守国家有关规定，并设置显著的提示标识。然而，该条中的“国家有关规定”

在该法颁布时尚付阙如。在一系列公共视频泄露、滥用和公共安全视频系统遭受网络攻击事件的催动下，近年来，全国人大代表、政协委员多次在全国两会上提出加快公共安全视频系统立法的建议或者提案。

为规范公共安全视频系统的建设、使用和管理，维护公共安全，保障公民、法人和其他组织的合法权益，公安部早在2016年即会同有关部门研究起草了《公共安全视频图像信息系统管理条例（征求意见稿）》并向社会公开征求意见。此后，经充分调研、广泛征求意见和深入研究论证，公安部再次起草《公共场所视频图像信息系统管理条例（征求意见稿）》，并于2024年4月8日发布，向社会公开征求意见。此后，条例名称被改回《公共安全视频图像信息系统管理条例》。2024年12月16日，国务院第48次常务会议审议通过《公共安全视频图像信息系统管理条例》，2025年1月13日，李强总理签署国务院令，公布《公共安全视频图像信息系统管理条例》（中华人民共和国国务院令第799号，以下简称《条例》），自2025年4月1日起施行。《条例》以“小切口”立法模式解决了公共安全视频系统建设、使用及监督管理领域缺乏专门性国家立法的不足，为高效利用公共安全视频系统并有效降低风险提供了操作规范。

《条例》是贯彻落实党中央、国务院有关决策部署的重大举措，有利于规范公共场所建设、使用公共安全视频系统的行为，更好维护公共安全，保护个人隐私和个人信息权益。《条例》聚焦公共场所安装的公共安全视频系统建设、使用的指导和监督管理，主要把握了以下三点：一是坚持问题导向，聚焦非法乱建、信息滥用等突出问题，有针对性地建立健全规范公共安全视频系统建设、使用的各项制度。二是坚持维护公共安全与保护个人隐私和个人信息权益并重，对建设主体、建设目的、位置角度、使用限度等作出严格限制。三是坚持突出重点，着重规范公共场所维护公共安全的视频系统建设、使用，涉及行业监管、社会治理等内容由其他相关法律法规调整。《条例》共34条，主要规定了以下内容：

（一）坚持党的领导。公共安全视频系统管理工作坚持中国共产党的领导，贯彻党和国家路线方针政策和决策部署。

（二）严格规范建设，严禁非法乱建。一是要求县级以上地方人民政府加强统筹规划，避免重复建设，政府有关部门、经营管理单位按照规划、相关标准建设公共安全视频系统，合理确定图像采集设备的安装位置、角度和采集范围，并设置显著的提示标识。二是将建设主体限定为政府有关部门、负有经营管理责任的单位、负有安全防范义务的单位或者个人，建设目的限定为维护公共安全所必需，禁止无关单位或者个人在公共场所安装图像采集设备设施。三是禁止在旅馆、民宿等经营接待食宿场所的客房或者包间内部，学生宿舍或者单位为内部人员提供休息服务的房间内部，公共的浴室、更衣室等内部，以及能够拍摄、窥视、窃听他人隐私的其他区域、部位安装图像采集设备设施。四是明确在军事禁区、军事管理区以及国家机关等涉密单位周边安装图像采集设备设施的，应当事先征得相关涉密单位同意。

（三）明确各方责任，压实管理义务。一是规定建设公共安全视频系统应当按照相关标准设计、施工、检验、验收，采用的产品、服务应当符合国家标准的强制性要求。二是要求公共安全视频系统管理单位履行运行安全管理职责，保障系统连续、稳定、安全运行，确保视频图像信息原始完整。三是明确公共安全视频系统管理单位使用视频图像信息的总体要求，并规定其应当采取措施防止滥用、泄露。四是明确电信业务经营者对视频图像信息传输的安全管理义务，以及设计、施工、检验、验收、维护等单位对视频图像信息的保密义务。

（四）加大保护力度，确保个人信息安全。一是明确视频图像信息保存期限届满后，对已实现处理目的的视频图像信息应当删除。二是明确国家机关为履行法定职责需要查阅、调取视频图像信息应当依照法定权限、程序，严格遵守保密规定，不得超出履行法定职责所必需的范围和限度。三是将本人、近亲属或者其他负有监护、看护、代管责任的人查阅关联视频图像信息的情形，限定为保护自然人的生命健康、财产安全需要，并要求经公共安全视频系统管理单位同意。四是要求依法公开传播视频图像信息时，对个人、组织的有关信息采取严格保护措施。五是要求在非公共场所安装图像采集设备设施不得危害公共安全或者侵犯他人合法权益，不得非法对外提供或者公开传播涉及公共安全、个人隐私和个人信息的视频图像信息。

（五）加强监督管理，严格法律责任。一是明确公安机关负责公共安全视频系统建设、使用的指导和监督管理，加强监督检查，建立备案制度，要求公共安全视频系统管理单位在规定时间内将相关基本信息向公安机关备案、及时办理备案变更，并规定有关单位或者个人发现违法安装图像采集设备设施的，可以向公安机关举报。二是明确对违法安装图像采集设备设施的，由公安机关没收相关设备设施、删除所收集的视频图像信息，给予罚款处罚；偷窥、偷拍、窃听他人隐私的，依法给予治安管理处罚；非法获取国家秘密、军事秘密的，依照有关法律的规定给予处罚；构成犯罪的，依法追究刑事责任。三是对未履行日常管理和检查义务、造成严重后果的经营管理单位或者个人，明确由公安机关给予罚款处罚，并通报有关主管部门根据情节轻重责令暂停相关业务或者停业整顿、吊销相关业务许可或者吊销营业执照。四是要求公安机关严格执行内部监督制度，对其工作人员履行公共安全视频系统建设、使用职责情况进行监督；明确公安机关作为建设、使用主体违反本条例规定，公安机关和其他国家机关及其工作人员不履行监督管理职责，或者在查阅、调取视频图像信息过程中滥用职权、玩忽职守、徇私舞弊的，依法给予处分，构成犯罪的，依法追究刑事责任。五是明确对未履行网络安全、数据安全和个人信息保护义务，或者非法对外提供、公开传播视频图像信息的，依照有关法律给予处罚，构成违反治安管理行为的，依法给予治安管理处罚，构成犯罪的，依法追究刑事责任。

《条例》的颁布实施必将深刻影响我国公共安全视频系统建设、使用以及相关指导和监督管理工作。依托《条例》，执法机关和其他管理部门将不断加强执法及日常监管力度，通过《条例》的宣传、贯彻和执法、管理措施的跟进，强化事前预防、事中监管和事后处置，不断提高公共安全视频系统管理使用规范化水平，进一步推动公共视频的安全和依法使用。

本书作者均全程参与了《条例》的起草和论证工作。在本书的编写过程中，参阅了《条例》起草过程中的征求意见稿起草说明等文件①，借鉴了理论界和实务部门有关同志的研究成果，同时也得到了公安部科信局赵源、辛蓉、杨世峰，安徽省公安厅金成城，青岛市公安局张懋源、于延明，辽宁省公安厅姜钧等同志的支持和帮助，中国人民公安大学研究生戴光宇、张仕宁、孙家栋、王纪龙承担了部分资料的整理工作，中国人民公安大学和宁波市公安局科技信息化局为编著者参与相关立法工作及本书的撰写提供了许多便利，在此一并致谢！诚然，本书为编著者个人见解，书中疏漏乃至错误应由编著者承担。

---

① 需要说明的是，公安部 2016 年第一次就《公共安全视频图像信息系统管理条例（征求意见稿）》面向社会公开征求意见时，在征求意见稿中针对每条注明“条旨”，但在 2024 年就《公共场所视频图像信息系统管理条例（征求意见稿）》公开征求意见以及国务院正式发布《条例》时，均未提供各条“条旨”。本书目录中的“条旨”，为作者根据各条内容概括。

目 录

Contents

附录：关联法规

第一条　【立法目的和依据】为了规范公共安全视频图像信息系统管理，维护公共安全，保护个人隐私和个人信息权益，根据有关法律，制定本条例。

【本条主旨】

本条是关于公共安全视频系统管理立法目的的规定，旨在为开展公共安全视频系统管理提供目标任务，为本《条例》其他各条的内容和适用提供指导。

【内容解读】

本条规定了公共安全视频系统管理的立法目的，包括以下三个方面的内容。

一是规范公共安全视频系统管理。公共安全视频系统具有前端点位分散、承载网络复杂等特点，随着网络化、智能化发展和跨网交互共享增多，产品设备暴露的漏洞隐患、面临的网络安全风险等问题不断加剧。特别是不少管理单位对公共安全视频系统网络和数据安全认识普遍不足，系统运行安全、数据保护等责任落实不到位，整体防护水平不高，造成系统被侵入、数据被窃取等事件时有发生，不仅损害系统所存储的数据的安全，也因数据本身蕴含的信息类型不同，可能对个人合法权益或者公共安全甚至国家安全产生严重威胁。当前管理中存在的上述问题，主要原因之一是缺乏具有可操作性的专门性国家立法。通过本条例的制定，明确公共安全视频系统的建设、使用及相应的权利义务关系，划定违法行为边界，确定监督管理主体及其职责，对于提升公共安全视频系统管理水平有着重要意义。

二是维护公共安全。公共安全是国家安全体系的重要组成部分，是社会有序生产生活的基本保障。党的二十大报告指出[①]，要提高公共安全治理水平。坚持安全第一、预防为主，建立大安全大应急框架，完善公共安全体系，推动公共安全治理模式向事前预防转型。推进安全生产风险专项整治，加强重点行业、重点领域安全监

---

① 来源于：中国政府网，https：//www.gov.cn/xinwen/2022－10/25/content_5721685.htm，最后访问时间：2025 年 5 月 20 日。

管。提高防灾减灾救灾和重大突发公共事件处置保障能力，加强国家区域应急力量建设。基于公共安全视频系统在公共场所公共安全治理中的重要性，本条将维护公共安全作为本《条例》的目的之一。

在不同的立法中，公共安全因其所应用的场景而存在语义上的差异。虽然立法上不直接表述“公共安全”的定义，但一般会通过列举或其他方式明确其适用范围。《中华人民共和国刑法》设立了“危害公共安全罪”，对“危害公共安全”的解释通常为“故意或者过失实施危害不特定或多数人的生命、健康或者重大公私财产安全的行为”。《中华人民共和国治安管理处罚法》中规定了“妨害公共安全的行为和处罚”，主要处罚危害公共安全但尚未达到刑事处罚的行为。本《条例》中的“公共安全”参考了《中华人民共和国刑法》和《中华人民共和国治安管理处罚法》的规定，纯粹以维护公民个人的人身、财产安全为目的，在非公共场所开展视频系统设计、安装、维护、运营和信息使用行为（如所有权人在居所内安装视频系统），除非该系统会采集到公共场所的视频图像信息，否则不在本条例的调整对象之列。

三是保护个人隐私和个人信息权益。在大数据时代，个人隐私和个人信息权益保护已成为人们最关心的现实问题之一。虽然立法、执法、司法不断加大保护力度，但乱采滥用和买卖个人信息行为仍然猖獗，由之衍生的其他违法犯罪行为也屡见不鲜，亟待加强源头治理，阻断个人信息的非法获取和传播渠道。公共场所安装的视频图像信息系统采集的视频图像信息中可能包含人脸等大量个人信息，如果对该类系统缺乏有效监管，难以避免因信息的过度采集、滥用甚至泄露而损害个人合法权益。通过专门立法规范公共场所安装使用图像采集设备，妥善处理好维护公共安全与保护个人隐私、信息安全的关系，符合社会发展的要求和群众期盼。

此外，《条例》因应时代要求而制定，条文中没有像许多其他行政法规那样明确其“制定依据”属于“国务院行政管理职权的事项”，但并非没有法律依据。在制定本《条例》时，《中华人民共和国国家安全法》《中华人民共和国反恐怖主义法》《中华人民共和国民法典》《中华人民共和国网络安全法》《中华人民共和国治安管理处罚法》《中华人民共和国产品质量法》《中华人民共和国标准化法》《中华人民共和国数据安全法》《中华人民共和国个人信息保护法》等法律的相关条款对于理解本

《条例》具有重要意义。除上述法律外，学习贯彻本《条例》也应关注《企业事业单位内部治安保卫条例》《娱乐场所管理条例》《关键信息基础设施安全保护条例》《保安服务管理条例》等行政法规和《城市居民住宅安全防范设施建设管理规定》《安全技术防范产品管理办法》《反间谍安全防范工作规定》《网络预约出租汽车经营服务管理暂行办法》等部门规章。

【实务要点】

党中央、国务院高度重视社会治安防控及个人信息保护工作，强调创新完善立体化、信息化社会治安防控体系；坚持网络安全为人民、网络安全靠人民，保障个人信息安全。为贯彻落实党中央、国务院决策部署，制定本条例被列入《国务院 2024 年度立法工作计划》。在本《条例》颁布之前，一些省、市或者较大城市已经出台了有关公共安全视频系统管理的地方性法规、地方政府规章或规范性文件。本《条例》起草过程中也参考了这些规范的部分内容。本《条例》施行后，前述规范中与之不相符的内容应当失效。各地应当根据本地实际，启动相关地方性法律规范的立、改、废工作。

【参考依据】

《中华人民共和国个人信息保护法》（2021年8月20日[①]）

第二十六条 在公共场所安装图像采集、个人身份识别设备，应当为维护公共安全所必需，遵守国家有关规定，并设置显著的提示标识。所收集的个人图像、身份识别信息只能用于维护公共安全的目的，不得用于其他目的；取得个人单独同意的除外。

《中华人民共和国治安管理处罚法》（2025年6月27日）

第一条 为了维护社会治安秩序，保障公共安全，保护公民、法人和其他组织的合法权益，规范和保障公安机关及其人民警察依法履行治安管理职责，根据宪法，制定本法。

第二条 【概念界定】 本条例所称公共安全视频图像信息系统（以下简称公共安全视频系统），是指通过在公共场所安装图像采集设备

① 除有特别说明外，括号内的日期为法律法规公布日期或者修改日期。

及相关设施，对涉及公共安全的区域进行视频图像信息收集、传输、显示、存储的系统。

【本条主旨】

本条是关于公共安全视频系统概念的规定，旨在为合理确定本《条例》调整对象和合理划定执法边界确立依据。

【内容解读】

本条规定了公共安全视频系统的概念，有几个核心概念需要准确把握。

一是公共场所。从场所用途角度看，公共场所是指出于特定或者不特定目的供公众进入或者使用的场所。我国有一些法律法规中使用了公共场所的概念，如《中华人民共和国民法典》第一千二百五十八条中的“在公共场所或者道路上”，第一千一百九十八条中的“宾馆、商场、银行、车站、机场、体育场馆、娱乐场所等经营场所、公共场所”，《中华人民共和国广告法》第二十二条中的“公共场所、公共交通工具、户外”，《中华人民共和国噪声污染防治法》第六十四条中的“在街道、广场、公园等公共场所组织或者开展娱乐、健身等活动”，《保安服务管理条例》第二十九条第一款第三项中的“在机场、车站、码头等公共场所”。

虽然现行法律法规出于不同规范目的对公共场所作出表述，但并没有提供严格的划分公共场所的标准。例如，虽然道路、公共交通工具等概念在有些法律中是和公共场所并列使用的概念，但它们通常也属于公共场所。《公共场所卫生管理条例》第二条对公共场所作了比较详细的列举，包括：（一）宾馆、旅店、招待所；（二）公共浴室、理发店、美容店；（三）影剧院、录像厅（室）、游艺厅（室）、舞厅、音乐厅；（四）体育场（馆）、游泳场（馆）、公园；（五）展览馆、博物馆、美术馆、图书馆；（六）商场（店）、书店；（七）候诊室、候车（机、船）室、公共交通工具。这些场所是典型的公共场所，但公共场所不限于这些类型。

为避免不必要的争议，本《条例》没有对公共场所的概念再作具体界定，而是从维护公共安全的立法目的出发，在第七条中对容易发生危害公共安全或者社会治安的事故、事件，存在公共安全风险，可能危及不特定多数人的人身、财产安全的场所做了列举，包括城乡主要路段、行政区域道路边界、桥梁、隧道、地下通道、广场、治安保卫重点单位周边区域等公共场所，商贸中心、会展中心、旅游景区、文化体育娱乐场所、教育机构、医疗机构、政务服务大厅、公园、公共停车场等人员聚集场所，出境入境口岸（通道）、机场、港口客运站、通航建筑物、铁路客运站、汽车客运站、城市轨道交通站等交通枢纽，客运列车、营运载客汽车、城市轨道交通车辆、客运船舶等大中型公共交通工具，高速公路、普通国省干线的服务区。以上列举并未穷尽本《条例》所规定的公共场所，列举的目的主要是限定所列举场所图像采集设备的安装主体。

二是图像采集设备和信息系统。图像采集设备，是指将图像传感器靶面上从可见光到近红外光谱范围内的光图像转换为视频图像信号的采集装置，在安全防范领域通常被称为“摄像头”“视频监控摄像机”。信息系统则是由计算机硬件、网络和通信设备、计算机软件、信息资源、信息用户和规章制度组成的以处理信息流为目的的人机一体化系统。信息系统主要有五个基本功能，即对信息的输入、存储、处理、输出和控制。公共安全视频系统处理视频图像信息功能的实现，必须通过图像采集设备，因而图像采集设备是公共安全视频系统必要的核心组成。公共安全视频系统通常还包括相关设施，如立杆、供电及网络传输设施或固定装置等。公共安全视频系统所涉及的数据处理活动包括视频图像信息的收集、存储、使用、加工、传输、提供、公开和删除等。

三是涉及公共安全的区域。本条明确了公共安全视频系统是对公共场所中涉及公共安全的区域进行视频图像信息采集、处理的系统。视频图像信息的收集应当针对公共场所中涉及公共安全的区域，而非个人或私人领域，对非公共场所或者公共场所中不涉及公共安全的区域进行视频图像信息处理的系统不属于公共安全视频系统。但是，在规划建设时不针对公共场所，实际使用时会采集到公共场所视频图像信息，或者安装部位不属于公共场所，但安装目的为收集公共场所视频图像信息的，本《条例》也作了原则性规定，即要求不得危害公共安全或者侵犯他人的合法权益，对收集到的涉及公共安全、个人隐私和个人信息的视频图像信息，不得非法对外提供或者公开传播。

四是数据处理。本条明确了公共安全视频系统的数据处理活动包括视频图像信息的收集、传输、显示、存储。收集是指公共安全视频系统自动采集视频图像信息。传输是指将视频图像信息从一个系统或地点传送到另一个系统或地点。显示是指将收集、传输并处理后的视频图像信息通过电子设备（如显示器、屏幕等）以可视化的方式呈现的动态或静态画面的过程。存储是指将收集到的视频图像信息通过一定的介质或形式加以保存。

【实务要点】

本条规定未对公共场所的概念做界定，本《条例》也未对公共场所进行详尽列举，但综合考察本《条例》特别是其第七条至第九条等规定，本《条例》所指公共安全视频系统，其判断标准主要以是否采集公共场所中涉及公共安全区域的视频图像信息为依据，而非以安装的具体部位为标准。例如，根据所要拍摄的公共场所的特点，政府有关部门经居民同意，将图像采集设备安装在居民住宅屋顶，以拍摄居民住宅周边公共场所。这类系统属于本《条例》的规制对象。相反，虽然安装在公共场所，如火车站售票大厅，但拍摄范围限定于售票人员工作区域的，不属于本《条例》的调整范围。

此外，本《条例》所规定的视频图像信息属于《中华人民共和国数据安全法》所规定的数据，而该法第三条规定的数据处理包括数据的收集、存储、使用、加工、传输、提供、公开等，与本《条例》关于数据处理活动的规定存在表述上的差异。由于视频图像信息系统强调数据的可视化呈现，因而本《条例》将显示这一数据处理活动进行专门规定。但从本《条例》的全文来看，其数据处理活动在内容上与《中华人民共和国数据安全法》的相关规定并无本质区别。

【参考依据】

《**中华人民共和国网络安全法**》（2016 年 11 月 7 日）

第七十六条 本法下列用语的含义：

（一）网络，是指由计算机或者其他信息终端及相关设备组成的按照一定的规则和程序对信息进行收集、存储、传输、交换、处理的系统。

……

《**中华人民共和国数据安全法**》（2021 年 6 月 10 日）

第三条 本法所称数据，是指任何以电子或者其他方式对信息的记录。

数据处理，包括数据的收集、存储、使用、加工、传输、提供、公开等。

数据安全，是指通过采取必要措施，确保数据处于有效保护和合法利用的状态，以及具备保障持续安全状态的能力。

《中华人民共和国个人信息保护法》（2021年8月20日）

第四条　个人信息是以电子或者其他方式记录的与已识别或者可识别的自然人有关的各种信息，不包括匿名化处理后的信息。

个人信息的处理包括个人信息的收集、存储、使用、加工、传输、提供、公开、删除等。

第三条　【基本原则】公共安全视频系统管理工作坚持中国共产党的领导，贯彻党和国家路线方针政策和决策部署。

建设、使用公共安全视频系统，应当遵守法律法规，坚持统筹规划、合理适度、标准引领、安全可控，不得危害国家安全、公共利益，不得损害个人、组织的合法权益。

【本条主旨】

本条是关于公共安全视频系统的建设、使用及监督管理应当坚持的原则以及建设、使用公共安全视频系统的基本要求的规定。

【内容解读】

中国共产党的领导是中国特色社会主义最本质的特征，党和国家路线方针政策和决策部署是建设新时代中国特色社会主义的根本遵循。公共安全视频系统管理工作必须坚持中国共产党的领导，贯彻党和国家路线方针政策和决策部署。

建设、使用公共安全视频系统，应当遵守法律法规，坚持统筹规划、合理适度、标准引领、安全可控，不得危害国家安全、公共利益，不得损害个人、组织的合法权益。在建设、使用公共安全视频图像信息系统时，应当遵守以下要求。

一是统筹规划。公共安全视频系统的建设、使用涉及多个主体和多方利益，牵扯政府各职能部门和企业事业单位。为保障科学性，要结合经济社会发展实际，纳入各地经济社会发展和城乡规划统筹考虑，规划公共安全视频系统建设。为解决系统建设中各部门各自为政、重复建设等问题，本《条例》第六条作出专门规定，要求县级以上地方人民政府应当加强对公共安全视频系统建设的统筹规划，充分利用现有资源，避免重复建设。

二是合理适度。合理适度是行政法上比例原则的另一种表达。公共安全视频系统的建设应当符合比例原则，图像采集设备数量并非越多越好，系统性能也并非越先进越好，而是应当在满足社会管理、经济发展需要的前提下，尽量降低投资成本，力争经济效益、社会效益的最大化。在公共场所安装图像采集设备，不仅要维护公共安全所必需，还要考虑经济社会发展和经费人员保障情况，既不能忽视人民群众对于公共安全的需求而不建或者少建，也不能刻意追求所谓的“零死角”“全覆盖”，盲目开展大规模建设。

三是标准引领。标准代表着对特定事项在一定范围内所形成的共识，国家标准《标准化和有关领域的通用术语 第1部分：基本术语》（GB/T 3935.1-1996）中对标准的定义是：“为在一定范围内获得最佳秩序，对活动或其结果规定共同的和重复使用的规则、导则或特性的文件。该文件经协商一致制定并经一个公认机构的批准。它以科学、技术和实践经验的综合成果为基础，以促进最佳社会效益为目的。”公共安全视频系统的建设、使用具有较强的技术性特征，将在一定范围内达成共识的事项标准化，不仅有助于提高系统建设、使用水平，也有助于加强业务主管部门、执法机关对系统建设使用情况的指导和监督管理。

当前，我国制定发布的视频图像领域国家标准、公共安全行业标准达 60 余项，涉及系统建设、前端采集、网络传输、信息安全等多个环节。同时，为有效支撑跨地区、跨部门、跨层级视频图像的互联互通和安全共享，原中央综治办、国家发改委、公安部和国家标准委于 2017 年联合印发《公共安全视频图像信息联网共享应用标准体系（2017 版）》，进一步明确了技术要求、评价测试规范、管理规范 3 大类 24 项国家标准的编制任务。考虑到现有绝大多数标准为推荐性标准，需要通过立法强化标准的贯彻执行，通过标准支撑法规的有效实施，切实发挥标准的支撑引领作用。同时，主管部门也有必要以本条规定为依据，加强和跟进公共安全视频系统建设和使用领域的标准化建设。

四是安全可控。安全是发展的基础。公共安全视频系统具有“前端开放、点位分散”的特点，可以 24 小时不间断采集视频流信息，许多系统可以同步生成大量图片、文本等数据，系统及数据类型复杂多样，采集汇聚的数据既可能涉及重点场所或部位（如军事禁区、军事管理区和国家机关等周边公共场所）的现场情况，又可能关联个人身份、轨迹等隐私信息，该类信息敏感度高，对存储和安全管理的要求也非常高。如果建设主体非法，或者因系统自身的安全防护措施不足导致存在设备被替换或者被非法接入，极易出现视频图像信息被非法采集、泄露等风险或隐患，严重的将危及国家安全。因而，本《条例》强调系统建设、使用的安全可控，必须加强系统的网络安全、数据安全以及个人信息安全，不断降低风险隐患。

【实务要点】

我国公共安全视频系统是随着电视技术的发展而兴起的，早期被称为闭路电视或者电视监控，通常称为公共安全视频监控系统。英国、美国称为闭路电视（Closed Circuit Television），法国称为公共视频防护系统（Public

Video Protection System)，加拿大、俄罗斯称为视频监控系统（Video Surveillance System），日本称为监控摄像机（Surveillance Camera）。早期的视频监控摄像机价格较为昂贵，主要作为重点场所、重要部位的报警复核的辅助手段，如1959年故宫博物院珍宝馆发生盗窃案后，我国首台声控报警器及闭路电视于5个月后安装在珍宝馆内。随着技术的发展和设备成本的下降，视频监控逐步发展成为犯罪预防的主要手段，并伴随着社会治安防控体系的发展而壮大。随着公共安全视频系统建设应用的推进，我国在突破视频图像技术瓶颈、提升产业链韧性、创新技术标准等方面取得长足进步，在一些产业链关键环节逐步摆脱对西方供应的依赖，基本建立自主可控的供应链。

（一）突破多项技术瓶颈。一是填补了国际安防领域专用视音频编解码技术的空白。研发创造了符合安防应用场景的国产视音频编解码技术，打破国外技术垄断，在视频核心技术方面实现了自主可控。二是创新了视频图像资源大范围共享的联网技术。研究提出了符合我国管理层级多、地域范围广、控制节点多、网络架构复杂等特点的公共安全视频系统联网架构、媒体要求、信令和信令流程及相关协议，为视频图像资源大联网高共享提供了中国解决方案。三是构建了全球最大的多级视频平台体系。建立国家、省、市、县多级公共视频图像调度中心和数据处理分析中心。同时，各地区、各部门纷纷引入人工智能、大数据、云计算等技术开展海量视频图像信息分析，推动视频结构化、人/车/物识别比对等技术精度的指数量级提升，为计算机视觉、机器学习、大模型等理论和技术的发展创新提供了海量数据支撑，助力了传统安防企业数字化转型和一批新兴的优秀人工智能企业崛起。

（二）视频图像产业韧性不断加强。视频图像产业全面进入数字化、网络化、高清化时代，产业链安全不断提升，韧性不断增强。视频监控摄像机层面，网络摄像机的片上系统（SoC）芯片，从美国芯片一统天下转到华为海思、我国台湾地区联咏、厦门星宸等企业共分国内市场。智能摄像机的深度学习算法加速器芯片方面，国内市场国产芯片占比为70%左右。云台马达方面，广东、福建已经形成很好的国内产业群体。图像传感器方面，中国有3家公司进入世界前十，合计占有20%左右的全球市场份额。视频存储方面，国内厂商在固态存储方面已经非常成熟，在结构化图像存储的冗灾备份、文件技术、对象存储技术、网络（视频）存储协同技术等领域形成群体突破，国产替代将是未来趋势。在云计算（软件定义的计算模式）领域，华为、阿里、腾讯、百度等国内厂商已经形成群体突破。在计算领域，国内已有华为等十几家公司可以提供中端GPU/CPU芯片，高端芯片受制裁影响较大，但随着国内芯片产业在高阶制程上的突破，国内企业将迎头赶上。在AI底层框架、算法方面，国内华为、海康、大华、宇视等已可提供全栈解决方案，已具备国产化替代能力。在传输网络方面，从以固态硬盘（SSD）、波分复用（WDM）技术为主演进到光传送网（OTN）阶段，能够提供更大的带宽，保障视频图像的网络传输需求；4G、5G图传技术、非对称大带宽技术等提供了多种复杂场景下的传输解决方案；网络设备方面，华为、华三、锐杰、中兴等已形成群体突破，云网协同、网闸等特色技术保障了视频监控网络的安全稳定运行。

（三）推动技术标准创新。中央政法委（中央社会治安综合治理委员会办公室）、国家发改委、公安部和国家标准委在公安机关视频图像应用标准体系基础上，研究构建起公共安全视频监控标准体系，为在全国范围内实现视频图像的互联互通、安全共享和智能应用奠定了坚实基础，保障了我国视频监控领域数据的安全与共享。其中，《公共安全视频监控联网系统信息传输、交换、控制技术要求》（GB/T 28181-2022）已更新3版，实现了良性迭代发展；《公共安全视频监控数字视音频编解码技术要求》（GB/T 25724-2017）紧跟国际先进技术发展实现版本升级；结合视频图像业务特点创新视频联网信息安全防护技术，编制发布《公共安全视频监控联网信息安全技术要求》（GB 35114-2017）；依托智能化技术制定发布了系列视频应用型标准。在此基础上，由全国安全防范报警系统标准化技术委员会组织国内企业牵头制定国际电信联盟（ITU）的《视频监控的要求和服务描述》（ITU-T F.743［V2］2019）等3项标准，参与制定国际电工委员会（IEC）的《安防视频监控系统—第5部分：摄像机数据规范和图像质量性能》（IEC 62676-5-1：2024）等3项标准，在国际上给出中国方案，树立我国技术话语权，为视频图像技术产品走向国际市场作出了积极贡献。

（四）助推安防产业快速发展。2016年至2020年，在国家大力推动“雪亮工程”建设的带动下，中国发展成为世界上最大的安防视频监控市场之一，同时成为增速最快的地区之一。根据《中国安全防范行业年鉴》，从2016年到2022年，我国安防企业视频监控收入总额依次为2646亿元、3050亿元、3565亿元、3925亿元、4215亿元、4502亿元、4619亿元，增长率分别为12.5%、15.27%、16.89%、10.1%、7.4%、6.8%、2.6%，普遍高于同年GDP增速，总体增长超过70%；国内视频监控工程类企业已达22000家、产品生产销售企业3000家、从业人员超过80万人；2021年世界排名前十的安防企业中，我国占据4席。这些安防企业带领我国安防行业引领世界安防市场发展，无论是规模、技术还是产品、解决方案，均表现出极强的竞争力。

近年来，各地结合网络强国建设、数字中国建设、平安建设、智慧城市建设等，在城乡主要路段、广场等公共场所规划建设公共安全视频系统，在打击违法犯罪、加强治安防控、处置突发事件、创新社会治理等工作中发挥重要作用，并极大促进了技术创新和产业发展。但各地区仍然不同程度存在政府统筹规划不到位，职能部门分头推动、重复建设、标准不一等问题，极大地制约公共安全视频系统的共享共用和整体效能发挥，并造成政府投资浪费。随着公共安全视频系统建设、联网规模的扩大，视频采集汇聚数量、使用部门及单位越来越多，公共视频被非法采集、滥用、泄露的事件多发频发，极易引发社会关注和舆情炒作，甚至可能沦为敌对势力窥探我国国情、监视领导人重要活动或者重大事件的工具，严重危害国家安全、政治安全。县级以上人民政府应当加强排查本行政区域内的现有公共安全视频系统的建设使用情况，并在本条规定的原则和要求之下作出相应处理，实现公共安全视频系统的科学建设、严格管理、安全共享和规范使用，有力支撑并维护公共安全需求。

【参考依据】

《中华人民共和国网络安全法》（2016 年 11 月 7 日）

第三条　国家坚持网络安全与信息化发展并重，遵循积极利用、科学发展、依法管理、确保安全的方针，推进网络基础设施建设和互联互通，鼓励网络技术创新和应用，支持培养网络安全人才，建立健全网络安全保障体系，提高网络安全保护能力。

《中华人民共和国标准化法》（2017 年 11 月 4 日）

第三十一条　县级以上人民政府应当支持开展标准

化试点示范和宣传工作，传播标准化理念，推广标准化经验，推动全社会运用标准化方式组织生产、经营、管理和服务，发挥标准对促进转型升级、引领创新驱动的支撑作用。

《中华人民共和国数据安全法》（2021年6月10日）

第四条 维护数据安全，应当坚持总体国家安全观，建立健全数据安全治理体系，提高数据安全保障能力。

《中共中央办公厅、国务院办公厅关于加强社会治安防控体系建设的意见》（2015年4月13日①）

（九）加快公共安全视频监控系统建设。高起点规划、有重点有步骤地推进公共安全视频监控建设、联网和应用工作，提高公共区域视频监控系统覆盖密度和建设质量。加大城乡接合部、农村地区公共区域视频监控系统建设力度，逐步实现城乡视频监控一体化。完善技术标准，强化系统联网，分级有效整合各类视频图像资源，逐步拓宽应用领域……

《国务院关于加强数字政府建设的指导意见》（2022年6月6日）

（三）积极推动数字化治理模式创新，提升社会管理

---

① 该日期为新华社发布日期。

能力。……推进社会治安防控体系智能化。加强“雪亮工程”和公安大数据平台建设，深化数字化手段在国家安全、社会稳定、打击犯罪、治安联动等方面的应用，提高预测预警预防各类风险的能力……

《关于加强公共安全视频监控建设联网应用工作的若干意见》（2015年5月6日）

（二）基本原则。坚持依规建设、按需联网、整合资源、规范应用、分级保障、安全可控……

第四条　【鼓励支持事项】国家鼓励和支持视频图像领域的技术创新与发展，建立和完善相关标准体系，支持有关行业组织依法加强行业自律，提高公共安全保障能力和个人信息保护水平。

【本条主旨】

本条是关于鼓励和支持视频图像领域创新与技术发展以及支持该领域社会参与的规定。

【内容解读】

根据本条规定，国家鼓励和支持视频图像领域的创新与技术发展，建立完善相关标准体系，支持行业组织依法加强行业自律，旨在通过视频图像领域的技术创新和应用，有效支撑公共安全视频系统的建设、使用、指导和监督管理，提高公共安全保障能力和社会安全水平。同时，通过创新技术的应用，保障公共安全视频系统在使用过程中不侵犯个人隐私和公民个人信息权益。

一是鼓励自主创新和技术发展。科技是国之利器，创新是国家兴旺发达的不竭源泉。当前，科技创新已经成为引领发展和推动社会进步的强大动力。党的二十大报告中要求“坚持科技是第一生产力、人才是第一资源、创新是第一动力”。在社会治理领域，科技创新也为提升公共安全水平提供了新的发动机和催化器。

视频图像领域是当前技术革新较为迅速的领域，许多人工智能技术的快速推进都与视频图像技术的发展有关。但也要清醒地看到，我国安防行业和企业发展很大程度依赖于政府推动和市场需求的爆发式增长，安防企业在技术研发方面偏重应用，而上游的一些核心技术还依赖于国外进口。党的十九届五中全会已经提出要构建以国内大循环为主体、国内国际双循环相互促进的新发展格局，坚持创新在我国现代化全局中的核心地位，把科技自主自强作为国家发展的战略支撑。本《条例》对标国家战略，鼓励、支持、积极引导发挥企业在视频图像技术创新中的重要作用，鼓励企业加大研发投入，培养一线创新人才，特别是要发挥行业龙头企业的引领支撑作用，推动企业成为研究开发投入、技术创新活动和创新成果应用的主体，不断提升自主创新能力，着力突破一批制约发展的关键技术。

二是建立和完善标准体系。当前，科技创新是引领发展和推动社会进步的强大动力。标准化在促进科技创新、支撑产业发展、规范社会治理中的作用日渐凸显。作为技术密集型行业，我国视频图像领域的新技术、新产品、新应用遵循着边开发、边应用、边迭代的发展路径，科技创新、市场发展和产业转型升级对标准的需求旺盛。推动标准建设，对促进技术创新、规范市场秩序、推动转型升级、引领行业发展等具有积极意义。在公共安全视频图像信息系统建设中，高度重视标准、严格贯彻执行标准，能够为保证建设质量、确保互联互通、推进深度应用奠定基础。原中央综治办、国家发改委、公安部和国家标准委在公安机关视频图像应用标准体系基础上，研究构建起公共安全视频监控标准体系，为在全国范围内实现跨地域、跨部门、跨层级的视频图像互联互通、安全共享和智能应用奠定了基础，保障了我国视频监控领域数据的安全与共享。截至2024年年底，公安机关已经在视频图像领域主导制定发布国家标准9项，公共安全行业标准54项，推动视频图像联网传输类标准上升为国际标准，并正在制定数十项国家标准、公共安全行业标准，基本涵盖前端、网络、系统、应用等环节的技术要求，为规范公共安全视频图像信息系统建设、使用提供了有力标准支撑。

三是支持有关行业组织依法加强行业自律。行业协会是介于政府和企业之间，具有非政府性、非营利性、自治性的社会中介组织，主要承担服务、协调、自律、维权等职能，对于规划统筹本行业产业发展，形成业界自律具有重要作用。本《条例》支持相关行业协会（主要是安防行业协会）在公共安全视频系统建设、使用指导和监督管理中发挥积极作用，建立有效的政企沟通机制，形成政府监管、平台自律、行业自治、社会监督的多元治理新模式。

行业协会可以发挥桥梁纽带作用。行业协会在政府宏观经济管理和企业微观经济运行中具有“传送带”和“上挂下联”的重要功能。一方面，可以通过行业统计、编制规划、专题调研等方式，准确掌握视频图像领域技术、市场发展现状，及时收集并向政府部门反映行业动态、企业诉求，推动解决行业发展难题，就政府部门关注的视频图像重点问题提出对策建议，为政府部门开展科学决策和有效管理提供支撑服务。另一方面，应当准确掌握、全面宣传与视频图像领域发展密切相关的法律法规、行业政策、技术标准，及时跟踪公安机关等政府部门的业务需求，引导企业找准服务政府部门、服务公共安全的切入点和着力点。

行业协会可以高效服务企业发展。行业协会代表着行业和企业的利益，为企业做好服务是协会的基本职能。在高效服务企业发展上，行业协会可以强化针对行业内企业的技术创新服务、宣传推广服务和法律保障服务。例如，在法律保障服务层面，行业协会可以认真组织研究国际贸易中涉及的法律法令、监管制度、标准规范及反垄断诉讼等内容，为相关企业更好地走向国际市场提供法律、政策、行业等咨询服务，指导帮助会员企业积极应对出口管制和技术封锁，切实维护企业合法权益和行业整体利益。

行业协会可以引导推进行业自律。行业自律是行业健康发展的重要保证，也是行业协会存在和发展的根本要求。一是完善行业自律机制。进一步发挥协会在行业中的公信力，围绕规范市场秩序，大力推动安防行业诚信建设，规范生产、经营和市场竞争行为，自觉维护公平竞争的市场环境，促进行业内企业之间信任关系的建立，营造公平、有序、诚信的行业发展环境，发挥好市场竞争中的自律作用。二是健全争端解决机制和违反自律规约的惩戒措施，使协会真正成为引导自律、提供服务、反映诉求、解决争端的主体。特别是要研究国际贸易行为规则，在国际贸易中强化行业自律，不能砸安防产品牌子、破坏安防行业形象。三是培育健康向上的安防行业文化。文化是一种软实力，衡量企业成功与否，不仅体现在企业绩效等硬指标上，更体现在创新能力、职业素养、精神风貌、队伍形象等软实力方面。要进一步发挥行业协会的凝聚力，逐步培育健康向上的安防行业文化和价值观，引导安防企业积极履行社会责任，共同推动行业诚信体系建设。

【实务要点】

本条充分表达了国家对于视频图像领域创新、技术发展和标准体系建设的鼓励和支持态度，充分肯定了行业组织依法加强行业自律的意义，表达通过上述方式提高公共安全保障能力和个人信息保护水平的愿景。根据本条规定，在公共安全视频系统建设、使用中，为有效保障公共安全和个人信息，技术、标准、行业组织的作用不可或缺。有关部门应当采取有效措施，推动和促进该领域的创新和技术发展，支持相关行业组织发挥更重要作用，共同致力于提升公共安全保障能力和个人信息保护水平。

【参考依据】

《**中华人民共和国科学技术进步法**》（2021 年 12 月 24 日）

第二条　坚持中国共产党对科学技术事业的全面领导。

国家坚持新发展理念，坚持科技创新在国家现代化建设全局中的核心地位，把科技自立自强作为国家发展的战略支撑，实施科教兴国战略、人才强国战略和创新驱动发展战略，走中国特色自主创新道路，建设科技强国。

《中华人民共和国国家安全法》（2015年7月1日）

第二十四条 国家加强自主创新能力建设，加快发展自主可控的战略高新技术和重要领域核心关键技术，加强知识产权的运用、保护和科技保密能力建设，保障重大技术和工程的安全。

《中华人民共和国标准化法》（2017年11月4日）

第三十一条 县级以上人民政府应当支持开展标准化试点示范和宣传工作，传播标准化理念，推广标准化经验，推动全社会运用标准化方式组织生产、经营、管理和服务，发挥标准对促进转型升级、引领创新驱动的支撑作用。

《中华人民共和国网络安全法》（2016年11月7日）

第七条 国家积极开展网络空间治理、网络技术研发和标准制定、打击网络违法犯罪等方面的国际交流与合作，推动构建和平、安全、开放、合作的网络空间，建立多边、民主、透明的网络治理体系。

第十五条第一款 国家建立和完善网络安全标准体

系。国务院标准化行政主管部门和国务院其他有关部门根据各自的职责，组织制定并适时修订有关网络安全管理以及网络产品、服务和运行安全的国家标准、行业标准。

《中共中央办公厅、国务院办公厅关于加强社会治安防控体系建设的意见》（2015 年 4 月 13 日）

（九）加快公共安全视频监控系统建设。……完善技术标准，强化系统联网，分级有效整合各类视频图像资源……

《中共中央办公厅、国务院办公厅行业协会商会与行政机关脱钩总体方案》（2015 年 7 月 8 日①）

四、配套政策

（一）完善支持政策。

……

鼓励行业协会商会参与制定相关立法、政府规划、公共政策、行业标准和行业数据统计等事务。

……

支持行业协会商会在进出口贸易和对外经济交流、企业"走出去"、应对贸易摩擦等事务中，发挥协调、指导、

---

① 该日期为新华社发文日期。

咨询、服务作用。鼓励行业协会商会参与协助政府部门多双边经贸谈判工作，提供相关咨询和协调服务……

《关于加强公共安全视频监控建设联网应用工作的若干意见》（2015年5月6日）

（六）指导分类建设。公安机关要加强对治安保卫重点单位公共安全视频监控系统建设的指导与监督，完善视频监控建设联网应用标准体系，加快关键标准制修订，有效规范视频监控建设联网应用……

《关于实施公共安全标准化筑底工程的指导意见》（2024年5月17日）

三、重点领域

……

（二）社会治安

……

指导监督重点行业领域、重点要害单位部位加强治安防范技术应用和管理标准，推动公共安全视频图像信息联网共享应用和安全管理、智能分析与深度挖掘应用标准制修订……

第五条　【职责与分工】 国务院公安部门负责全国公共安全视频系统建设、使用的指导和监督管理工作。国务院其他有关部门在各自职责范围内负责公共安全视频系统建设、使用的相关管理工作。

县级以上地方人民政府公安机关负责本行政区域内公共安全视频系统建设、使用的指导和监督管理工作。县级以上地方人民政府其他有关部门在各自职责范围内负责公共安全视频系统建设、使用的相关管理工作。

【本条主旨】

本条是关于人民政府相关职能部门在公共安全视频系统建设、使用监督管理中的职责分工的规定，旨在通过明确分工、各司其职，达到对公共场所视频系统进行全面监管的目的。

【内容解读】

本条是本《条例》的核心条款之一，规定了政府相关职能部门在公共安全视频系统建设、使用监督管理中的职责分工。根据本条规定，国务院公安部门负责全国公共安全视频系统建设、使用的指导和监督管理工作，以确保系统在全国范围内的规范运行和有效管理的职责；县级以上地方人民政府公安机关负责本行政区域内公共安全视频系统建设、使用的指导和监督管理工作，以保证系统在所辖行政区域范围内的规范运行和有效管理；县级以上地方人民政府其他有关部门在各自职责范围内负责公共安全视频系统建设、使用的相关管理工作，确保系统建设使用过程中各项工作有序推进、协调配合。

首先，公安机关是公共安全视频系统的主管机关。公安机关是安全技术防范工作的主管机关。实践中，指导和监督管理公共安全视频系统建设和使用是安全技术防范工作中的一项具体措施。第一，安全技术防范工作的性质决定了公安机关是安全技术防范工作的主管机关。《中华人民共和国人民警察法》第二条第一款规定，公安机关的基本任务是维护国家安全，维护社会治安秩序，保护公民的人身安全、人身自由和合法财产，预防、制止和惩治违法犯罪活动。安全技术防范是预防、制止和侦查违法犯罪，维护社会治安秩序的重要手段，安全技术防范工作开展的好坏直接关系到社会公共安全、公民的人身财产安全，这与公安机关的基本任务是一致的。安全技术防范工作的性质决定了它应当接受公安机关的监督指导。第二，从历史上看，安全技术防范工作一直接受公安机关的监督指导。早在 1979 年，为了适应改革开放后公安工作的需要，公安部在石家庄召开了“全国刑事技术预防专业工作会议”，安全技术防范工作作为公安业务的一部分被正式提上了工作日程。公安部原十二局的工作范围不断扩大，由主要搞“技侦”转变为公安部门需要的多个技术领域，进而扩大到社会公共安全所需要的多个技术领域。公安部科技局于 1984 年 3 月正式组建安全技术管理处，随后又成立公安部安全技术防范工作领导小组和公安部安全技术防范管理办公室（以下简称技防办），领导全国的安全技术防范工作成为科技局的一项重要职责。对应公安部技防办，各地公安厅、局也分别组建了“技防办”，在辖区内开展具体的安全技术防范管理工作。第三，国务院办公厅印发的关于公安部的主要职责明确包括“指导安全技术防范工作”。

其次，各级公安机关存在分工。国务院公安部门负责全国范围内的指导和监督管理工作，也即国务院公安部门是全国公共安全视频系统建设和使用指导和监督管理的主管部门，负责统筹协调、制定政策、提供指导，确保全国范围内的公共安全视频系统建设和使用符合法律法规和相关政策要求。在地方层面，县级以上地方人民政府的公安机关承担本行政区域内公共安全视频系统建设和使用的指导和监督管理职责，具体承担督促指导相关单位和个人遵守法律法规，确保公共安全视频系统的正常运行和合规使用等工作。

最后，县级以上地方人民政府其他有关部门依据职责负责相关管理工作。从各地实践来看，在其职责范围内承担相应的公共安全视频系统管理工作的其他有关部门主要有两类：一是行业主管部门，负责本行业领域公共安全视频系统建设、使用的相关管理工作，如交通运输部门负责交通运输行业内公共安全视频系统建设、使用的相关管理工作，具体包括组织建设、指导确定重点部位等。二是综合管理部门，如发改、工信、市场监管、网信等部门，分别在立项、审批、经费、产品、标准、数据等方面按照各自职责负责相关管理工作。

综合来看，本条明确了国务院和地方人民政府在公共安全视频系统建设和使用方面的责任分工，旨在加强对公共安全视频系统建设使用的监督管理，保障公共安全和个人信息权益。

【实务要点】

实践中，政府不同职能部门难免会在公共安全视频系统建设、使用的指导和监督管理工作中存在职责交叉现象。在具体工作中，应当明确，公安机关是对公共安全视频系统建设、使用进行指导和监督管理的主责机关，人民政府其他有关部门对公共安全视频系统建设、使用仅承担职责范围内的管理工作。在公共安全视频系统建设、使用中违反本《条例》规定的行为，除根据本《条例》规定应当援引其他法律法规进行处罚外，均由公安机关根据本《条例》规定采取责令限期改正、警告、罚款等措施予以纠正。也即，直接依据本《条例》采取的行政执法活动，主责机关是公安机关。实践中，公安机关可以联合政府其他部门共同开展相关执法活动。

公安机关为贯彻落实本《条例》，在其内部进行了分工，确定了具体实施对公共安全视频系统建设、使用进行指导和监督管理的部门。其中，公安机关科技信息化部门统筹负责公共安全视频系统建设、使用的监督管理工作，治安、反恐、网安部门在各自职责范围内负责监督管理工作，铁路、民航等行业公安机关和移民管理机构负责管辖范围内的监督管理工作，公安派出所具体实施日常监督检查。

同时，各地公安机关在公共场所组织建设公共安全视频系统，主要应用于交通管理、社会治理、便民服务、侦查破案等领域，在打击犯罪、服务民生等方面取得一定成效，得到了群众的认可和肯定。公安机关在建设使用公共安全视频系统时，充分考虑了公民个人隐私保护，严格按照《中华人民共和国网络安全法》《中华人民共和国个人信息保护法》和《中华人民共和国数据安全法》等法律法规要求，规范公共安全视频系统的使用权限和程序，严格落实内部管理责任和倒查追究机制，切实保护公民个人隐私不受侵犯。同时，针对当前在公共场所建设、使用公共安全视频系统的主体多样、管理防护水平不一，存在公共视频被非法采集、滥用、泄露等问题，公安机关作为《条例》明确规定的监督管理部门，下一步将认真履行职责，通过法律手段实现严格监管、规范监管，加强对公民个人隐私和信息安全的全环节、全流程保护。

一般来说，政府负责的是公共安全视频系统建设的组织实施，而非直接建设安装，体现的是政府在公共安全视频系统建设中的组织领导作用。公共安全视频系统的直接建设主体一般是政府所属的具体职能部门（如公安局、交通局等）。在相对应的法律责任中，如果存在违法行为，公安机关可以责令相关部门加以改正，而不会直接对政府进行“责令改正”的处罚，所以本条对于约束其他职能部门履行相关职责是具有可操作性的。

【参考依据】

《企业事业单位内部治安保卫条例》（2004年9月27日）

第三条 国务院公安部门指导、监督全国的单位内部治安保卫工作，对行业、系统有监管职责的国务院有关部门指导、检查本行业、本系统的单位内部治安保卫工作；县级以上地方各级人民政府公安机关指导、监督本行政区域内的单位内部治安保卫工作，对行业、系统有监管职责的县级以上地方各级人民政府有关部门指导、检查本行政区域内的本行业、本系统的单位内部治安保卫工作，及时解决单位内部治安保卫工作中的突出问题。

第四条 县级以上地方各级人民政府应当加强对本

行政区域内的单位内部治安保卫工作的领导，督促公安机关和有关部门依法履行职责，并及时协调解决单位内部治安保卫工作中的重大问题。

《公安机关监督检查企业事业单位内部治安保卫工作规定》（2007年6月16日）

第二条 县级以上公安机关单位内部治安保卫工作主管部门和单位所在地公安派出所按照分工履行监督检查单位内部治安保卫工作职责。

铁路、交通、民航公安机关和国有林区森林公安机关负责监督检查本行业、本系统所属单位内部治安保卫工作。公安消防、交通管理部门依照有关规定，对单位内部消防、交通安全管理进行监督检查。

《关于加强公共安全视频监控建设联网应用工作的若干意见》（2015年5月6日）

（十七）明确职责任务。各级地方党委和人民政府应加强对公共安全视频监控建设联网应用工作的总体协调，建立党政领导、综治牵头、公安负责、部门配合、社会参与的工作格局，制定具体实施方案，扎实推进各项工作任务的落实，按期完成本地区的公共安全视频监控建设联网应用工作……

第六条　【政府职责】 县级以上地方人民政府应当加强对公共安全视频系统建设的统筹规划，充分利用现有资源，避免重复建设。

【本条主旨】

本条是关于县级以上人民政府在公共安全视频系统建设、使用工作中的相关责任的规定。

【内容解读】

随着公共安全视频系统在社会管理中的广泛应用，其在维护社会秩序，打击违法犯罪，预防和处置突发事件等方面的作用日益凸显，各地各部门纷纷加大建设力度。但是，由于缺乏统一规划，相关部门存在大量重复建设问题，极大浪费了资源。最好的解决办法就是，政府投资建设的公共安全视频系统由政府统一规划并指定相关部门负责建设，避免九龙治水、各行其是。本条明确规定县级以上地方人民政府负有组织领导、统筹规划公共安全视频系统建设、使用工作的责任，即政府应当在这方面发挥领导作用，确保相关工作有序进行。结合本条和本《条例》第七条规定，由政府统一规划建设城乡主要路段、地下通道、广场等公共场所的公共安全视频系统，既可以节约经费、统筹资源，又可以充分保障建设、运维经费，保证系统建设质量和持续运行。

【实务要点】

国家高度重视统筹规划问题。《中共中央关于进一步全面深化改革　推进中国式现代化的决定》《国务院关于印发促进大数据发展行动纲要的通知》等文件均对统筹和规划提出了要求。近年来，各地区结合网络强国建设、数字中国建设、平安建设、智慧城市建设，在城乡主要路段、广场等公共场所规划建设公共视频系统，在打击违法犯罪、加强治安防控、处置突发事件、创新社会治理等工作中发挥重要作用，并极大促进了技术创新和产业发展。但各地区仍然不同程度存在统筹规划不到位、重复建设、标准不一等问题，极大制约公共视频共享共用和整体效能发挥，并造成政府投资浪费。这些问题亟须通过完善法律法规加以解决，实现公共安全视频系统的科学建设、严格管理、安全可控和规范使用，有力支撑维护公共安全的需求。因此，本条明确县级以上地方人民政府应当加强对公共安全视频系统建设的统筹规划，充分利用现有资源，避免重复建设，以切实解决当前公共安全视频系统建设过程中存在的各部门各自为政、重复建设、投资浪费等问题。需要注意的是，本条并未明确规定具体负责公共安全视频系统统筹规划工作的政府部门。从各地实际情况来看，通常都由政府组织公安机关等部门制定建设规划并实施，或者由公安机关会同其他有关部门制定建设规划报政府批准后实施。

【参考依据】

《关于加强公共安全视频监控建设联网应用工作的若干意见》（2015 年 5 月 6 日）

（四）……各地应将公共安全视频监控建设联网应用工作纳入本地区经济社会发展和城乡规划统筹考虑……

《中共中央办公厅、国务院办公厅关于加强社会治安防控体系建设的意见》（2015 年 4 月 13 日）

（十七）……要把社会治安防控体系建设列入国民经济和社会发展总体规划，重点做好基础设施、技防设备、装备建设的立项规划，做到与城乡规划、旧城改造、社区建设、基层综合服务管理平台建设等工作统筹推进……

《湖北省公共安全视频图像信息系统管理办法》（2013年7月8日）

第六条 县级以上人民政府应当根据本行政区域公共安全、公共服务和管理的需要，编制公共视频系统建设规划，并按照规划组织实施。

公共视频系统的规划、建设应当充分利用现有视频信息资源，避免重复建设。

《吉林省公共安全视频图像信息系统管理办法》（2012年11月17日）

第八条 县级以上人民政府公安机关根据社会公共安全的需要，会同发展改革、工业信息化、交通运输、住房城乡建设、规划等部门编制本行政区域内公共安全视频图像信息系统的建设规划，报同级人民政府批准后实施。

县级以上人民政府应当按照建设规划统筹本行政区域内的公共安全视频图像信息系统建设，并充分利用和整合现有资源，避免重复建设。

第七条　【重要场所公共视频系统建设主体】城乡主要路段、行政区域道路边界、桥梁、隧道、地下通道、广场、治安保卫重点单位周边区域等公共场所的公共安全视频系统，由县级以上地方人民政府按照建设规划组织有关部门建设，纳入公共基础设施管理，建设、维护经费列入本级政府预算。

下列公共场所涉及公共安全区域的公共安全视频系统，由对相应场所负有经营管理责任的单位按照相关标准建设，安装图像采集设备的重点部位由县级以上地方人民政府各有关部门按照职责分工指导确定：

（一）商贸中心、会展中心、旅游景区、文化体育娱乐场所、教育机构、医疗机构、政务服务大厅、公园、公共停车场等人员聚集场所；

（二）出境入境口岸（通道）、机场、港口客运站、通航建筑物、铁路客运站、汽车客运站、城市轨道交通站等交通枢纽；

（三）客运列车、营运载客汽车、城市轨道交通车辆、客运船舶等大中型公共交通工具；

（四）高速公路、普通国省干线的服务区。

在前两款规定的场所、区域内安装图像采集设备及相关设施，应当为维护公共安全所必需，除前两款规定的政府有关部门、负有经营管理责任的单位（以下统称公共安全视频系统管理单位）外，其他任何单位或者个人不得安装。

【本条主旨】

本条第一款是关于县级以上地方人民政府在公共场所规划建设公共安全视频系统之具体要求的规定；第二款是关于负有经营管理责任的单位在公共场所建设公共安全视频系统之义务和要求的规定；第三款是关于限定前两款规定场所中公共安全视频系统安装主体的规定。

【内容解读】

本条是《条例》的核心条款之一。根据本条第一款规定，城乡主要路段、行政区域道路边界、桥梁、隧道、地下通道、广场、治安保卫重点单位周边区域等公共场所，容易发生危害公共安全或者社会治安的事故、事件，存在较大公共安全风险，宜规划建设公共安全视频系统。实践中，由于缺乏统一规划，各地多通过地方立法予以规范，宽严尺度掌握不一，既容易造成重复安装和投资浪费，又可能因为过度安装侵害公民个人隐私等合法权益。但由于这些场所一般没有明确的管理主体，因而理应由政府承担兜底责任。本款本着照顾整体、严格控制的原则，兼顾维护公共安全和保障公民权利，根据当前经济社会发展、社会防控和社会治理需要，选取地方立法规范的建设范围最大公约数，通过“列举+概括”方式明确了纳入规范的公共安全视频系统建设范围。本款要求政府进行统筹规划，将这些场所的公共安全视频管理系统纳入基础设施管理，保障建设、维护经费，这是对这些场所公共安全的重要保障。据此建设的公共安全视频系统应纳入公共基础设施管理范畴，由政府相关部门进行统一管理和维护，确保其正常运行和有效发挥作用。

值得一提的是，在本《条例》颁布之前，《住房城乡建设部关于印发〈城市数字公共基础设施标准体系〉的通知》（建标〔2024〕79号）将数字基础设施分为“网络基础设施”“算力基础设施”“感知基础设施”“融合基础设施”等，对物/环境进行视频信息采集和操作的视频监控、遥感图像等影像类感知设施被纳入“感知基础设施”体系。

本条第二款列举的公共场所涉及公共安全区域的公共安全视频系统，由负有经营管理责任的单位按照相关标准建设，安装图像采集设备的重点部位由县级以上地方人民政府各有关部门按照职责分工指导确定。该款内容包含三个层面。

一是明确了只能由负有经营管理责任的单位进行公共安全视频系统建设的公共场所的范围，包括：商贸中心、会展中心、旅游景区、文化体育娱乐场所、教育机构、医疗机构、政务服务大厅、公园、公共停车场等人员聚集场所；出境入境口岸（通道）、机场、港口客运站、通航建筑物、铁路客运站、汽车客运站、城市轨道交通站等交通枢纽；客运列车、营运载客汽车、城市轨道交通车辆、客运船舶等大中型公共交通工具；高速公路、普通国省干线的服务区。

二是本《条例》规范的是上述场所中涉及公共安全

区域的系统的建设行为。对于采集范围为上述公共场所中不涉及公共安全的区域（如客运站售票厅售票人员办公区）的系统建设，一般属于经营管理单位内部事务，不受本《条例》第七条第二款规定的限制。不过，实践中，上述公共场所中涉及公共安全区域和不涉及公共安全区域的视频系统往往是一体建设和管理的，因而尽管本《条例》未就不涉及公共安全区域的系统建设作出规定，但为避免出现公共安全风险，经营管理单位应当尽可能按照本《条例》要求开展不涉及公共安全区域的系统建设。

三是本款规定区域的视频系统只能由对本款规定场所负有经营管理责任的单位按照相关标准建设，安装图像采集设备的重点部位由县级以上地方人民政府各有关部门按照职责分工指导确定。本款规定的公共场所多属于治安保卫重点单位或者防范恐怖袭击重点目标，有专门管理主体且多属于经营管理单位。为保障场所公共安全，立法上按照“谁受益、谁负责”原则，由经营管理主体承担建设责任和义务是合理的。经营管理单位在本款规定场所涉及公共安全的区域建设视频系统时，应当遵循相关标准，安装图像采集设备的重点部位由县级以上地方人民政府各有关部门按照职责分工指导确定。

在本条第一款、第二款规定的场所、区域内安装图像采集设备及相关设施，应当为维护公共安全所必需，除前两款规定的政府有关部门、负有经营管理责任的单位外，其他任何单位、个人不得安装。其一，该规定是对《中华人民共和国个人信息保护法》有关规定的重申。该法第二十六条明确规定，在公共场所安装图像采集、个人身份识别设备，应当为维护公共安全所必需。本条所规定的公共场所、公共区域属于该法所规定的公共场所，自然应当遵循维护公共安全所必需之图像采集设备安装目的。由于图像采集设备往往不是独立存在的，通常还有电源、传输线路、立杆等附属设施，本《条例》将其视为一个体系，其安装均应遵循维护公共安全目的要求。其二，本条严格禁止无关主体在本条规定的公共场所安装图像采集设备及相关设施。本条所规定的公共场所、公共区域均为重要公共场所，涉及不特定多数人的人身、财产安全，在这些场所安装图像采集设备，通常是出于打击犯罪、治安防范、应急救援等维护公共安全的目的。如果不限定安装主体，允许无关组织或个人出于私利或非法目的，擅自安装图像采集设备及相关设施，乱采、滥用这些场所的视频图像信息，对他人合法权益、社会公共利益和国家治理秩序都将造成威胁。

【实务要点】

根据公共安全视频系统建设管理主体的不同，大致分为：一是政府部门建设的公共安全视频系统（第七条第一款规定的公共区域建设的）。包括公安机关在城乡主要路段、广场等公共区域建设的视频系统，以及交通、环保、城管等其他政府部门在城市道路、公路、城乡接合部、集贸市场等区域、场所建设的视频系统。二是重点单位建设的公共视频系统（第七条第二款规定的公共场所建设的）。主要是被列为防范恐怖袭击重点目标、治安保卫重点单位的企事业单位，在体育场馆、博物馆、医疗机构、车站、码头、银行等公共场所建设的视频系统。三是普通单位建设的公共视频系统（第七条规定以外的公共场所建设的）。主要是普通社会单位出于内部安全防范等目的，在小区、超市、商铺、餐饮等公共区域、场所建设的视频系统，或者由电信运营商及一些企业建设管理并向社会单位提供有偿服务的视频系统。

本条在实务中容易被误读为对应当建设公共安全视

频系统的公共场所的规定。实际上，本《条例》以严格规范公共安全视频系统的建设、使用为立法导向，并未规定哪些场所“应当建设”公共安全视频系统。本条的主要立法目的是将部分涉及重大公共利益和公民人身、财产安全的公共场所的公共安全视频系统建设主体进行限定，对私搭乱建现象进行源头治理。

本条多处出现“有关部门”的表述。本条第一款规定的“有关部门”是指该条规定的公共场所公共安全视频系统的实际建设部门，从各地实践来看，以公安机关为主，同时也包含政府其他部门。有的地方人民政府指定其他部门建设，建成后交由公安机关使用。本条第二款规定的“有关部门”，通常是指对该款所规定公共场所的公共安全负有监管责任的政府部门，如铁路管理部门对客运列车、交通运输管理部门对营运载客汽车等公共交通工具确定安装图像采集设备的重点部位负有指导责任。

在本条的适用中，还需根据实际情况，准确把握本条列举的公共场所。例如，“网约车”属于营运载客汽车，但不属于大中型公共交通工具，不在本条所规定的公共场所范围之列。此外，本条已经对公共场所进行了较为全面的列举，尤其是本条第二款并未依据立法惯例单设兜底规定，因而为避免无形扩大系统建设范围，增加不确定性，实务中根据各款中“等”之规定增加适用列举之外的公共场所时，应当慎之又慎。

【参考依据】

《中华人民共和国个人信息保护法》（2021年8月20日）

第二十六条 在公共场所安装图像采集、个人身份识别设备，应当为维护公共安全所必需，遵守国家有关规定，并设置显著的提示标识。所收集的个人图像、身份识别信息只能用于维护公共安全的目的，不得用于其他目的；取得个人单独同意的除外。

《中华人民共和国反恐怖主义法》（2018年4月27日）

第二十七条第二款 地方各级人民政府应当根据需要，组织、督促有关建设单位在主要道路、交通枢纽、城市公共区域的重点部位，配备、安装公共安全视频图像信息系统等防范恐怖袭击的技防、物防设备、设施。

《企业事业单位内部治安保卫条例》（2004年9月27日）

第十三条 关系全国或者所在地区国计民生、国家安全和公共安全的单位是治安保卫重点单位。治安保卫重点单位由县级以上地方各级人民政府公安机关按照下列范围提出，报本级人民政府确定：

（一）广播电台、电视台、通讯社等重要新闻单位；

（二）机场、港口、大型车站等重要交通枢纽；

（三）国防科技工业重要产品的研制、生产单位；

（四）电信、邮政、金融单位；

（五）大型能源动力设施、水利设施和城市水、电、燃气、热力供应设施；

（六）大型物资储备单位和大型商贸中心；

（七）教育、科研、医疗单位和大型文化、体育场所；

（八）博物馆、档案馆和重点文物保护单位；

（九）研制、生产、销售、储存危险物品或者实验、保藏传染性菌种、毒种的单位；

（十）国家重点建设工程单位；

（十一）其他需要列为治安保卫重点的单位。

治安保卫重点单位应当遵守本条例对单位治安保卫工作的一般规定和对治安保卫重点单位的特别规定。

第十四条 治安保卫重点单位应当确定本单位的治安保卫重要部位，按照有关国家标准对重要部位设置必要的技术防范设施，并实施重点保护。

《娱乐场所管理条例》（2020 年 11 月 29 日）

第十五条　歌舞娱乐场所应当按照国务院公安部门的规定在营业场所的出入口、主要通道安装闭路电视监控设备，并应当保证闭路电视监控设备在营业期间正常运行，不得中断。

歌舞娱乐场所应当将闭路电视监控录像资料留存 30 日备查，不得删改或者挪作他用。

《中共中央办公厅、国务院办公厅关于加强社会治安防控体系建设的意见》（2015 年 4 月 13 日）

（九）加快公共安全视频监控系统建设。高起点规划、有重点有步骤地推进公共安全视频监控建设、联网和应用工作，提高公共区域视频监控系统覆盖密度和建设质量。加大城乡接合部、农村地区公共区域视频监控系统建设力度，逐步实现城乡视频监控一体化……

（十七）……加大投入力度，将社会治安防控体系建设经费列入年度财政预算，从人力、物力、财力上保证社会治安防控体系建设顺利实施……

《关于加强公共安全视频监控建设联网应用工作的若干意见》（2015 年 5 月 6 日）

（五）推进重点建设。……各地区按照城镇道路交叉口无死角，主要道路关键节点无盲区，人员密集区域无遗漏，以及要害部位、重要涉外场所、案件高发区域、治安复杂场所主要出入口全覆盖的要求，有重点、有步骤地推进公共安全视频监控建设联网应用工作，提高重点公共区域视频监控系统覆盖密度和建设质量，实现重点公共区域全覆盖。

（十七）明确职责任务。……各地应将重点公共区域的视频监控系统建设、联网和维护经费列入本级政府财政预算，建立与经济社会发展相适应的经费保障机制……

第八条　【公共场所图像采集设备禁装区域及管理责任】禁止在公共场所的下列区域、部位安装图像采集设备及相关设施：

（一）旅馆、饭店、宾馆、招待所、民宿等经营接待食宿场所的客房或者包间内部；

（二）学生宿舍的房间内部，或者单位为内

部人员提供住宿、休息服务的房间内部；

（三）公共的浴室、卫生间、更衣室、哺乳室、试衣间的内部；

（四）安装图像采集设备后能够拍摄、窥视、窃听他人隐私的其他区域、部位。

对上述区域、部位负有经营管理责任的单位或者个人，应当加强日常管理和检查，发现在前款所列区域、部位安装图像采集设备及相关设施的，应当立即报告所在地公安机关处理。

【本条主旨】

本条是关于公共场所禁止安装图像采集设备的区域、部位，以及负有经营管理责任的单位、个人的义务的规定。

【内容解读】

本条是本《条例》的核心条款之一。如何在公共场所视频系统建设、使用中有效保护个人隐私，一直是本

《条例》制定过程中重点关注和研究的问题。本条规定突出了对公民个人隐私的尊重和保护，不允许将个人生活和活动中的私密部分暴露于图像采集设备的拍摄范围之内，是源头治理的重要措施之一。

在本《条例》出台之前，《中华人民共和国民法典》第一千零三十三条明确规定，除法律另有规定或者权利人明确同意外，任何组织或者个人不得进入、拍摄、窥视他人的住宅、宾馆房间等私密空间，拍摄、窥视、窃听、公开他人的私密活动，拍摄、窥视他人的身体的私密部位。《中华人民共和国治安管理处罚法》第五十条规定，对于偷窥、偷拍、窃听、散布他人隐私的，处五日以下拘留或者一千元以下罚款；情节较重的，处五日以上十日以下拘留，可以并处一千元以下罚款。一些地方性法规、政府规章及其他规范性文件也明确要求，在一些公共场所或者公共场所的部分空间（如饭店、宾馆、招待所等场所的包间、客房内部，学生宿舍、哺乳室、公共的浴室、更衣室、卫生间，选举箱、举报箱等附近区域）禁止安装监控设备。

针对因图像采集设备不当安装带来的侵犯隐私问题，本《条例》在起草时贯彻《中华人民共和国民法典》等法律法规要求和地方立法经验做法，在严格限定、规范监管的同时，梳理提出了禁止安装的区域、部位。主要有几类：一是为社会公众提供住宿、休息、餐饮服务的场所，如经营接待旅客住宿的旅馆、饭店、宾馆、招待所等场所的客房或者包间内部。二是为特定人群提供住宿、休息服务的起居场所，如学生宿舍、单位为内部人员提供住宿、休息服务的房间内部。三是可能暴露个人身体隐私部位的区域，如公共的浴室、卫生间、更衣室、哺乳室、试衣间内部区域。四是安装图像采集设备后能够拍摄、窥视、窃听他人隐私的其他区域、部位。之所以作出这一兜底性规定，是考虑到随着实践发展，可能会出现前述列举所无法涵盖，但为保护公民个人隐私又必须禁止安装图像采集设备的情形。

禁止安装规定为事前预防性措施，本条所规定场所或区域的经营管理单位负有保障进入该场所或区域者合法权益的责任和义务。本《条例》亦明确规定，对本条规定的区域、部位负有经营管理责任的单位或者个人，应当加强日常管理和检查，发现在本条第一款所列区域、部位安装图像采集设备及相关设施的，应当立即报告所在地公安机关处理。

【实务要点】

当前，现实生活中存在越来越多违规安装和使用视频监控侵犯公民个人隐私的案例，特别是宾馆、民宿、公共卫生间等私密场所尤为突出，给我们的生活带来了严重的困扰。如何在公共安全视频系统建设、使用中有效保护个人隐私，一直是立法工作中重点关注和研究的问题。针对因不当安装带来的侵犯隐私问题，《条例》在认真研究国内外实践做法和地方立法规定基础上，在对应当建设范围进行严格限定、规范监管的同时，列举提出了禁止安装的区域、部位。本条规定既是贯彻上位法要求的需要，也是对民意的回应。准确适用本条规定，对于保障公民合法权益具有非常重要的意义。

一是虽然本条规定的是禁止安装图像采集设备的区域、部位，但主要是保护在本条所规定区域、部位产生的私密信息和发生的私密行为。实践中，拍摄这些区域、部位的图像采集设备大多安装于该区域或部位，亦有安装在其他区域和部位，但能拍摄到本条规定的区域和部位的情形。对于这种情形，应当根据本条规定予以禁止。

二是对于本条规定禁止安装图像采集设备的场所、区域，在实践中可能会存在语义上的争议。例如，可能会有人提出，墙面透明的包间或者半开放包间是否属于本条第一款第一项所规定的包间？对此，应当准确把握本条立法目的。本条立法主要目的在于保护公民个人隐私。本条所规定的“包间”，主要是指餐饮场所中具有就餐排他性的相对私密空间。在具体认定时，应以该空间是否符合就餐顾客对自身私密行为、私密信息保护的合理期待作为主要依据，如排斥同时接待其他顾客、可实现和其他顾客有效隔离的相对封闭空间。全封闭包间属于禁止安装图像采集设备之列，半包、卡座等非完全封闭空间则需要具体情形具体分析，不能一概而论。对其他场所的理解，同样应当以立法目的为指引。

三是应当准确理解“安装图像采集设备后能够拍摄、窥视、窃听他人隐私的其他区域、部位”。本条对个人隐私采取强保护立场，不能将偶发的不文明行为甚至违法行为，作为可以在禁止区域、部位安装图像采集设备的理由。实践中，除本条第一款前三项列举外，还可能安装图像采集设备后能够拍摄、窥视、窃听他人隐私的其他区域、部位。例如，为了便于发生医患纠纷时查清事实，一些医院在医生问诊室安装了图像采集设备。这类设备通常不在本条禁止范围。但部分问诊室兼做检查室，图像采集设备如能拍摄到患者身体隐私部位，则在本条禁止范围，医院要么选择不安装图像采集设备，要么在诊疗室专设能够遮挡摄像头的检查区域。

在《条例》制定过程中，曾有部门建议将“投票箱、意见箱等设置区域”“金融、保险、证券机构内可能泄露客户个人的操作部位”等列入禁止安装范围。这些区域、部位主要涉及个人私密信息而非私密活动，考虑到设备可远程摄录的特性，禁止在这些区域、部位安装图像采集设备的实际意义不强，《条例》最终没有采纳该建议。实践中可通过其他方式来避免私密信息被拍摄。

四是压实经营管理单位的日常检查义务。本条规定从源头上阻断非法视频图像信息处理，经营管理单位负有保障其经营场所内个人隐私信息不被非法采集和泄露的义务。经营管理单位有必要形成相关制度机制，定期对禁止安装场所、区域进行排查，并留存已经开展常态化排查的证明材料。

此外，本条也没有采用第七条的建设“公共安全视频系统”的表述。其主要原因在于，在任何公共场所，防止视频图像信息被乱采、滥用、泄露的核心是要对前端采集进行严格规范。因此，从本条主要“保护个人隐私和个人信息权益”的目的来看，采用“安装图像采集设备及相关设施”的表述更为合适。

【参考依据】

《中华人民共和国民法典》（2020 年 5 月 28 日）

第一千零三十三条　除法律另有规定或者权利人明确同意外，任何组织或者个人不得实施下列行为：

……

（二）进入、拍摄、窥视他人的住宅、宾馆房间等私密空间；

（三）拍摄、窥视、窃听、公开他人的私密活动；

（四）拍摄、窥视他人身体的私密部位；

……

第一千一百九十八条第一款　宾馆、商场、银行、车站、机场、体育场馆、娱乐场所等经营场所、公共场所的经营者、管理者或者群众性活动的组织者，未尽到安全保障义务，造成他人损害的，应当承担侵权责任。

《中华人民共和国治安管理处罚法》（2025 年 6 月 27 日）

第五十条 有下列行为之一的，处五日以下拘留或者一千元以下罚款；情节较重的，处五日以上十日以下拘留，可以并处一千元以下罚款：

（一）写恐吓信或者以其他方法威胁他人人身安全的；

（二）公然侮辱他人或者捏造事实诽谤他人的；

（三）捏造事实诬告陷害他人，企图使他人受到刑事追究或者受到治安管理处罚的；

（四）对证人及其近亲属进行威胁、侮辱、殴打或者打击报复的；

（五）多次发送淫秽、侮辱、恐吓等信息或者采取滋扰、纠缠、跟踪等方法，干扰他人正常生活的；

（六）偷窥、偷拍、窃听、散布他人隐私的。

有前款第五项规定的滋扰、纠缠、跟踪行为的，除依照前款规定给予处罚外，经公安机关负责人批准，可以责令其一定期限内禁止接触被侵害人。对违反禁止接触规定的，处五日以上十日以下拘留，可以并处一千元以下罚款。

《吉林省公共安全视频图像信息系统管理办法》（2012 年 11 月 17 日）

第十条 下列场所和部位禁止安装公共安全视频图

像信息系统：

（一）医院、疗养院等医疗机构的病房；

（二）旅馆、宾馆的客房，娱乐活动场所的包房；

（三）集体宿舍房间；

（四）公共化妆间、试衣间、更衣室、休息室；

（五）公共浴室、公共卫生间；

（六）金融、保险、证券机构等可能泄露个人信息的操作部位；

（七）选举箱、投票点等附近能够观察到个人意愿表达的部位；

（八）其他涉及个人隐私的场所和部位。

《黑龙江省公共安全技术防范条例》（2016年12月16日）

第十三条　宾馆客房和公共宿舍、浴室、更衣室、卫生间等涉及他人隐私的场所禁止安装视频和音频监控系统。

《安徽省公共安全视频图像信息系统管理办法》（2016年11月2日）

第八条　下列涉及个人隐私的场所和部位，禁止安装公共安全视频图像信息系统：

（一）旅馆客房、集体宿舍的房间内；

（二）公共浴室、更衣室、试衣间、哺乳室、卫生间；

（三）金融机构内可能泄露客户个人信息的操作部位；

（四）选举箱、投票点、举报箱附近可能观察到个人意愿表达的部位；

（五）其他涉及个人隐私的场所和部位。

《重庆市公共安全视频图像信息系统管理办法》（2016年6月17日）

第十条 下列区域和场所禁止建设视频图像信息系统：

（一）旅馆客房和娱乐场所包房；

（二）集体和个人宿舍；

（三）公共浴室、更衣室、卫生间、哺乳室；

（四）金融机构内可能泄露客户个人信息和商业秘密的操作区域；

（五）选举箱、投票点等附近可以观察到个人意愿表达情况的区域；

（六）涉及个人隐私的其他区域和场所。

《长沙市公共安全视频图像信息系统管理办法》（2011年12月7日）

第八条 下列场所和部位禁止安装公共安全视频图像信息采集设备：

（一）医院的病房、手术室等诊断、治疗场所；

（二）旅馆、宾馆的客房，娱乐场所包厢、包间；

（三）集体宿舍房间；

（四）公共化妆间、公共浴室、公共卫生间、试衣间、更衣室、休息室、哺乳室；

（五）金融、保险、证券机构内可能泄露客户信息的操作部位；

（六）选举投票箱、投票点等附近能够观察到个人意愿表达情况的部位；

（七）其他涉及个人隐私的场所和部位。

《贵州省公共安全视频信息系统管理办法》（2012年2月1日）

第九条　下列场所或者部位禁止安装公共视频系统：

（一）旅馆客房、娱乐场所包房；

（二）集体宿舍；

（三）浴室、更衣室、卫生间等；

（四）金融、保险、证券机构内会泄露客户个人信息的操作部位；

（五）选举箱、投票点等附近会观察到个人意愿表达情况的部位；

（六）其他涉及个人隐私的场所或者部位。

其他任何单位和个人不得擅自在涉及公共安全的场所或者部位安装公共视频系统。

《陕西省公共安全图像信息系统管理办法》（2012年2月22日）

第八条 下列场所和区域禁止安装视频监控设备：

（一）旅馆客房；

（二）集体和个人宿舍；

（三）公共浴室、更衣室、卫生间、哺乳室等；

（四）金融、保险、证券场所中可能泄露客户个人信息的操作区域；

（五）选举箱、投票点等可以观察到个人意愿表达情况的区域；

（六）其他涉及个人隐私的场所和区域。

《内蒙古自治区公共安全技术防范管理条例》（2020年7月23日）

第九条 任何单位、个人安装技防产品或者技防系统，应当符合维护公共安全，保护公民、法人和其他组织合法权益的有关规定。

下列涉及个人隐私的场所和区域禁止安装具有音视

频采集功能的技防系统：

（一）旅店业客房、娱乐场所包间；

（二）集体宿舍、公寓房间；

（三）哺乳室、公共浴室、更衣室、化妆间、卫生间；

（四）金融、保险、证券机构内可能泄露客户个人信息的区域；

（五）选举箱、举报箱、投票点等附近可能观察到个人意愿表达或者行为的区域；

（六）其他涉及个人隐私的场所和区域。

《内蒙古自治区公共安全视频监控图像信息系统管理办法》（2022年10月21日）

第八条　下列涉及个人隐私的场所和区域禁止安装公共安全视频监控图像信息系统：

（一）旅店业客房、娱乐场所包间；

（二）集体宿舍、公寓房间；

（三）哺乳室、公共浴室、更衣室、化妆间、卫生间；

（四）金融、保险、证券机构内可能泄露客户个人信息的区域；

（五）选举箱、举报箱、投票点等附近可能观察到个人意愿表达或者行为的区域；

（六）其他涉及个人隐私的场所和区域。

《甘肃省公共安全视频信息系统管理办法》（2011年3月1日）

第九条 下列区域、场所和部位禁止安装公共安全视频信息系统：

（一）旅馆客房、娱乐场所包房；

（二）单位宿舍；

（三）浴室、更衣室、卫生间、哺乳室；

（四）金融、保险、证券机构内可能泄露客户个人信息的操作部位；

（五）选举箱、投票点等附近可能观察到个人意愿表达情况的部位；

（六）其他涉及个人隐私和其他合法权益的区域、场所和部位。

第九条 【非特定公共场所图像采集设备安装规范】在本条例第七条规定之外的其他公共场所安装图像采集设备及相关设施，应当为维护公共安全所必需，仅限于对该场所负有安全防范义务的单位或者个人安装，其他任何单位或者个人不得安装。

依照前款规定安装图像采集设备及相关设施的，应当遵守本条例除第十一条、第十四条、第十五条、第十六条第二款、第十七条规定的强制性要求之外的其他各项规定。

【本条主旨】

本条是关于本《条例》第七条之外其他公共场所建设使用公共安全视频系统的规定。

【内容解读】

除本《条例》第八条规定的区域、部位外，其他公共场所或其区域、部位均可安装图像采集设备及相关设施。现实生活中，在餐馆、小型超市、商铺等公共场所，由于涉及人数、规模较小，且有明确管理主体，一般不容易发生重特大社会治安案（事）件、群体性事件，但其仍有安全需求。本《条例》在起草过程中考虑到了这一需求，允许对这些公共场所负有安全防范义务的单位或者个人安装图像采集设备及相关设施。有关组织或者个人可以根据需要，自主决定是否建设使用公共安全视频系统、安装图像采集设备。

根据《中华人民共和国个人信息保护法》第二十六条规定，在公共场所安装图像采集、个人身份识别设备，应当为维护公共安全所必需，在本条规定的公共场所安装图像采集设备及相关设施，自然也应当为维护公共安全（包括出于维护自身财产或者人身安全目的）所必需。

本条要求在建设使用公共安全视频系统时，有关组织或个人应当遵守本《条例》除第十一条、第十四条、第十五条、第十六条第二款、第十七条规定的强制性要求外的其他各项规定。因此，根据本条规定建设的公共安全视频系统不需要办理备案，视频图像信息的存储期限也不受三十日的最低保存期限限制。

【实务要点】

本条第一款中的安装主体没有采用“经营管理单位”的表述。实践中，本条中“负有安全防范义务的单位或者个人”与第七条规定的经营管理单位类似，一般是指该场所的经营管理单位。考虑到一些规模较小的公共场所如小超市、小饭店，实际经营管理者可能只是个人，因此不能笼统采用“经营管理单位”的表述。

同时，考虑到本条规定的其他公共场所面临的公共安全风险明显小于第七条规定的公共场所，根据比例原则，在监管要求上不宜完全一致。本着分类监管思路，既不鼓励也不禁止建设使用公共安全视频系统，但对自愿建设使用的则应当作出必要规范。因此，第二款明确规定，可以不执行第十一条（按标准建设系统）、第十四条（系统备案要求）、第十五条（安全管理义务）、第十六条第二款（建立管理制度）、第十七条（保存期限）规定的强制性要求。

本条及第七条的规定，体现了《条例》对不同类型公共场所建设使用公共安全视频系统提出分类监管思路。一是对第七条规定的人员出入频繁、易发生重大治安案（事）件的公共场所，兼顾维护公共安全和保护个人隐私、个人信息权益需要，明确政府相关部门或者经营管理单位的建设责任，严格执行系统建设、备案、运行管理、安全防护、存储使用等要求。二是对第九条规定的其他公共场所（如小超市、小饭店等），根据比例原则，不强制要求建设使用公共安全视频系统，但对自愿建设使用作出必要规范，防止视频图像信息被滥用、泄露。同时，在监管力度上区别于第七条规定的公共场所，可不执行系统建设、备案、存储期限、管理制度等强制性规定。同时，《条例》从维护国家安全的角度出发，在第十条规定了对于在军事禁区、军事管理区以及国家机关等涉密单位周边安装图像采集设备的，要求事先征得相关涉密单位的同意。

【参考依据】

《中华人民共和国民法典》（2020 年 5 月 28 日）

第二百零七条　国家、集体、私人的物权和其他权利人的物权受法律平等保护，任何组织或者个人不得侵犯。

《中华人民共和国个人信息保护法》（2021 年 8 月 20 日）

第二十六条　在公共场所安装图像采集、个人身份识别设备，应当为维护公共安全所必需，遵守国家有关规定……

第十条　【涉密单位周边图像采集设备安装】依照本条例安装图像采集设备及相关设施，位于军事禁区、军事管理区以及国家机关等涉密单位周边的，应当事先征得相关涉密单位的同意。

【本条主旨】

本条是关于在军事禁区、军事管理区以及国家机关等涉密单位周边安装图像采集设备的特殊要求的规定。

【内容解读】

在公共场所安装视频系统的目的是维护公共安全，但国家安全和公共安全应当统筹考虑。本条旨在规范在军事禁区、军事管理区以及国家机关等涉密单位周边公共区域安装图像采集设备。在征求意见过程中，有关部门提出了此建议，主要考虑是：《中华人民共和国军事设施保护法》明确规定，对军事禁区、军事管理区进行摄影、摄像，必须经过有批准权限的军事机关或者单位批准。能否在军事禁区、军事管理区以及国家机关等涉密单位周边建设公共安全视频系统，要根据军事禁区、军事管理区以及国家机关等涉密单位的实际情况来确定。显然，本条将存在多种安全需求时能否在涉密单位周边安装图像采集设备的决定权交给了所涉及的涉密单位。

本《条例》规定的军事禁区和军事管理区，采用《中华人民共和国军事设施保护法》的定义，军事禁区，是指设有重要军事设施或者军事设施安全保密要求高、具有重大危险因素，需要国家采取特殊措施加以重点保护，依照法定程序和标准划定的军事区域；军事管理区，是指设有较重要军事设施或者军事设施安全保密要求较高、具有较大危险因素，需要国家采取特殊措施加以保护，依照法定程序和标准划定的军事区域。军事禁区、军事管理区由国务院和中央军事委员会确定，或者由有关军事机关根据国务院和中央军事委员会的规定确定。根据《中华人民共和国军事设施保护法》规定，军事禁区、军事管理区应当由县级以上地方人民政府按照国家统一规定的样式设置标志牌。

本《条例》所规定的国家机关是指权力机关、行政机关、监察机关、检察机关、审判机关、军事机关等行使国家权力的机关。党的领导机关和政协机关根据有关规定也属于本《条例》规定的国家机关。

【实务要点】

本条目的主要是实现对涉密单位周边安装图像采集设备、建设公共安全视频系统的针对性监管，但实际执行时可能会遇到一些问题，需要准确理解条文内容。

一是本条规定的国家机关是指所有国家机关，而非部分国家机关，即在所有国家机关周边安装图像采集设备及相关设施，都需要征求其同意。对于国家机关专门设立的服务企业和个人的场所，如行政服务中心、办事大厅，以及部分允许企业、个人来办理业务或允许其自由进出的办公场所，它们属于国家机关的一部分，在其周边安装图像采集设备及相关设施，是否需要征得负责管理该场所的国家机关同意，应根据该场所是否涉密以及在其周边安装的图像采集设备能否采集到涉密信息进行判断。

二是部分“涉密单位”可能不挂牌，没有设置明显标识，如果没有证据证明图像采集设备安装主体事先知道其为涉密单位，则公安机关不能以其未经涉密单位同意，擅自安装图像采集设备及相关设施而进行处罚。但一经告知周边有涉密单位，图像采集设备及相关设施的管理主体应当暂停视频图像采集，在征得相关涉密单位同意后再继续运行。如该涉密单位不同意，则应当撤除该图像采集设备及相关设施。

三是要准确理解“周边”。周边是一个空间概念，但在管理与执法实务中，不能简单考虑图像采集设备与涉密单位的物理距离，而主要应当以所安装图像采集设备是否会拍摄到涉密单位的活动为判断依据。例如，所安装图像采集设备仅能拍到涉密单位围墙，而不涉及涉密单位其他信息的，安装者无须事先征得涉密单位同意。由于图像采集设备类型多样，对于一些拍摄视角较大、纵深较长的摄像头，如果安装主体已经通过安装遮挡板等方式限制拍摄范围，能够避免采集涉密单位信息的，其安装行为也无须事先征得涉密单位同意。

四是准确理解“事先征得同意”。本条并未明确规定“事先征得同意”的形式。理论上，口头形式和书面形式均可。但为避免日后纠纷，安装主体宜事先取得涉密单位书面同意。对于县级以上人民政府统筹规划在公共场所建设的公共安全视频系统，如事先已就规划征求军事禁区、军事管理区或其上级部门意见且未获反对意见，或者该涉密单位为该级或下级人民政府或其职能部门的，应当默认为已经取得周边国家机关的同意，无须再单独征求同意。

【参考依据】

《中华人民共和国军事设施保护法》（2021年6月10日）

第九条　军事禁区、军事管理区根据军事设施的性质、作用、安全保密的需要和使用效能的要求划定，具体划定标准和确定程序，由国务院和中央军事委员会规定。

本法所称军事禁区，是指设有重要军事设施或者军事设施安全保密要求高、具有重大危险因素，需要国家采取特殊措施加以重点保护，依照法定程序和标准划定的军事区域。

本法所称军事管理区，是指设有较重要军事设施或者军事设施安全保密要求较高、具有较大危险因素，需要国家采取特殊措施加以保护，依照法定程序和标准划定的军事区域。

第十条　军事禁区、军事管理区由国务院和中央军事委员会确定，或者由有关军事机关根据国务院和中央军事委员会的规定确定。

军事禁区、军事管理区的撤销或者变更，依照前款规定办理。

第十一条 陆地和水域的军事禁区、军事管理区的范围，由省、自治区、直辖市人民政府和有关军级以上军事机关共同划定，或者由省、自治区、直辖市人民政府、国务院有关部门和有关军级以上军事机关共同划定。空中军事禁区和特别重要的陆地、水域军事禁区的范围，由国务院和中央军事委员会划定。

军事禁区、军事管理区的范围调整，依照前款规定办理。

第十二条 军事禁区、军事管理区应当由县级以上地方人民政府按照国家统一规定的样式设置标志牌。

第十七条第一款 禁止陆地、水域军事禁区管理单位以外的人员、车辆、船舶等进入军事禁区，禁止航空器在陆地、水域军事禁区上空进行低空飞行，禁止对军事禁区进行摄影、摄像、录音、勘察、测量、定位、描绘和记述。但是，经有关军事机关批准的除外。

第二十二条 军事管理区管理单位以外的人员、车辆、船舶等进入军事管理区，或者对军事管理区进行摄影、摄像、录音、勘察、测量、定位、描绘和记述，必须经军事管理区管理单位批准。

《中华人民共和国保守国家秘密法》（2024年2月27日）

第四十条　军事禁区、军事管理区和属于国家秘密不对外开放的其他场所、部位，应当采取保密措施，未经有关部门批准，不得擅自决定对外开放或者扩大开放范围。

涉密军事设施及其他重要涉密单位周边区域应当按照国家保密规定加强保密管理。

《中华人民共和国保守国家秘密法实施条例》（2024年7月10日）

第四十六条　保密行政管理部门及其他主管部门应当加强对涉密军事设施及其他重要涉密单位周边区域保密管理工作的指导和监督，建立协调机制，加强军地协作，组织督促整改，有关机关、单位应当配合，及时发现并消除安全保密风险隐患。

《无人驾驶航空器飞行管理暂行条例》（2023年5月31日）

第十九条第二款　真高120米以上空域，空中禁区、空中限制区以及周边空域，军用航空超低空飞行空域，以及下列区域上方的空域应当划设为管制空域：

……

（三）军事禁区、军事管理区、监管场所等涉密单位以及周边一定范围的区域；

……

第十一条 【建设标准与资料管理】 公共安全视频系统管理单位应当按照相关标准建设公共安全视频系统，开展设计、施工、检验、验收等工作，并依法保存、管理相关档案资料。

【本条主旨】

本条是关于应当按照标准建设公共安全视频系统和依法保存、管理档案资料的规定。

【内容解读】

本条规定了应当按照相关标准建设公共安全视频系

统，开展设计、施工、检验、验收等工作，并依法保存、管理相关档案资料。

本条所指的管理单位，是指负责本《条例》第七条所规定的公共场所公共安全视频系统的管理单位。这类视频图像信息系统对于公共安全极为重要，但又较为复杂，如建设不当，将严重影响所在公共场所的公共安全。为此，本条要求管理单位的设计、施工、检验、验收等工作均须遵循相关标准，力图确保系统的建设质量和安全性能。

公共安全视频系统在设计、施工、检验、验收等环节中能够形成大量基础性资料，这些资料对于日后系统的改造升级、运行维护，以及查找相关责任人都有非常重要的作用。但是，由于相关法律规定的缺位，实践中出现了各种问题，如一些重要公共场所的系统运行后出现故障，但由于设计和施工单位的资料保存不当，联系不到施工单位维修或者因无设计方案导致维修无从下手，给系统安全、用户安全带来重大风险隐患。本条对公共安全视频系统的资料管理提出了具体要求。根据本条要求，需要归档保存的系统资料包括：与系统建设相关的设计、施工、检验、验收等环节形成的档案资料。根据本条规定，相关档案资料的归档管理主体为公共安全视频系统的管理单位。管理单位通常也是建设单位，两者不一致的，建设单位在系统建设环节保存、管理的相关档案资料，应当在系统交付管理单位时一并移交。政府统筹规划并出资建设的系统，通常由系统的使用人负责建档管理。

根据本《条例》第九条规定，安装图像采集设备及相关设施，无须遵守本条规定。

【实务要点】

本《条例》多处强调标准的作用。本条所称的相关标准，主要是指建设公共安全视频系统需要遵循的标准，既包括国家标准也包括公共安全行业标准既包括强制性标准，也包括推荐性标准。目前专门针对视频监控建设的有九项国标、五十三项公共安全行业标准。其中强制性国标有《公共安全视频监控联网信息安全技术要求》（GB 35114-2017）、《公共安全重点区域视频图像信息采集规范》（GB 37300-2018）等；推荐性标准有《视频安防监控系统技术要求》（GA/T 367-2001）、《安全防范视频监控矩阵设备通用技术要求》（GA/T 646-2016）等。

公共视频系统作为安防工程还应遵循 3 项强制性国标：《安全防范工程通用规范》（GB 55029-2022）、《安全防范工程技术标准》（GB 50348-2018）、《视频安防监控系统工程设计规范》（GB 50395-2007）。公共视频系统作为计算机系统及《中华人民共和国网络安全法》中所称的网络还应遵循以下强制性国标：《网络关键设备安全通用要求》（GB 40050-2021）规定了网络关键设备的通用安全功能要求和安全保障要求；《信息安全技术 网络安全专用产品安全技术要求》（GB 42250-2022）为落实《中华人民共和国网络安全法》的第二十三条而制定，网络安全专用产品按照本标准的安全技术要求和国家相关主管部门规定的其他技术规范进行研发、生产、服务和检测工作；《音视频、信息技术和通信技术设备 第 1 部分：安全要求》（GB 4943.1-2022）是产品安全标准,对能量源进行了分级，并规定了针对那些能量源的安全防护，同时提供了应用安全防护的指导以及针对安全防护的要求；《信息技术设备 安全 第 23 部分：大型数据存储设备》（GB 4943.23-2012）。

对于管理单位未遵循本条规定依据相关标准开展建设，未依法保存、管理相关档案资料的，本《条例》未直接规定处罚措施。管理单位违反本条规定的行为如果同时违反其他法律法规的，应当按照该法律法规处罚。如其他法律法规无相关处罚的，主要由管理单位及相关主体依据建设公共安全视频系统过程中的合同义务确定各自责任。

【参考依据】

《中华人民共和国标准化法》（2017年11月4日）

第二条 本法所称标准（含标准样品），是指农业、工业、服务业以及社会事业等领域需要统一的技术要求。

标准包括国家标准、行业标准、地方标准和团体标准、企业标准。国家标准分为强制性标准、推荐性标准，行业标准、地方标准是推荐性标准。

强制性标准必须执行。国家鼓励采用推荐性标准。

《中华人民共和国产品质量法》（2018年12月29日）

第十三条 可能危及人体健康和人身、财产安全的工业产品，必须符合保障人体健康和人身、财产安全的国家标准、行业标准；未制定国家标准、行业标准的，必须符合保障人体健康和人身、财产安全的要求。

禁止生产、销售不符合保障人体健康和人身、财产安全的标准和要求的工业产品。具体管理办法由国务院规定。

《**中华人民共和国档案法**》（2020 年 6 月 20 日）

第十二条　按照国家规定应当形成档案的机关、团体、企业事业单位和其他组织，应当建立档案工作责任制，依法健全档案管理制度。

第十三条　直接形成的对国家和社会具有保存价值的下列材料，应当纳入归档范围：

（一）反映机关、团体组织沿革和主要职能活动的；

（二）反映国有企业事业单位主要研发、建设、生产、经营和服务活动，以及维护国有企业事业单位权益和职工权益的；

（三）反映基层群众性自治组织城乡社区治理、服务活动的；

（四）反映历史上各时期国家治理活动、经济科技发展、社会历史面貌、文化习俗、生态环境的；

（五）法律、行政法规规定应当归档的。

非国有企业、社会服务机构等单位依照前款第二项所列范围保存本单位相关材料。

第十四条　应当归档的材料，按照国家有关规定定期向本单位档案机构或者档案工作人员移交，集中管理，任何个人不得拒绝归档或者据为己有。

国家规定不得归档的材料，禁止擅自归档。

第二十二条 非国有企业、社会服务机构等单位和个人形成的档案，对国家和社会具有重要保存价值或者应当保密的，档案所有者应当妥善保管。对保管条件不符合要求或者存在其他原因可能导致档案严重损毁和不安全的，省级以上档案主管部门可以给予帮助，或者经协商采取指定档案馆代为保管等确保档案完整和安全的措施；必要时，可以依法收购或者征购。

前款所列档案，档案所有者可以向国家档案馆寄存或者转让。严禁出卖、赠送给外国人或者外国组织。

向国家捐献重要、珍贵档案的，国家档案馆应当按照国家有关规定给予奖励。

《重庆市公共安全视频图像信息系统管理办法》（2016年6月17日）

第十七条 公共安全视频图像信息系统的建设单位、使用者应当将系统的设计、施工、验收、维护等基础资料立卷归档，依法管理、保存。

第十二条 【产品服务要求】公共安全视频系统采用的产品、服务应当符合国家标准的强制性要求。产品、服务的提供者不得设置恶意程序；发现其产品、服务存在安全缺陷、漏洞等风险时，应当立即采取补救措施，按照规定及时告知用户并向有关主管部门报告。

【本条主旨】

本条是关于公共安全视频系统产品、服务要求的规定。

【内容解读】

建设公共安全视频系统的目的是维护公共安全，系统自身的安全性不可忽视。本《条例》贯彻落实《中华人民共和国网络安全法》第二十二条第一款规定，专门对建设公共安全视频系统所采用的产品和服务提出明确要求。

一是必须符合国家标准的强制性要求。《中华人民共和国标准化法》第二条第三款规定，强制性标准必须执行。本条所称的相关国家标准的强制性要求，包括但不限于 GB40050－2021《网络关键设备安全通用要求》、GB42250-2022《信息安全技术 网络安全专用产品安全技术要求》、GB4943.1-2022《音视频、信息技术和通信技术设备 第1部分：安全要求》和 GB35114-2017《公共安全视频监控联网信息安全技术要求》。

二是产品与服务的提供者不得设置恶意程序，并要求其在发现安全缺陷或漏洞时履行即时补救、告知用户及向主管部门报告的义务。其立法目的在于技术规范与动态监管相结合，防范因产品缺陷或恶意程序引发的系统安全风险，保障公共安全视频系统的稳定运行与数据安全。

【实务要点】

本条是《中华人民共和国网络安全法》关于“产品、服务安全要求”在公共安全视频图像信息系统建设使用中的具体落实。《中华人民共和国网络安全法》第二十二条第一款规定，网络产品、服务应当符合相关国家标准的强制性要求。网络产品、服务的提供者不得设置恶意程序；发现其网络产品、服务存在安全缺陷、漏洞等风险时，应当立即采取补救措施，按照规定及时告知用户并向有关主管部门报告。公共视频系统中专门视频监控产品涉及的强制性国标有《公共安全视频监控联网信息安全技术要求》(GB 35114-2017)。公共视频系统中所采用的网络关键设备应当符合《网络关键设备安全通用要求》(GB 40050-2021)的强制性要求，所采用的网络安全设备应当符合《信息安全技术 网络安全专用产品安全技术要求》(GB 42250-2022)的强制性要求，所采用的大型存储设备应当符合《信息技术设备 安全 第23部分：大型数据存储设备》(GB 4943.23-2012)的强制性要求，所采用的任何产品都应符合《音视频、信息技术和通信技术设备 第1部分：安全要求》(GB 4943.1-2022)的强制性要求。

违反本条规定的典型违法行为包括：公共安全视频系统采用的产品、服务不符合国家标准的强制性要求；公共安全视频系统产品、服务提供者设置恶意程序；公共安全视频系统产品、服务的提供者未按规定告知报告安全风险。根据本《条例》第三十一条规定，违反上述规定，应当适用《中华人民共和国网络安全法》的相关条款处罚：

其一，公共安全视频系统采用的产品、服务提供者设置恶意程序，违反《中华人民共和国网络安全法》第二十二条第一款规定的，适用《中华人民共和国网络安全法》第六十条第一项进行处罚，即由有关主管部门责令改正，给予警告；拒不改正或者导致危害网络安全等后果的，处五万元以上五十万元以下罚款，对直接负责的主管人员处一万元以上十万元以下罚款。根据《违反公安行政管理行为的名称及其适用意见》（以下简称公通字〔2020〕8号），违法行为名称表述为“设置恶意程序”。

其二，公共安全视频系统采用的产品、服务存在安全缺陷、漏洞等风险未立即采取补救措施，或者未按照规定及时告知用户并向有关主管部门报告，违反《中华人民共和国网络安全法》第二十二条第一款规定的，适用《中华人民共和国网络安全法》第六十条第二项进行处罚。即由有关主管部门责令改正，给予警告；拒不改正或者导致危害网络安全等后果的，处五万元以上五十万元以下罚款，对直接负责的主管人员处一万元以上十万元以下罚款。根据公通字〔2020〕8号规定，违法行为名称表述为“未按规定告知、报告安全风险”。

其三，对于网络产品、服务不符合相关国家标准的强制性要求的，《中华人民共和国网络安全法》未设置对应罚则，公安机关可以责令改正。如涉及违反《中华人民共和国产品质量法》《中华人民共和国消费者权益保护法》等法律法规的，应当移交其他有关主管部门处理。

【参考依据】

《**中华人民共和国网络安全法**》（2016 年 11 月 7 日）

第二十二条第一款　网络产品、服务应当符合相关国家标准的强制性要求。网络产品、服务的提供者不得设置恶意程序；发现其网络产品、服务存在安全缺陷、漏洞等风险时，应当立即采取补救措施，按照规定及时告知用户并向有关主管部门报告。

第六十条　违反本法第二十二条第一款、第二款和第四十八条第一款规定，有下列行为之一的，由有关主管部门责令改正，给予警告；拒不改正或者导致危害网络安全等后果的，处五万元以上五十万元以下罚款，对直接负责的主管人员处一万元以上十万元以下罚款：

（一）设置恶意程序的；

（二）对其产品、服务存在的安全缺陷、漏洞等风险未立即采取补救措施，或者未按照规定及时告知用户并向有关主管部门报告的；

（三）擅自终止为其产品、服务提供安全维护的。

《中华人民共和国标准化法》（2017 年 11 月 4 日）

第二条第三款 强制性标准必须执行。国家鼓励采用推荐性标准。

第二十五条 不符合强制性标准的产品、服务，不得生产、销售、进口或者提供。

第三十七条 生产、销售、进口产品或者提供服务不符合强制性标准的，依照《中华人民共和国产品质量法》、《中华人民共和国进出口商品检验法》、《中华人民共和国消费者权益保护法》等法律、行政法规的规定查处，记入信用记录，并依照有关法律、行政法规的规定予以公示；构成犯罪的，依法追究刑事责任。

《中华人民共和国数据安全法》（2021 年 6 月 10 日）

第二十九条 开展数据处理活动应当加强风险监测，发现数据安全缺陷、漏洞等风险时，应当立即采取补救措施；发生数据安全事件时，应当立即采取处置措施，按照规定及时告知用户并向有关主管部门报告。

第十三条 【公共视频系统安装要求】 公共安全视频系统管理单位应当按照维护公共安

全所必需、注重保护个人隐私和个人信息权益的要求，合理确定图像采集设备的安装位置、角度和采集范围，并设置显著的提示标识。未设置显著提示标识的，由公安机关责令改正。

【本条主旨】

本条是关于在公共场所安装图像采集设备的具体要求的规定。

【内容解读】

本条是对《中华人民共和国个人信息保护法》第二十六条中“国家有关规定”的细化。

为了实现利用公共安全视频系统进行社会治理与保护公民、组织合法权益的平衡，本条规定在公共场所安装图像采集设备时应注重保护个人隐私和个人信息权益的要求，避免侵犯公民的合法权益，确保数据收集的合法性和合理性；要求合理确定设备的安装位置和角度，以保证其采集范围覆盖目标区域，同时避免对个人隐私造成不必要的侵扰；规定安装图像采集设备必须设置显著的提示标识，以此提醒人们该区域有图像采集设备存在，应当注意自己的言行。

其一，安装图像采集设备应当注重保护个人隐私和个人信息权益。有关主管机关、公共场所的管理者或者经营者在公共场所安装图像采集设备，通常是出于打击犯罪、治安防范等维护公共安全目的。但是，也有一些组织或者个人出于私利甚至非法目的，在公共场所安装图像采集设备，对他人合法权益、社会公共利益和国家治理秩序造成威胁或者侵害，近年来为公众和媒体所普遍关注。因此，在安装图像采集设备时，有必要强调要突出保护个人隐私和个人信息权益。

其二，安装图像采集设备应当合理确定安装位置、角度和采集范围。本条要求安装采集设备应当合理设置安装位置、角度和采集范围，不得对准可能采集到个人隐私信息的住宅窗户等部位，最大限度避开可能窥视隐私部位的拍摄角度，尽量避免对国家秘密、商业秘密和个人隐私造成侵害。此外，为尽可能发挥图像采集设备的作用和效益，位置角度过低或者过高导致无法采集到人员、车辆等有用信息，也是不合理的。因此，在确定图像采集设备的安装位置、角度和采集范围时，应该慎重考虑设备的摆放位置、摄像头的角度和视野范围等。

其三，安装图像采集设备应当设置显著的提示标识。为了保障公民的隐私权、知情权等权利，本条贯彻《中华人民共和国个人信息保护法》第二十七条规定，同时借鉴国外立法例，要求安装图像采集设备设置显著的提示标识，以便公民、组织知晓并主动防止合法权益受到侵害，并提醒公众注意个人隐私保护和个人行为规范。该要求有助于增强公众对图像采集设备的认知和警觉，减少对个人隐私的担忧。出于维护公共安全需要，在公共场所安装图像采集设备，依法合理收集、利用个人信息，虽然不需要个人同意，但是应当设置显著的提示标识，让个人知道自己的信息被收集，这体现了对个人权益的尊重和保护，也是《中华人民共和国个人信息保护法》第七条所规定的公开、透明原则的要求。同时，这种提示标识应当是显著的，通过标识所在的位置、尺寸、提示性图像或文字的呈现方式，确保进入该场所的人员通过该标识可以快捷地知悉在该公共场所存在图像采集设备。

值得注意的是，虽然《公共信息图形符号 第1部分：通用符号》（GB/T 10001.1—2023）第一百零四项规定了图像采集的图形符号，但实践中各地设置的提示标识五花八门，标牌尺寸大小、是否需要文字提示以及何种字体与尺寸等，给公众识别公共安全视频系统带来一定的困扰。因此，主管部门有必要通过制定相关标准或者指导文件，对标识设置问题予以明确引导，以达到醒目且易识别的效果，消除公众在识别上的困扰。由于，当前仅有摄像头标识的标准，对于尺寸、颜色及相关图文配置没有要求，实践中各提示标识外观差异较大，下一步公安部将组织制定相关标准予以明确。

【实务要点】

在执法实务中，违反本条规定的典型违法行为是"未合理确定图像采集设备的安装位置、角度和采集范围""未设置显著提示标识"。

其一，违反本条规定，未合理确定图像采集设备的安装位置、角度和采集范围，违反《中华人民共和国个人信息保护法》规定的，可以适用《中华人民共和国个人信息保护法》第六十六条予以处罚，即由履行个人信息保护职责的部门责令改正，给予警告，没收违法所得，对违法处理个人信息的应用程序，责令暂停或者终止提供服务；拒不改正的，并处一百万元以下罚款；对直接负责的主管人员和其他直接责任人员处一万元以上十万元以下罚款。情节严重的，由省级以上履行个人信息保护职责的部门责令改正，没收违法所得，并处五千万元以下或者上一年度营业额百分之五以下罚款，并可以责令暂停相关业务或者停业整顿、通报有关主管部门吊销相关业务许可或者吊销营业执照；对直接负责的主管人员和其他直接责任人员处十万元以上一百万元以下罚款，并可以决定禁止其在一定期限内担任相关企业的董事、监事、高级管理人员和个人信息保护负责人。

其二，对于未设置显著提示标识的，由公安机关责令改正。同时违反《中华人民共和国个人信息保护法》第二十六条规定的，可以适用《中华人民共和国个人信息保护法》第六十六条规定予以处罚。

此外，要注意本《条例》规定的“图像采集设备”与《中华人民共和国行政处罚法》第四十一条规定的“电子技术监控设备”的区别。首先，二者使用主体和目的不同。电子技术监控设备的使用主体限于具有行政执法职能的行政机关（如交警“电子眼”），主要用于收集、固定违法事实。图像采集设备的使用主体既可以是行政机关，也可以是企事业单位和个人，主要用于维护公共安全。其次，作为证据使用的要求不同。电子技术监控设备必须经过法制和技术的前置审核（如公安交警部门对“电子眼”设置的审核），确保符合标准、设置合理、标志明显。图像采集设备的安装并无前置的法制和技术审核要求，收集的视频图像信息依据《中华人民共和国行政处罚法》第四十六条规定用作视听资料类证据时，必须经过查证属实方可。再次，二者遵循标准不同。对于电子技术监控设备，如交警设置的抓拍超速的电子技术监控设备必须遵循《机动车测速仪》（GB/T 21255-2019）和《机动车区间测速技术规范》（GA/T 959-2011）等标准。对于图像采集设备，主要遵循《公共安全重点区域视频图像信息采集规范》（GB 37300-2018）、《公共安全视频监控数字视音频编解码技术要求》（GB/T 25724-2017）等标准。最后，二者对外公布要求不同。电子技术监控设备的设置位置必须向社会公布，图像采集设备则仅要求设置显著提示标识。

【参考依据】

《中华人民共和国个人信息保护法》（2021 年 8 月 20 日）

第二十六条 在公共场所安装图像采集、个人身份识别设备，应当为维护公共安全所必需，遵守国家有关规定，并设置显著的提示标识。所收集的个人图像、身份识别信息只能用于维护公共安全的目的，不得用于其他目的；取得个人单独同意的除外。

第六十六条　违反本法规定处理个人信息，或者处理个人信息未履行本法规定的个人信息保护义务的，由履行个人信息保护职责的部门责令改正，给予警告，没收违法所得，对违法处理个人信息的应用程序，责令暂停或者终止提供服务；拒不改正的，并处一百万元以下罚款；对直接负责的主管人员和其他直接责任人员处一万元以上十万元以下罚款。

有前款规定的违法行为，情节严重的，由省级以上履行个人信息保护职责的部门责令改正，没收违法所得，并处五千万元以下或者上一年度营业额百分之五以下罚款，并可以责令暂停相关业务或者停业整顿、通报有关主管部门吊销相关业务许可或者吊销营业执照；对直接负责的主管人员和其他直接责任人员处十万元以上一百万元以下罚款，并可以决定禁止其在一定期限内担任相关企业的董事、监事、高级管理人员和个人信息保护负责人。

《中华人民共和国行政处罚法》（2021年1月22日）

第四十一条第一款 行政机关依照法律、行政法规规定利用电子技术监控设备收集、固定违法事实的，应当经过法制和技术审核，确保电子技术监控设备符合标准、设置合理、标志明显，设置地点应当向社会公布。

《国务院关于进一步贯彻实施〈中华人民共和国行政处罚法〉的通知》（2021年11月15日）

（八）规范电子技术监控设备的设置和使用。行政机关设置电子技术监控设备要确保符合标准、设置合理、标志明显，严禁违法要求当事人承担或者分摊设置电子技术监控设备的费用，严禁交由市场主体设置电子技术监控设备并由市场主体直接或者间接收取罚款……

第十四条 【公共视频系统备案】 公共安全视频系统管理单位应当在系统投入使用之日起30日内，将单位基本情况、公共安全视频系统建设位置、图像采集设备数量及类型、视频图像信息存储期限等基本信息，向所在地县级人民政府公安机关备案。本条例施行前已经启用的，应当在本条例施行之日起90日内备案。公共安全视频系统备案事项发生变化的，应当及时办理备案变更。

公共安全视频系统管理单位应当对备案信息的真实性负责。

公安机关应当加强信息化建设，为公共安全视频系统管理单位办理备案提供便利，能够通过部门间信息共享获得的备案信息，不要求当事人提供。

【本条主旨】

本条是关于公共安全视频图像信息系统备案具体要求的规定。

【内容解读】

本条规定，依据本条例第七条规定建设的公共安全视频系统，其管理单位应当按照规定办理备案手续；如果系统备案情况发生改变，系统管理单位应当及时办理备案变更手续，确保备案信息的准确性和及时性。公安机关应当利用信息化手段为系统建设和使用单位办理备案提供便利，以提高备案效率和便捷性，促进系统的规范运行和管理。管理单位对备案信息的真实性承担法定责任，不得虚构设备参数、隐瞒实际覆盖范围或谎报存储期限，公安机关有权通过现场核查等方式监督信息的真实性。

其一，关于备案范围。本条例第七条规定的公共安全视频系统均属于应当备案的公共安全视频系统。综合考虑当前国家严控事前行政审批的要求和各地实际，本条例从加强事后监管的角度建立了备案制度，要求这些系统的管理单位在系统投入使用之日起30日内向公安机关备案。本条例第九条规定的公共安全视频系统不在强制备案范围内，无须向公安机关申请备案，但仍需要接受公安机关根据本条例规定开展的监督检查。

其二，关于备案目的和时限。备案的目的主要是便于公安机关等相关部门充分了解公共场所视频系统的建设使用情况，包括管理单位名称、系统建设位置（含图像采集设备相关信息）、图像采集设备数量及功能类型、视频图像信息存储期限等，掌握相关底数，加强事中事后监督管理，规范该类系统的建设使用，维护公共安全和保护个人信息安全。该备案不属于行政审批事项，不与系统检验、验收等挂钩，不收取任何费用。管理单位应在系统启用之日起30日内向所在地县级以上人民政府公安机关办理备案。如果系统在本条例实施前已经启用的，则应在条例实施后的90日内办理备案。同时，如果系统备案情况发生改变，管理单位应当及时办理备案变更手续，向公安机关报告相关情况，确保备案信息的准确性和及时性。

其三，关于备案的内容。公共安全视频系统管理单位办理备案时，应当提供经办人身份证件和加盖单位公章的委托办理备案授权书，并如实填写以下备案信息或者提交备案材料：（1）公共安全视频系统管理单位基本信息，包括单位名称、类型、统一社会信用代码等；（2）公共安全视频系统基本信息，包括系统建设位置（含图像采集设备相关信息）、图像采集设备数量及功能类型、视频图像信息存储期限等。

其四，关于备案的具体方式。公共安全视频系统的备案是一项涉及面广、影响大的工作。在当前大力推进“互联网+政务服务”的背景下，应当借鉴相关行业、领域备案监管的做法，充分利用信息化手段为办理备案提供便利。目前，公安机关提供线上和线下两种备案方式。其中，线上方式为公安部部署上线的“公共安全视频图像信息系统备案平台”（网址：http：//psvs. mps. gov. cn），管理单位可通过互联网登录该平台进行注册、填报相关信息。线下方式由各县级人民政府公安机关根据本地实际情况确定，如指定由本地政务服务大厅的公安窗口或公安机关的其他服务窗口受理公共安全视频系统管理单位的备案材料。通过线上方式备案的，县级人民政府公安机关应当在规定时间内完成审查，对备案信息齐全的，予以备案；对备案信息不齐全的，一次性告知补充完整。通过线下方式备案的，县级人民政府公安机关应当公告接收备案申请材料的准确地点，对于备案材料齐全的，由接收材料的工作人员录入“公共安全视频图像信息系统备案平台”予以备案；备案材料不齐全的，应当当场一次性告知补充完整。

其五，关于备案真实性的保障。根据本条规定，公共安全视频系统管理单位应当对备案信息的真实性负责。

总之，本条明确了公共安全视频系统备案的程序、时限和变更要求，旨在加强对公共安全视频系统的规范监管，确保其合法合规运行，并通过信息化手段提高备案办理效率。备案的目的是尽可能广泛地了解公共安全视频系统的建设情况，尽早发现不适宜建设的情况并有效指导检查和整改修正，同时，有利于后期充分统筹利用视频资源。

【实务要点】

备案是一种行政管理手段，不属于行政许可，国家对于化妆品、麻醉药品以及经营相关业务等施行备案制度，多数是为了便于事后监管。一是从备案目的来看，主要是为加强相关部门的事中事后监管，规范公共安全视频系统的建设使用，实现维护公共安全、保护个人信息安全的目的。二是从备案内容来看，仅要求相对人提供单位基本情况、公共安全视频系统建设位置、图像采集设备数量及类型、视频图像信息存储期限等基本信息，没有事前审核要件，不与系统检验、验收等挂钩，不收取任何费用，不属于行政审批。三是从备案范围来看，仅限于本条例第七条规定的城乡主要路段、广场和人员聚集场所、交通枢纽、大中型公共交通工具等公共场所建设安装的公共安全视频系统，并不要求所有类型的公共安全视频系统均进行备案。四是从备案方式来看，除提供线下备案途径外，公安机关还统一建设部署了线上备案平台，管理单位可选择在线提交备案材料，不会额外增加办事成本。

在本条例实施之前，一些地方已经根据地方性法规、地方政府规章等的要求开展了公共安全视频系统的备案工作。本条例所规定的备案信息与这些地方先前的要求存在差异的，如先前备案数据能够涵盖本条例规定的备案信息，各地公安机关能通过数据治理将先前备案数据迁移至新平台或者先前为线下备案的，已备案系统可以不再重新进行备案。

在备案内容上，本条仅规定公共安全视频系统管理单位应当将单位基本情况、公共安全视频系统建设位置、图像采集设备数量及类型、视频图像信息存储期限等基本信息向所在地县级人民政府公安机关备案。对于“基本信息”的理解，应当根据“单位基本情况、公共安全视频系统建设位置、图像采集设备数量及类型、视频图像信息存储期限”的语义、公共安全视频系统管理实际和本条例立法目的进行综合解释。实际上，“公共安全视频图像信息系统备案平台”已经通过《公共安全视频图像信息系统备案填报须知》和《系统线上备案材料模版》等材料，就需要备案的“基本信息”作出非正式解释，是对“基本信息”的进一步明确。

除此之外，还需要注意，本条规定“公安机关应当加强信息化建设，为公共安全视频系统管理单位办理备案提供便利，能够通过部门间信息共享获得的备案信息，不要求当事人提供”，主要是指公安机关秉持便民服务原则，对于可自行获取的备案信息（如可通过联网获取的统一社会信用代码），可以不要求当事人提供，但并不是说相关单位可以不备案。换言之，对于本条例第七条规定的系统进行备案，是本条例的刚性要求。

【参考依据】

《化妆品监督管理条例》（2020 年 6 月 16 日）

第十条　国家加强化妆品监督管理信息化建设，提高在线政务服务水平，为办理化妆品行政许可、备案提供便利，推进监督管理信息共享。

《计算机信息网络国际联网安全保护管理办法》（2011 年 1 月 8 日）

第十六条　公安机关计算机管理监察机构应当掌握

互联单位、接入单位和用户的备案情况，建立备案档案，进行备案统计，并按照国家有关规定逐级上报。

《北京市公共安全图像信息系统管理办法》（2006 年 12 月 15 日）

第十一条 公共安全图像信息系统的使用单位，应当自系统竣工验收合格之日起 30 日内，将公共安全图像信息系统的建设情况按照保卫隶属关系向市或者区、县公安机关备案；没有保卫隶属关系的，向本单位所在地的区、县公安机关备案。

本办法施行前已经建成的公共安全图像信息系统的使用单位应当自本办法施行之日起 30 日内，将公共安全图像信息系统的建设情况按照前款规定向公安机关备案。

《重庆市公共安全视频图像信息系统管理办法》（2016 年 6 月 17 日）

第十六条 根据本办法第九条规定建设的公共安全视频图像信息系统，建设单位应当自验收合格之日起 30 日内，将公共安全视频图像信息系统设计技术方案和验收的相关材料报所在地区县（自治县）公安机关备案。

本办法施行前已经建成的公共安全视频图像信息系统，使用者应当于本办法施行后 60 日内向所在地区县

（自治县）公安机关备案。

拆除已备案的公共安全视频图像信息系统，应当自拆除之日起30日内向所在地区县（自治县）公安机关报告。

《大同市公共安全视频图像信息系统管理办法》（2008年1月28日）

第十五条　建设、使用公共安全视频图像信息系统的单位，应当自竣工验收合格之日起30日内，将有关公共安全视频图像信息系统的下列资料按照治安保卫工作隶属关系向公安机关负责公共安全视频图像信息系统的机构备案；没有明确治安保卫工作隶属关系的，向所在地的区、县公安机关负责公共安全视频图像信息系统的机构备案：

（一）设计方案；

（二）合同书；

（三）验收文件；

（四）设备的型号、性能、技术参数；

（五）其他有关资料。

本办法施行前已经建成公共安全视频图像信息系统的使用单位，应当自本办法施行之日起60日内将公共安全视频图像信息系统的相关资料按照前款规定向公安机关备案。

第十五条 【公共视频系统运行与安全】 公共安全视频系统管理单位应当履行系统运行安全管理职责，履行网络安全、数据安全和个人信息保护义务，建立健全管理制度，完善防攻击、防入侵、防病毒、防篡改、防泄露等安全技术措施，定期维护设备设施，保障系统连续、稳定、安全运行，确保视频图像信息的原始完整。

公共安全视频系统管理单位委托他人运营的，应当通过签订安全保密协议等方式，约定前款规定的网络安全、数据安全和个人信息保护义务并监督受托方履行。

【本条主旨】

本条是关于公共安全视频系统管理单位在系统运行安全管理中应当履行的义务的规定。

【内容解读】

本条明确公共安全视频系统管理单位的安全管理责任，是保障系统正常运行和效能发挥的基础。

本条第一款重申了《中华人民共和国网络安全法》第二十一条、《中华人民共和国数据安全法》第二十七条以及《中华人民共和国个人信息保护法》第五十一条的要求。根据该款规定，公共安全视频系统管理单位应当履行系统运行安全管理职责，履行网络安全、数据安全和个人信息保护义务，建立健全管理制度，完善防攻击、防入侵、防病毒、防篡改、防泄露等安全技术措施，定期维护设备设施，保障系统连续、稳定、安全运行，确保视频图像信息的原始完整。

本条第二款对委托他人运营提出了明确要求，包括签订安全保密协议、约定安全保护义务并开展监督等。换言之，为了确保公共安全视频系统的安全运行，当存在委托他人运营情形时，必须确保安全责任不会因为委托运营而出现疏漏。一般情况下，公共安全视频系统运行安全管理的主体是其管理单位，但当其委托其他单位运营公共安全视频系统时，相关责任必须转移到受托方。

在本条例颁布前，《中华人民共和国网络安全法》仅对关键信息基础设施采购产品与服务要求签订安全保密协议，明确安全和保密义务与责任。《中华人民共和国数据安全法》仅规定国家机关委托他人存储、加工政务数据应当监督受托方履行相应的数据安全保护义务。《中华人民共和国个人信息保护法》仅针对个人信息委托处理的情形，要求约定委托处理的目的、期限、处理方式、个人信息的种类、保护措施以及双方的权利和义务等，并对受托人的个人信息处理活动进行监督。

【实务要点】

本条规定的是公共安全视频系统管理单位的系统运行安全管理义务，覆盖了网络运行安全、数据安全与个人信息保护，是对《中华人民共和国网络安全法》《中华人民共和国数据安全法》《中华人民共和国个人信息保护法》有关规定的重申和细化。与安全直接相关，执法实践中适用较多的条款包括《中华人民共和国网络安全法》第二十一条、第二十五条、第五十九条，《中华人民共和国数据安全法》第二十七条、第二十九条、第四十五条，《中华人民共和国个人信息保护法》第五十一条、第六十六条。本条例并未就违反安全管理义务的行为作出单独的处罚规定，但《中华人民共和国网络安全法》《中华人民共和国数据安全法》《中华人民共和国个人信息保护法》对违反网络运行安全、数据安全与个人信息保护义务的行为设置了罚则，因此，根据本条例第三十一条规定，对于违反本条规定的行为，执法实践中应当援引《中华人民共和国网络安全法》《中华人民共和国数据安全法》《中华人民共和国个人信息保护法》进行处罚。根据这三部法律规定，对于违反本条规定义务的执法，主要可以从以下三个方面着手：

其一，公共安全视频系统管理单位不履行本条例规定的网络安全保护义务，违反《中华人民共和国网络安全法》第二十一条或第二十五条规定的，可以适用《中华人民共和国网络安全法》第五十九条进行处罚，由有关主管部门责令改正，给予警告；拒不改正或者导致危害网络安全等后果的，处一万元以上十万元以下罚款，对直接负责的主管人员处五千元以上五万元以下罚款。

其二，公共安全视频系统管理单位不履行本条例规定的数据安全保护义务，违反《中华人民共和国数据安全法》第二十七条第一款、第二十九条、第三十条规定的，可以适用《中华人民共和国数据安全法》第四十五条第一款进行处罚，由有关主管部门责令改正，给予警告，可以并处五万元以上五十万元以下罚款，对直接负责的主管人员和其他直接责任人员可以处一万元以上十万元以下罚款；拒不改正或者造成大量数据泄露等严重后果的，处五十万元以上二百万元以下罚款，并可以责令暂停相关业务、停业整顿、吊销相关业务许可证或者吊销营业执照，对直接负责的主管人员和其他直接责任人员处五万元以上二十万元以下罚款。

其三，公共安全视频系统管理单位不履行本条例规定的个人信息保护义务，违反《中华人民共和国个人信息保护法》第五十一条规定的，可以适用《中华人民共和国个人信息保护法》第六十六条进行处罚，由履行个人信息保护职责的部门责令改正，给予警告，没收违法所得，对违法处理个人信息的应用程序，责令暂停或者终止提供服务；拒不改正的，并处一百万元以下罚款；对直接负责的主管人员和其他直接责任人员处一万元以上十万元以下罚款。有上述规定的违法行为，情节严重的，由省级以上履行个人信息保护职责的部门责令改正，没收违法所得，并处五千万元以下或者上一年度营业额百分之五以下罚款，并可以责令暂停相关业务或者停业整顿、通报有关主管部门吊销相关业务许可或者吊销营业执照；对直接负责的主管人员和其他直接责任人员处十万元以上一百万元以下罚款，并可以决定禁止其在一定期限内担任相关企业的董事、监事、高级管理人员和个人信息保护负责人。

【参考依据】

《**中华人民共和国网络安全法**》（2016 年 11 月 7 日）

第二十一条　国家实行网络安全等级保护制度。网络运营者应当按照网络安全等级保护制度的要求，履行下列安全保护义务，保障网络免受干扰、破坏或者未经授权的访问，防止网络数据泄露或者被窃取、篡改：

（一）制定内部安全管理制度和操作规程，确定网络安全负责人，落实网络安全保护责任；

（二）采取防范计算机病毒和网络攻击、网络侵入等危害网络安全行为的技术措施；

（三）采取监测、记录网络运行状态、网络安全事件的技术措施，并按照规定留存相关的网络日志不少于六个月；

（四）采取数据分类、重要数据备份和加密等措施；

（五）法律、行政法规规定的其他义务。

第二十五条　网络运营者应当制定网络安全事件应急预案，及时处置系统漏洞、计算机病毒、网络攻击、网络侵入等安全风险；在发生危害网络安全的事件时，立即启动应急预案，采取相应的补救措施，并按照规定向有关主管部门报告。

第五十九条　网络运营者不履行本法第二十一条、第二十五条规定的网络安全保护义务的，由有关主管部门责令改正，给予警告；拒不改正或者导致危害网络安全等后果的，处一万元以上十万元以下罚款，对直接负责的主管人员处五千元以上五万元以下罚款。

关键信息基础设施的运营者不履行本法第三十三条、第三十四条、第三十六条、第三十八条规定的网络安全保护义务的，由有关主管部门责令改正，给予警告；拒不改正或者导致危害网络安全等后果的，处十万元以上一百万元以下罚款，对直接负责的主管人员处一万元以上十万元以下罚款。

《中华人民共和国数据安全法》（2021年6月10日）

第二十七条第一款　开展数据处理活动应当依照法

律、法规的规定，建立健全全流程数据安全管理制度，组织开展数据安全教育培训，采取相应的技术措施和其他必要措施，保障数据安全。利用互联网等信息网络开展数据处理活动，应当在网络安全等级保护制度的基础上，履行上述数据安全保护义务。

第二十九条 开展数据处理活动应当加强风险监测，发现数据安全缺陷、漏洞等风险时，应当立即采取补救措施；发生数据安全事件时，应当立即采取处置措施，按照规定及时告知用户并向有关主管部门报告。

第三十条 重要数据的处理者应当按照规定对其数据处理活动定期开展风险评估，并向有关主管部门报送风险评估报告。

风险评估报告应当包括处理的重要数据的种类、数量，开展数据处理活动的情况，面临的数据安全风险及其应对措施等。

第四十条 国家机关委托他人建设、维护电子政务系统，存储、加工政务数据，应当经过严格的批准程序，并应当监督受托方履行相应的数据安全保护义务。受托方应当依照法律、法规的规定和合同约定履行数据安全保护义务，不得擅自留存、使用、泄露或者向他人提供政务数据。

第四十五条第一款 开展数据处理活动的组织、个人不履行本法第二十七条、第二十九条、第三十条规定的数据安全保护义务的，由有关主管部门责令改正，给予警告，可以并处五万元以上五十万元以下罚款，对直接负责的主管人员和其他直接责任人员可以处一万元以上十万元以下罚款；拒不改正或者造成大量数据泄露等严重后果的，处五十万元以上二百万元以下罚款，并可以责令暂停相关业务、停业整顿、吊销相关业务许可证或者吊销营业执照，对直接负责的主管人员和其他直接责任人员处五万元以上二十万元以下罚款。

《中华人民共和国个人信息保护法》（2021年8月20日）

第五十一条 个人信息处理者应当根据个人信息的处理目的、处理方式、个人信息的种类以及对个人权益的影响、可能存在的安全风险等，采取下列措施确保个人信息处理活动符合法律、行政法规的规定，并防止未经授权的访问以及个人信息泄露、篡改、丢失：

（一）制定内部管理制度和操作规程；

（二）对个人信息实行分类管理；

（三）采取相应的加密、去标识化等安全技术措施；

（四）合理确定个人信息处理的操作权限，并定期对从业人员进行安全教育和培训；

（五）制定并组织实施个人信息安全事件应急预案；

（六）法律、行政法规规定的其他措施。

第六十六条 违反本法规定处理个人信息，或者处理个人信息未履行本法规定的个人信息保护义务的，由履行个人信息保护职责的部门责令改正，给予警告，没收违法所得，对违法处理个人信息的应用程序，责令暂停或者终止提供服务；拒不改正的，并处一百万元以下罚款；对直接负责的主管人员和其他直接责任人员处一万元以上十万元以下罚款。

有前款规定的违法行为，情节严重的，由省级以上履行个人信息保护职责的部门责令改正，没收违法所得，并处五千万元以下或者上一年度营业额百分之五以下罚款，并可以责令暂停相关业务或者停业整顿、通报有关主管部门吊销相关业务许可或者吊销营业执照；对直接负责的主管人员和其他直接责任人员处十万元以上一百万元以下罚款，并可以决定禁止其在一定期限内担任相关企业的董事、监事、高级管理人员和个人信息保护负责人。

《中华人民共和国反恐怖主义法》（2018 年 4 月 27 日）

第三十二条第三款 重点目标的管理单位应当建立公共安全视频图像信息系统值班监看、信息保存使用、运行维护等管理制度，保障相关系统正常运行。采集的视频图像信息保存期限不得少于九十日。

《中华人民共和国计算机信息系统安全保护条例》（2011 年 1 月 8 日）

第十三条 计算机信息系统的使用单位应当建立健全安全管理制度，负责本单位计算机信息系统的安全保护工作。

第十六条 【公共视频系统管理单位信息保护及防滥用举措】 公共安全视频系统管理单位使用视频图像信息，应当遵守法律法规，依法保护国家秘密、商业秘密、个人隐私和个人信息，不得滥用、泄露。

公共安全视频系统管理单位应当采取下列措施，防止滥用、泄露视频图像信息：

（一）建立系统监看、管理等重要岗位人员

的入职审查、保密教育、岗位培训等管理制度；

（二）采取授权管理、访问控制等技术措施，严格规范内部人员对视频图像信息的查阅、处理；

（三）建立信息调用登记制度，如实记录查阅、调取视频图像信息的事由、内容及调用人员的单位、姓名等信息；

（四）其他防止滥用、泄露视频图像信息的措施。

【本条主旨】

本条是关于公共安全视频系统收集的视频图像信息使用安全与保密义务的规定。

【内容解读】

本条是《中华人民共和国数据安全法》《中华人民共和国个人信息保护法》在公共安全视频系统领域的细化，衔接《中华人民共和国数据安全法》第二十七条、第二十九条，《中华人民共和国个人信息保护法》第五十一条等规定，要求公共安全视频系统管理单位在使用视频图像信息时，严格遵守法律法规，切实履行保密义务，确保国家秘密、商业秘密、个人隐私及个人信息不受侵害，禁止任何形式的滥用或泄露。为落实这一义务，管理单位需采取系统性措施，包括人员管理、技术防控、流程规范等多维度管控，构建覆盖信息全生命周期的安全屏障。

首先，管理单位应建立针对监看、管理等关键岗位人员的准入与管理制度，包括入职背景审查、定期保密教育及岗位技能培训等，确保相关人员具备职业操守与合规意识。例如，曾因泄露数据受处罚的人员不得担任此类岗位，且所有员工每年需接受保密培训。其次，在技术层面，须采取授权分级、权限隔离、操作日志记录等访问控制措施，严格限制内部人员对视频图像信息的查阅与处理。例如，普通运维人员仅可访问设备状态数据，调取具体监控画面需经安全主管审批并留存数字签名。最后，管理单位需建立信息调用登记制度，详细记录调取时间、事由、内容及操作人员身份（如单位、姓名、工号），确保操作全程可追溯。例如，公安机关因办案调取录像时，登记信息应包括调取文书编号、调取范围及经办民警警号。

【实务要点】

实践中，因管理疏漏导致的泄密风险屡见不鲜。例如，某物业公司保安利用职务便利，私自拷贝住户出入监控并出售给第三方，引发居民个人信息泄露；某交通管理部门未严格限制内部系统权限，导致非授权人员批量下载路口监控数据用于商业分析。此类行为不仅违反本条规定的保密义务，还可能构成侵犯公民个人信息罪。

本条例并未直接规定管理单位违反本条规定的处置措施，但并不意味着管理单位违反本条规定不受处理。一是公安机关对于违反本条规定的管理单位，可以责令改正。二是对于违反本条规定的部分行为，其他法律法规已经明确规定了处置措施。违反本条规定滥用、泄露相关信息，根据公共安全视频图像信息的类别，属于个人视频图像信息的，如违反《中华人民共和国个人信息保护法》第五十一条的规定，可以适用《中华人民共和国个人信息保护法》第六十六条进行处罚；属于非个人信息的，如违反《中华人民共和国数据安全法》第二十七条、第二十九条的规定，可以适用《中华人民共和国网络安全法》第四十五条进行处罚。再如，根据《中华人民共和国反恐怖主义法》第八十八条第一款第六项规定，对于“未建立公共安全视频图像信息系统值班监看、信息保存使用、运行维护等管理制度的”防范恐怖袭击重点目标的管理、营运单位，由公安机关给予警告，并责令改正；拒不改正的，处十万元以下罚款，并对其直接负责的主管人员和其他直接责任人员处一万元以下罚款。三是视管理单位违反本条规定行为的具体情形，有可能触犯《中华人民共和国网络安全法》《中华人民共和国刑法》等法律法规相关规定，可以援引这些法律法规的罚则进行处置。例如，若因重大过失或故意行为造成国家秘密泄露、大规模隐私侵权等严重后果，相关责任人员可能被追究刑事责任。例如，某医院未落实访问控制措施，致患者诊疗监控视频外流，相关主管人员可能被以“拒不履行信息网络安全管理义务罪”进行追诉。

【参考依据】

《中华人民共和国个人信息保护法》（2021年8月20日）

第十条　任何组织、个人不得非法收集、使用、加工、传输他人个人信息……

第五十一条　个人信息处理者应当根据个人信息的处理目的、处理方式、个人信息的种类以及对个人权益的影响、可能存在的安全风险等，采取下列措施确保个人信息处理活动符合法律、行政法规的规定，并防止未经授权的访问以及个人信息泄露、篡改、丢失：

（一）制定内部管理制度和操作规程；

（二）对个人信息实行分类管理；

（三）采取相应的加密、去标识化等安全技术措施；

（四）合理确定个人信息处理的操作权限，并定期对从业人员进行安全教育和培训；

（五）制定并组织实施个人信息安全事件应急预案；

（六）法律、行政法规规定的其他措施。

《中华人民共和国网络安全法》（2016年11月7日）

第四十五条　依法负有网络安全监督管理职责的部门及其工作人员，必须对在履行职责中知悉的个人信息、隐私和商业秘密严格保密，不得泄露、出售或者非法向他人提供。

《中华人民共和国刑法》（2023年12月29日）

第二百五十三条之一　违反国家有关规定，向他人出售或者提供公民个人信息，情节严重的，处三年以下有期徒刑或者拘役……

《中华人民共和国保守国家秘密法》（2024年2月27日）

第三十一条 机关、单位应当加强对信息系统、信息设备的保密管理，建设保密自监管设施，及时发现并处置安全保密风险隐患。任何组织和个人不得有下列行为：

（一）未按照国家保密规定和标准采取有效保密措施，将涉密信息系统、涉密信息设备接入互联网及其他公共信息网络；

（二）未按照国家保密规定和标准采取有效保密措施，在涉密信息系统、涉密信息设备与互联网及其他公共信息网络之间进行信息交换；

（三）使用非涉密信息系统、非涉密信息设备存储或者处理国家秘密；

（四）擅自卸载、修改涉密信息系统的安全技术程序、管理程序；

（五）将未经安全技术处理的退出使用的涉密信息设备赠送、出售、丢弃或者改作其他用途；

（六）其他违反信息系统、信息设备保密规定的行为。

《中华人民共和国反恐怖主义法》（2018 年 4 月 27 日）

第三十二条第三款　重点目标的管理单位应当建立公共安全视频图像信息系统值班监看、信息保存使用、运行维护等管理制度，保障相关系统正常运行……

第十七条　【公共视频图像信息保存及后续处理】公共安全视频系统收集的视频图像信息应当保存不少于 30 日；30 日后，对已经实现处理目的的视频图像信息，应当予以删除。法律、行政法规对视频图像信息保存期限另有规定的，从其规定。

【本条主旨】

本条是关于公共安全视频系统收集的视频图像信息保存期限的规定。

【内容解读】

公共安全视频系统的管理单位可以通过实时监控了

解掌握所拍摄公共场所的情况，该系统收集的视频图像信息也是证明该公共场所曾经发生的行为或事件的重要证据，而且这类证据非常形象和直观，证明力一般也比较强。具备较强数据分析能力的管理单位还可以对系统采集的视频图像信息进行分析研判，获得高价值的衍生信息。

公共安全视频系统收集的视频图像信息有存储的价值。不过，保存时间过长容易造成资源浪费，也增大信息泄露风险，而保存时间太短则不利于存证和后续工作开展。《娱乐场所管理条例》《保安服务管理条例》等行政法规对监控设备规定了信息至少留存 30 日的要求。具体到公共安全视频系统而言，其收集的视频图像信息在侦查破案等维护公共安全工作中多用作事后追溯，留存 30 日能够满足绝大多数日常工作需要。因此，结合公共安全视频系统建设使用实际，并综合考量其他法律法规及规范性文件对于视频图像信息留存期限的规定，本条明确对依据本条例第七条规定建设的公共安全视频系统所收集的视频图像信息，保存期限不得少于 30 日，以确保信息留存期限合理且符合法律要求。

【实务要点】

本条对公共安全视频系统收集的视频图像信息的存

储期限作出了要求，执法实务中需把握以下要点：

其一，法律、行政法规对视频图像信息保存期限另有规定的，适用其他法律法规。例如，《中华人民共和国反恐怖主义法》明确重点目标的管理单位采集的视频图像信息保存期限不得少于90日。违反该规定的，应当适用《中华人民共和国反恐怖主义法》相关规定。

其他法律、行政法规无特殊规定的，根据本条要求处理。对于未保存30日的，本条例未设定对应罚则，公安机关可以责令改正。不过，有一些立法对存储未达规定期限的行为设定了处罚，如根据《娱乐场所管理条例》第四十四条规定，娱乐场所未按照该条例规定留存监控录像资料或者删改监控录像资料的，由县级公安部门责令改正，给予警告；情节严重的，责令停业整顿1个月至3个月。

其二，存储期限达到30日后，对已经实现处理目的的视频图像信息未删除的，如违反《中华人民共和国个人信息保护法》第十九条、第四十七条的规定，可以适用《中华人民共和国个人信息保护法》第六十六条予以处罚。需注意的是，《中华人民共和国个人信息保护法》第四十七条并未对“删除”提出绝对要求，对于技术上难以实现的，停止除存储和采取必要的安全保护措施外的处理也符合规定。

其三，公共安全视频系统以连续性采集视频图像信息为特征，当存储数据达到存储上限时，新采集的数据将自动覆盖一定期限之前采集的数据。本条规定“30日后，对已经实现处理目的的视频图像信息，应当予以删除”，这是以往地方立法中没有出现过的内容，主要依据《中华人民共和国个人信息保护法》第十九条作出。该条规定，除法律、行政法规另有规定外，个人信息的保存期限应当为实现处理目的所必要的最短时间。实践中，对于已经实现处理目的的视频图像信息，被系统新数据自动覆盖可理解为本条规定之“删除”。

【参考依据】

《中华人民共和国反恐怖主义法》（2018年4月27日）

第三十二条第三款 ……采集的视频图像信息保存期限不得少于九十日。

《中华人民共和国个人信息保护法》（2021年8月20日）

第十九条 除法律、行政法规另有规定外，个人信息的保存期限应当为实现处理目的所必要的最短时间。

第四十七条 有下列情形之一的，个人信息处理者应当主动删除个人信息；个人信息处理者未删除的，个人有权请求删除：

（一）处理目的已实现、无法实现或者为实现处理目的不再必要；

（二）个人信息处理者停止提供产品或者服务，或者保存期限已届满；

（三）个人撤回同意；

（四）个人信息处理者违反法律、行政法规或者违反约定处理个人信息；

（五）法律、行政法规规定的其他情形。

法律、行政法规规定的保存期限未届满，或者删除个人信息从技术上难以实现的，个人信息处理者应当停止除存储和采取必要的安全保护措施之外的处理。

第六十六条　违反本法规定处理个人信息，或者处理个人信息未履行本法规定的个人信息保护义务的，由履行个人信息保护职责的部门责令改正，给予警告，没收违法所得，对违法处理个人信息的应用程序，责令暂停或者终止提供服务；拒不改正的，并处一百万元以下罚款；对直接负责的主管人员和其他直接责任人员处一万元以上十万元以下罚款。

有前款规定的违法行为，情节严重的，由省级以上履行个人信息保护职责的部门责令改正，没收违法所得，并处五千万元以下或者上一年度营业额百分之五以下罚款，并可以责令暂停相关业务或者停业整顿、通报有关主管部门吊销相关业务许可或者吊销营业执照；对直接负责的主管人员和其他直接责任人员处十万元以上一百万元以下罚款，并可以决定禁止其在一定期限内担任相关企业的董事、监事、高级管理人员和个人信息保护负责人。

《娱乐场所管理条例》（2020 年 11 月 29 日）

第十五条 歌舞娱乐场所应当按照国务院公安部门的规定在营业场所的出入口、主要通道安装闭路电视监控设备，并应当保证闭路电视监控设备在营业期间正常运行，不得中断。

歌舞娱乐场所应当将闭路电视监控录像资料留存 30 日备查，不得删改或者挪作他用。

《保安服务管理条例》（2022 年 3 月 29 日）

第二十五条 保安服务中使用的技术防范产品，应当符合有关的产品质量要求。保安服务中安装监控设备应当遵守国家有关技术规范，使用监控设备不得侵犯他人合法权益或者个人隐私。

保安服务中形成的监控影像资料、报警记录，应当至少留存30日备查，保安从业单位和客户单位不得删改或者扩散。

第十八条　【公共视频系统网络传输服务安全管理要求】 为公共安全视频系统提供网络传输服务的电信业务经营者，应当加强对视频图像信息传输的安全管理，依照法律、行政法规的规定和国家标准的强制性要求，采取技术措施和其他必要措施，保障网络安全、稳定运行，维护数据的完整性、保密性和可用性。

【本条主旨】

本条是关于为公共安全视频系统提供网络传输服务的运营商、服务商应当履行的义务的规定。

【内容解读】

本条规定，为公共安全视频系统提供网络传输服务的电信业务经营者，负有加强视频图像信息传输安全管理的责任。根据《中华人民共和国网络安全法》第十条规定，公共安全视频系统的建设、使用也属于“建设、运营网络或者通过网络提供服务”，应当依照法律、行政法规的规定和强制性国家标准的要求，采取技术措施和其他必要措施。电信业务经营者在提供网络传输服务中应当履行以下义务：一是加强对视频图像信息传输的安全管理，确保在传输中不被篡改、泄露或者被未授权访问。二是依照法律、行政法规规定和相关国家标准的强制性要求，确保网络传输服务符合法律法规要求，并采取相应技术措施和其他必要措施。三是保障网络安全，防止网络受到黑客攻击、病毒侵袭等安全威胁，并确保网络运行稳定，避免因网络问题导致视频传输中断或异常。四是维护网络数据的完整性，防止数据被篡改或损坏；保障数据的保密性，防止数据泄露给未授权人员；确保数据的可用性，保障用户在需要时能正常访问数据。

【实务要点】

本条是《中华人民共和国网络安全法》第十条规定在公共安全视频系统管理领域的具体应用。《中华人民共和国网络安全法》对“网络运营者”及“网络服务提供者”分别设定了义务及相应的法律责任。本条涉及的“为公共安全视频系统提供网络传输服务的电信业务经营者”既可能是《中华人民共和国网络安全法》中的“网络运营者”，也可能是“网络服务提供者”，具体属于哪一类，需结合个案来判定。

属于“网络运营者”的电信业务经营者不履行本条规定义务，违反《中华人民共和国网络安全法》第二十一条、第二十五条规定的，可以适用《中华人民共和国网络安全法》第五十九条规定进行处罚。属于“网络服务提供者”的电信业务经营者不履行本条规定义务，违反《中华人民共和国网络安全法》第二十二条规定的，可以适用《中华人民共和国网络安全法》第六十条规定进行处罚。

【参考依据】

《**中华人民共和国网络安全法**》（2016 年 11 月 7 日）

第十条　建设、运营网络或者通过网络提供服务，应当依照法律、行政法规的规定和国家标准的强制性要求，采取技术措施和其他必要措施，保障网络安全、稳定运行，有效应对网络安全事件，防范网络违法犯罪活动，维护网络数据的完整性、保密性和可用性。

第二十一条 国家实行网络安全等级保护制度。网络运营者应当按照网络安全等级保护制度的要求，履行下列安全保护义务，保障网络免受干扰、破坏或者未经授权的访问，防止网络数据泄露或者被窃取、篡改：

（一）制定内部安全管理制度和操作规程，确定网络安全负责人，落实网络安全保护责任；

（二）采取防范计算机病毒和网络攻击、网络侵入等危害网络安全行为的技术措施；

（三）采取监测、记录网络运行状态、网络安全事件的技术措施，并按照规定留存相关的网络日志不少于六个月；

（四）采取数据分类、重要数据备份和加密等措施；

（五）法律、行政法规规定的其他义务。

第二十二条 网络产品、服务应当符合相关国家标准的强制性要求。网络产品、服务的提供者不得设置恶意程序；发现其网络产品、服务存在安全缺陷、漏洞等风险时，应当立即采取补救措施，按照规定及时告知用户并向有关主管部门报告。

网络产品、服务的提供者应当为其产品、服务持续提供安全维护；在规定或者当事人约定的期限内，不得终止提供安全维护。

网络产品、服务具有收集用户信息功能的，其提供者应当向用户明示并取得同意；涉及用户个人信息的，还应当遵守本法和有关法律、行政法规关于个人信息保护的规定。

第二十五条　网络运营者应当制定网络安全事件应急预案，及时处置系统漏洞、计算机病毒、网络攻击、网络侵入等安全风险；在发生危害网络安全的事件时，立即启动应急预案，采取相应的补救措施，并按照规定向有关主管部门报告。

第五十九条　网络运营者不履行本法第二十一条、第二十五条规定的网络安全保护义务的，由有关主管部门责令改正，给予警告；拒不改正或者导致危害网络安全等后果的，处一万元以上十万元以下罚款，对直接负责的主管人员处五千元以上五万元以下罚款。

关键信息基础设施的运营者不履行本法第三十三条、第三十四条、第三十六条、第三十八条规定的网络安全保护义务的，由有关主管部门责令改正，给予警告；拒不改正或者导致危害网络安全等后果的，处十万元以上一百万元以下罚款，对直接负责的主管人员处一万元以上十万元以下罚款。

第六十条 违反本法第二十二条第一款、第二款和第四十八条第一款规定，有下列行为之一的，由有关主管部门责令改正，给予警告；拒不改正或者导致危害网络安全等后果的，处五万元以上五十万元以下罚款，对直接负责的主管人员处一万元以上十万元以下罚款：

（一）设置恶意程序的；

（二）对其产品、服务存在的安全缺陷、漏洞等风险未立即采取补救措施，或者未按照规定及时告知用户并向有关主管部门报告的；

（三）擅自终止为其产品、服务提供安全维护的。

《中华人民共和国数据安全法》（2021年6月10日）

第二十九条 开展数据处理活动应当加强风险监测，发现数据安全缺陷、漏洞等风险时，应当立即采取补救措施；发生数据安全事件时，应当立即采取处置措施，按照规定及时告知用户并向有关主管部门报告。

第四十条 国家机关委托他人建设、维护电子政务系统，存储、加工政务数据，应当经过严格的批准程序，并应当监督受托方履行相应的数据安全保护义务。受托方应当依照法律、法规的规定和合同约定履行数据安全保护义务，不得擅自留存、使用、泄露或者向他人提供政务数据。

《中华人民共和国计算机信息系统安全保护条例》（2011年1月8日）

第三条 计算机信息系统的安全保护，应当保障计算机及其相关的和配套的设备、设施（含网络）的安全，运行环境的安全，保障信息的安全，保障计算机功能的正常发挥，以维护计算机信息系统的安全运行。

第十三条 计算机信息系统的使用单位应当建立健全安全管理制度，负责本单位计算机信息系统的安全保护工作。

《中共中央办公厅、国务院办公厅关于加强社会治安防控体系建设的意见》（2015年4月13日）

（九）加快公共安全视频监控系统建设……

《关于加强公共安全视频监控建设联网应用工作的若干意见》（2015年5月6日）

（十五）严密安全措施。按照国家相关规定，加强网络安全传输、系统安全保障、重要信息安全管理等技术手段建设，提升公共安全视频监控系统安全防护能力。严格公共视频图像信息的使用管理，完善安全技术措施，确保安全共享、规范使用……

第十九条　【受托单位义务】接受委托承担公共安全视频系统设计、施工、检验、验收、维护等工作的单位及其工作人员，应当对接触到的视频图像信息和相关档案资料予以保密，不得用于与受托工作无关的活动，不得擅自留存、加工、泄露或者向他人提供。

【本条主旨】

本条是关于承担公共安全视频系统设计、施工、检验、验收、维护等工作的单位及其工作人员的保密义务的规定。

【内容解读】

本条重申了《中华人民共和国数据安全法》第四十

条、《中华人民共和国个人信息保护法》第二十一条的要求，同时与《网络数据安全管理条例》第十六条衔接。本条着重强调了接受委托承担公共安全视频系统设计、施工、检验、验收、维护等工作的单位及其工作人员的保密义务。这些主体因工作需要，会接触到公共安全视频系统采集、存储的视频图像信息和系统建设使用过程中形成的相关档案资料，而这些信息往往涉及公共安全以及公民个人隐私、个人信息等重要内容。为防止信息泄露和被滥用，本《条例》明确要求他们必须对所接触的信息予以保密。本条从禁止性行为视角规定了保密义务的内容，即相关单位及其工作人员不能将接触到的视频图像信息和相关档案资料用于与受托工作无关的任何活动，不得擅自留存信息，避免因信息不当留存而造成泄露风险；禁止加工信息，防止信息被恶意篡改或歪曲；禁止泄露或向他人提供这些信息，以免对公共安全和个人权益造成严重损害。

【实务要点】

一方委托另一方承担公共安全视频系统设计、施工、检验、验收、维护等工作，委托方与受托方往往会签订委托合同，合同通常也会约定保密义务。受托方违反本条规定，往往也会违反委托合同约定的保密义务，要承担相应合同责任。

如本条所规定的“视频图像信息和相关档案资料”涉及个人信息或政务数据等，则受托方违反本条规定的保密义务，有可能违反其他法律法规规定。其中，《中华人民共和国个人信息保护法》第五十九条规定，接受委托处理个人信息的受托人，应当依照本法和有关法律、行政法规的规定，采取必要措施保障所处理的个人信息的安全。《中华人民共和国数据安全法》第四十条要求，国家机关委托他人建设、维护电子政务系统，存储、加工政务数据的，受托方应当依照法律、法规的规定和合同约定履行数据安全保护义务，不得擅自留存、使用、泄露或者向他人提供政务数据。《网络数据安全管理条例》第十六条作出了更为细化的规定，即网络数据处理者为国家机关、关键信息基础设施运营者提供服务，或者参与其他公共基础设施、公共服务系统建设、运行、维护的，未经委托方同意，不得访问、获取、留存、使用、泄露或者向他人提供网络数据，不得对网络数据进行关联分析。

因此，在法律适用方面，违反本条规定的，同样可能违反《网络数据安全管理条例》第十六条规定，可以适用《网络数据安全管理条例》第五十五条予以处罚，即由网信、电信、公安等主管部门依据各自职责责令改正，给予警告，没收违法所得；拒不改正或者情节严重的，处 100 万元以下罚款，并可以责令暂停相关业务、停业整顿、吊销相关业务许可证或者吊销营业执照，对直接负责的主管人员和其他直接责任人员可以处 1 万元以上 10 万元以下罚款。

【参考依据】

《**中华人民共和国个人信息保护法**》（2021 年 8 月 20 日）

第五十九条　接受委托处理个人信息的受托人，应当依照本法和有关法律、行政法规的规定，采取必要措施保障所处理的个人信息的安全，并协助个人信息处理者履行本法规定的义务。

《**中华人民共和国数据安全法**》（2021 年 6 月 10 日）

第四十条　国家机关委托他人建设、维护电子政务系统，存储、加工政务数据，应当经过严格的批准程序，并应当监督受托方履行相应的数据安全保护义务。受托方应当依照法律、法规的规定和合同约定履行数据安全保护义务，不得擅自留存、使用、泄露或者向他人提供政务数据。

《网络数据安全管理条例》（2024年9月24日）

第十六条 网络数据处理者为国家机关、关键信息基础设施运营者提供服务，或者参与其他公共基础设施、公共服务系统建设、运行、维护的，应当依照法律、法规的规定和合同约定履行网络数据安全保护义务，提供安全、稳定、持续的服务。

前款规定的网络数据处理者未经委托方同意，不得访问、获取、留存、使用、泄露或者向他人提供网络数据，不得对网络数据进行关联分析。

第五十五条 违反本条例第十二条、第十六条至第二十条、第二十二条、第四十条第一款和第二款、第四十一条、第四十二条规定的，由网信、电信、公安等主管部门依据各自职责责令改正，给予警告，没收违法所得；拒不改正或者情节严重的，处100万元以下罚款，并可以责令暂停相关业务、停业整顿、吊销相关业务许可证或者吊销营业执照，对直接负责的主管人员和其他直接责任人员可以处1万元以上10万元以下罚款。

《安全防范工程通用规范》（2022年3月10日）

2.0.5 安全防范工程建设、安全防范系统运行与维护应落实安全保密责任，应具有保护国家秘密、商业秘密和个人隐私的措施。

第二十条　【国家机关使用要求】 国家机关为履行执法办案、处置突发事件等法定职责，查阅、调取公共安全视频系统收集的视频图像信息，应当依照法律、行政法规规定的权限、程序进行，并严格遵守保密规定，不得超出履行法定职责所必需的范围和限度。

【本条主旨】

本条是关于国家机关查阅、调取视频图像信息应当遵守的程序及保密要求的规定。

【内容解读】

国家机关在履行执法办案、处置突发事件等法定职责时，时常需要借助公共安全视频系统所收集的视频图像信息。这些信息对于还原事件真相、打击违法犯罪、高效应对突发事件等有着不可或缺的作用。例如，在侦查中，相关视频图像可能成为关键线索，帮助确定犯罪嫌疑人的行动轨迹和身份；在处置突发自然灾害时，可通过视频了解现场情况，为救援决策提供依据。

本条重申了《中华人民共和国数据安全法》第三十八条的规定，即“国家机关为履行法定职责的需要收集、使用数据，应当在其履行法定职责的范围内依照法律、行政法规规定的条件和程序进行；对在履行职责中知悉的个人隐私、个人信息、商业秘密、保密商务信息等数据应当依法予以保密，不得泄露或者非法向他人提供”。

其一，国家机关基于履行法定职责需要行使查阅、调取此类信息的权力，但并非可以不受限制地进行查阅或调取。本条没有直接规定国家机关查阅、调取的具体权限和程序，主要原因在于实践中国家机关查阅、调取视频图像信息所依据的法律、行政法规并不相同。如监察机关依据《中华人民共和国监察法》行使监督、调查职权，人民法院、人民检察院、公安机关、国家安全机关依据《中华人民共和国刑事诉讼法》收集、调取刑事案件的证据，公安机关还依据《中华人民共和国人民警察法》，国家安全机关还依据《中华人民共和国国家安全法》进行取证，等等。可见，不同国家机关，在何种情况下有权查阅、调取信息，以及遵循怎样的流程来实施这一行为，都应当有直接、明确的法律法规授权。

其二，国家机关在处理此类信息时必须遵守保密义务。公共安全视频系统收集的视频图像信息往往包含大量个人隐私以及可能影响公共安全的敏感内容。国家机关出于履行法定职责需要查阅、调取相关视频图像信息，在信息获取、存储、传输以及使用的各个环节，都必须严格遵守保密规定。比如，在存储信息时，要采用符合安全标准的设备和技术，防止信息被非法窃取；在传输过程中，要采取加密等措施，保障信息安全。任何因疏忽或故意导致的信息泄露行为，都将受到处罚。

其三，国家机关查阅和调取本条规定视频图像信息，不得超出履行法定职责所必需的范围和限度。这就要求国家机关精准把握信息需求，仅调取与执法办案、处置突发事件等工作直接相关的视频图像信息。例如，在侦查某起盗窃案件时，仅需调取案发现场及周边一定时间范围内、与案件相关的视频片段，而不应过度扩大范围，广泛收集其他无关区域或时间段的信息。限制范围和限度，既是对公民个人隐私和信息权益的保护，也是确保公共资源合理利用，避免公共安全视频图像信息系统资源被不必要地占用，从而保障系统能够持续高效地为维护公共安全服务。

【实务要点】

在实务中，有些国家机关可能会向公共安全视频系统的管理单位或个人提出获取同步的视频流数据的要求。需要注意的是，本条规定虽然保障国家机关为履行法定职责而查阅、调取相关视频图像信息的权力，但本条也仅保障其查阅权和调取权，并未赋予其获取今后一段时期实时视频流的权限。国家机关为履行法定职责，需要利用公共安全视频系统在今后一段时间开展实时监测的，应当援引其他法律法规依据。换言之，仅依据本条例规定，公共安全视频系统的管理单位或个人不得对外提供实时视频流数据。

【参考依据】

《中华人民共和国数据安全法》（2021 年 6 月 10 日）

第三十五条 公安机关、国家安全机关因依法维护国家安全或者侦查犯罪的需要调取数据，应当按照国家有关规定，经过严格的批准手续，依法进行，有关组织、个人应当予以配合。

第三十八条 国家机关为履行法定职责的需要收集、使用数据，应当在其履行法定职责的范围内依照法律、行政法规规定的条件和程序进行；对在履行职责中知悉的个人隐私、个人信息、商业秘密、保密商务信息等数据应当依法予以保密，不得泄露或者非法向他人提供。

《中华人民共和国刑事诉讼法》（2018年10月26日）

第五十二条 审判人员、检察人员、侦查人员必须依照法定程序，收集能够证实犯罪嫌疑人、被告人有罪或者无罪、犯罪情节轻重的各种证据。严禁刑讯逼供和以威胁、引诱、欺骗以及其他非法方法收集证据，不得强迫任何人证实自己有罪。必须保证一切与案件有关或者了解案情的公民，有客观地充分地提供证据的条件，除特殊情况外，可以吸收他们协助调查。

第五十四条 人民法院、人民检察院和公安机关有权向有关单位和个人收集、调取证据。有关单位和个人应当如实提供证据。

行政机关在行政执法和查办案件过程中收集的物证、

书证、视听资料、电子数据等证据材料，在刑事诉讼中可以作为证据使用。

对涉及国家秘密、商业秘密、个人隐私的证据，应当保密。

凡是伪造证据、隐匿证据或者毁灭证据的，无论属于何方，必须受法律追究。

《中华人民共和国监察法》（2024年12月25日）

第四条 监察委员会依照法律规定独立行使监察权，不受行政机关、社会团体和个人的干涉。

监察机关办理职务违法和职务犯罪案件，应当与审判机关、检察机关、执法部门互相配合，互相制约。

监察机关在工作中需要协助的，有关机关和单位应当根据监察机关的要求依法予以协助。

《中华人民共和国网络安全法》（2016年11月7日）

第二十八条 网络运营者应当为公安机关、国家安全机关依法维护国家安全和侦查犯罪的活动提供技术支持和协助。

《中华人民共和国人民警察法》（2012年10月26日）

第三十四条 人民警察依法执行职务，公民和组织应当给予支持和协助……

《中华人民共和国突发事件应对法》（2024年6月28日）

第七十六条第一款　履行统一领导职责或者组织处置突发事件的人民政府及其有关部门，必要时可以向单位和个人征用应急救援所需设备、设施、场地、交通工具和其他物资，请求其他地方人民政府及其有关部门提供人力、物力、财力或者技术支援，要求生产、供应生活必需品和应急救援物资的企业组织生产、保证供给，要求提供医疗、交通等公共服务的组织提供相应的服务。

《中华人民共和国民法典》（2020年5月28日）

第一千零三十九条　国家机关、承担行政职能的法定机构及其工作人员对于履行职责过程中知悉的自然人的隐私和个人信息，应当予以保密，不得泄露或者向他人非法提供。

《最高人民法院、最高人民检察院、公安部关于办理刑事案件收集提取和审查判断电子数据若干问题的规定》（2016年9月9日）

第七条　收集、提取电子数据，应当由二名以上侦查人员进行。取证方法应当符合相关技术标准。

第八条第一款　收集、提取电子数据，能够扣押电子数据原始存储介质的，应当扣押、封存原始存储介质，并制作笔录，记录原始存储介质的封存状态。

第二十一条　【个人查阅】为了保护自然人的生命健康、财产安全，经公共安全视频系统管理单位同意，本人、近亲属或者其他负有监护、看护、代管责任的人可以查阅关联的视频图像信息；对获悉的涉及公共安全、个人隐私和个人信息的视频图像信息，不得非法对外提供或者公开传播。

【本条主旨】

本条是关于紧急情况下个人查阅视频图像信息的要求的规定。

【内容解读】

公安机关利用公共安全视频系统为群众提供了很多查找走失老人、儿童等救急服务。但实践中，也有一些申请人编造紧急救助等事由掩盖非法目的，要求查看公共安全视频系统。在本《条例》起草过程中，对于应否明确规定自然人能否申请使用公共安全视频系统收集的视频图像信息，存在以下两种看法。

一种观点认为，应当在《条例》中就此作出明确规定。其主要理由有：一是相关文件有要求。例如，在国家发改委、原中央综治办、科技部等九部门发布的《关于加强公共安全视频监控建设联网应用工作的若干意见》中对拓宽应用领域、服务民生提出了要求。一些地方（如内蒙古、吉林、甘肃、新疆、云南等）的立法中也有相关的要求。二是实践中已有相关先例。例如，许多地方的公安机关都在积极主动利用本地公共视频图像信息资源，开展查找走失老人、儿童等服务民生工作。三是回应社会各界的呼声。在《条例》公开征求意见期间，社会各界对涉及公民权益的内容（如涉及公民隐私保护的条款）非常关注，如果能够从立法层面再对利用公共安全视频系统服务民生有所体现，将会成为立法的又一个亮点。

另一种观点认为，不应当在《条例》中就此作出明确规定。其主要理由有：一是可能申请的具体情形较为复杂，实践中不好操作。比如，有的地方立法规定公民可以因合法权益事由申请查看视频图像信息。但何谓“合法权益事由”，容易产生争议。遇到儿童、老人走失，重要物品遗失等紧急情况，各地公安机关通常都会给予积极协助，利用视频图像资源开展便民服务。但申请调看视频寻找走失的宠物是否属于“合法权益事由”？合法权益是否能以经济价值来衡量？难以进行明确限定。特别是，还存在一些以合法理由掩盖非法日的的情形，实践中系统管理者不太容易准确鉴别，难以预防视频图像信息滥用情形的出现。二是作为系统管理者的义务来设定，容易引发不必要的法律纠纷。如果要上升为一项必须执行的法律义务，就要考虑能否设定统一的要求，但现实情况千差万别，因地、因时、因人而不同，如果对可申请查看的事由范围设定宽泛，会大量增加管理单位或个人的工作量，由于公安机关本身也直接管理着许多重要公共区域的公共安全视频系统，如将配合查看视频图像作为公安机关的义务，有可能极大消耗本来就有限的行政资源特别是警务资源，而这显然不是立法所希望看到的；如果范围设定过窄，又极易限制有关部门灵活开展便民服务。

为最大限度回应公众期待的迫切需要，同时考虑到无法列举个人可以查看视频图像信息具体情形的客观实际，《条例》最终在理想与现实、公共安全与个人合法权益等之间作出平衡，明确为了保护自然人的生命健康、财产安全，经公共安全视频系统管理单位同意，本人、近亲属或者其他负有监护、看护、代管责任的人可以查阅关联的视频图像信息；对获悉的涉及公共安全、个人隐私和个人信息的视频图像信息，不得非法对外提供或者公开传播。本条在对广大人民群众打开一扇方便之门的基础上，又对视频图像信息采取了严格保护立场。

【实务要点】

本《条例》第二十条规定了对国家机关查阅和调取视频图像信息的要求，本条规定了对个人查阅视频图像信息的要求。本《条例》未规定赋予非国家机关单位申请查阅视频图像信息的权限。究其原因，对单位而言，其自力救济能力明显强于自然人，且不存在生命健康遇险问题，其保护自身权益的紧迫性不如自然人。实践中，非国家机关单位如遇有保护财产安全等权益确需查阅公共视频的，可以通过报警求助来实现，由公安机关根据第二十条规定依职权查阅、调取。

此外，本条仅赋予公民申请查阅视频图像信息的权利，对于其申请拷贝、翻拍等要求，系统管理单位可以拒绝。申请人对获悉的涉及公共安全、个人隐私和个人信息的视频图像信息，不得非法对外提供或者公开传播。非法对外提供或者公开传播视频图像信息的，其处罚及执法依据适用本《条例》第二十三条第一项、第三十一条的规定。

【参考依据】

《最高人民法院关于审理使用人脸识别技术处理个人信息相关民事案件适用法律若干问题的规定》（2021 年 7 月 27 日）

第五条 有下列情形之一，信息处理者主张其不承担民事责任的，人民法院依法予以支持：

（一）为应对突发公共卫生事件，或者紧急情况下为保护自然人的生命健康和财产安全所必需而处理人脸信息的；

（二）为维护公共安全，依据国家有关规定在公共场所使用人脸识别技术的；

（三）为公共利益实施新闻报道、舆论监督等行为在合理的范围内处理人脸信息的；

（四）在自然人或者其监护人同意的范围内合理处理人脸信息的；

（五）符合法律、行政法规规定的其他情形。

《中华人民共和国个人信息保护法》（2021 年 8 月 20 日）

第十三条 符合下列情形之一的，个人信息处理者方可处理个人信息：

（一）取得个人的同意；

（二）为订立、履行个人作为一方当事人的合同所必需，或者按照依法制定的劳动规章制度和依法签订的集体合同实施人力资源管理所必需；

（三）为履行法定职责或者法定义务所必需；

（四）为应对突发公共卫生事件，或者紧急情况下为保护自然人的生命健康和财产安全所必需；

（五）为公共利益实施新闻报道、舆论监督等行为，在合理的范围内处理个人信息；

（六）依照本法规定在合理的范围内处理个人自行公开或者其他已经合法公开的个人信息；

（七）法律、行政法规规定的其他情形。

依照本法其他有关规定，处理个人信息应当取得个人同意，但是有前款第二项至第七项规定情形的，不需取得个人同意。

《辽宁省公共安全技术防范条例》（2014年11月27日）

第二十五条 社会公共区域和技术防范重点单位技防系统使用单位以外的公民、法人和其他组织，因涉及其合法权益事由，可以按照下列规定申请查看社会公共区域和技术防范重点单位的采获信息，但涉及国家秘密、国家安全和他人隐私的除外：

（一）到当地公安派出所登记，说明查看理由并提供居民身份证；

（二）经公安派出所同意，由公安民警现场陪同或者持公安派出所出具的查看采获信息文书进行查看；

（三）到采获单位履行相关登记手续；

（四）查看的信息只限于涉及其合法权益的内容。

需要调取作为行政、民事、刑事案件证据的采获信息的，由负有举证责任一方向公安机关提出书面申请，并出具有效证明，经公安机关备案并出具手续后，持相关手续进行调取。

《吉林省公共安全视频图像信息系统管理办法》（2012年11月17日）

第二十七条 经县级以上公安机关确认，社会组织、个人确需查阅、复制或者调取有关公共安全视频图像信息的，公安机关应当提供。

第二十二条　【公开传播限制】 公共安全视频系统收集的视频图像信息被依法用于公开传播，可能损害个人、组织合法权益的，应当对涉及的人脸、机动车号牌等敏感个人信息，以及法人、非法人组织的名称、营业执照等信息采取严格保护措施。

【本条主旨】

本条是关于公共安全视频系统收集的视频图像信息被依法用于公开传播时应当采取的保护性措施的规定。

【内容解读】

根据本《条例》第九条第二款和第十六条第一款规定，公共安全视频系统管理单位或个人在使用系统收集的视频图像信息时，应当遵守法律法规，依法保护国家秘密、商业秘密、个人隐私和个人信息，不得滥用、泄露。据此，即便公共安全视频系统收集的视频图像信息被依法用于公开传播，也应当符合这一规定要求。因此，本条规定，公共安全视频系统收集的视频图像信息在依法用于公开传播时，可能对个人和组织的合法权益造成损害的，应当对特定的人脸、机动车号牌，以及法人、非法人组织的名称、营业执照等信息采取严格保护措施，以减少个人和组织合法权益受损的可能性。所谓“严格保护措施”，需要进行结果性评判，即通过采取该措施，人们无法识别被采取措施的视频图像中的该项信息内容。对视频图像信息中的人脸、机动车号牌、营业执照等进行技术性处理（如打“马赛克”）就是一种较为常见的“严格保护措施”。

【实务要点】

本条适用的一个重要条件是“可能损害个人、组织合法权益”，因此，如何理解该项条件，是判断行为人是否违反本条规定并需要施加处罚的前提。实践中，需要结合具体情况，按照比例原则进行法益比较和评判。

对于依法用于公开传播的敏感个人信息未采取严格保护措施，属于本条规定的典型违法行为。关于“敏感个人信息”的范围，本条属于不完全列举。根据《中华人民共和国个人信息保护法》第二十八条第一款规定，敏感个人信息是一旦泄露或者非法使用，容易导致自然人的人格尊严受到侵害或者人身、财产安全受到危害的个人信息，包括生物识别、宗教信仰、特定身份、医疗健康、金融账户、行踪轨迹等信息，以及不满十四周岁未成年人的个人信息。因此，除本条明确列举的人脸、机动车号牌外，依法公开的视频图像涉及前述规定的敏感个人信息的，应当适用本条规定，均需采取严格保护措施。

违反本条规定，对于依法用于公开传播的敏感个人信息，未采取严格保护措施，损害个人合法权益，构成违反《中华人民共和国个人信息保护法》第二十八条规定的，可以适用该法第六十六条规定进行处罚。

【参考依据】

《中华人民共和国个人信息保护法》（2021年8月20日）

第二十八条　敏感个人信息是一旦泄露或者非法使用，容易导致自然人的人格尊严受到侵害或者人身、财产安全受到危害的个人信息，包括生物识别、宗教信仰、特定身份、医疗健康、金融账户、行踪轨迹等信息，以及不满十四周岁未成年人的个人信息。

只有在具有特定的目的和充分的必要性，并采取严格保护措施的情形下，个人信息处理者方可处理敏感个人信息。

第五十一条 个人信息处理者应当根据个人信息的处理目的、处理方式、个人信息的种类以及对个人权益的影响、可能存在的安全风险等，采取下列措施确保个人信息处理活动符合法律、行政法规的规定，并防止未经授权的访问以及个人信息泄露、篡改、丢失：

（一）制定内部管理制度和操作规程；

（二）对个人信息实行分类管理；

（三）采取相应的加密、去标识化等安全技术措施；

（四）合理确定个人信息处理的操作权限，并定期对从业人员进行安全教育和培训；

（五）制定并组织实施个人信息安全事件应急预案；

（六）法律、行政法规规定的其他措施。

第六十六条 违反本法规定处理个人信息，或者处理个人信息未履行本法规定的个人信息保护义务的，由履行个人信息保护职责的部门责令改正，给予警告，没收违法所得，对违法处理个人信息的应用程序，责令暂停或者终止提供服务；拒不改正的，并处一百万元以下罚款；对直接负责的主管人员和其他直接责任人员处一万元以上十万元以下罚款。

有前款规定的违法行为，情节严重的，由省级以上履行个人信息保护职责的部门责令改正，没收违法所得，并处五千万元以下或者上一年度营业额百分之五以下罚款，并可以责令暂停相关业务或者停业整顿、通报有关主管部门吊销相关业务许可或者吊销营业执照；对直接负责的主管人员和其他直接责任人员处十万元以上一百万元以下罚款，并可以决定禁止其在一定期限内担任相关企业的董事、监事、高级管理人员和个人信息保护负责人。

《中华人民共和国民法典》（2020 年 5 月 28 日）

第一千零三十四条　自然人的个人信息受法律保护。

个人信息是以电子或者其他方式记录的能够单独或者与其他信息结合识别特定自然人的各种信息，包括自然人的姓名、出生日期、身份证件号码、生物识别信息、住址、电话号码、电子邮箱、健康信息、行踪信息等。

个人信息中的私密信息，适用有关隐私权的规定；没有规定的，适用有关个人信息保护的规定。

第一千零三十五条　处理个人信息的，应当遵循合法、正当、必要原则，不得过度处理，并符合下列条件：

（一）征得该自然人或者其监护人同意，但是法律、行政法规另有规定的除外；

（二）公开处理信息的规则；

（三）明示处理信息的目的、方式和范围；

（四）不违反法律、行政法规的规定和双方的约定。

个人信息的处理包括个人信息的收集、存储、使用、加工、传输、提供、公开等。

《最高人民法院、最高人民检察院关于办理侵犯公民个人信息刑事案件适用法律若干问题的解释》（2017年5月8日）

第一条 刑法第二百五十三条之一规定的“公民个人信息”，是指以电子或者其他方式记录的能够单独或者与其他信息结合识别特定自然人身份或者反映特定自然人活动情况的各种信息，包括姓名、身份证件号码、通信通讯联系方式、住址、账号密码、财产状况、行踪轨迹等。

第三条第二款 未经被收集者同意，将合法收集的公民个人信息向他人提供的，属于刑法第二百五十三条之一规定的“提供公民个人信息”，但是经过处理无法识别特定个人且不能复原的除外。

《最高人民法院关于审理使用人脸识别技术处理个人信息相关民事案件适用法律若干问题的规定》（2021年7月27日）

第五条 有下列情形之一，信息处理者主张其不承担民事责任的，人民法院依法予以支持：

（一）为应对突发公共卫生事件，或者紧急情况下为保护自然人的生命健康和财产安全所必需而处理人脸信息的；

（二）为维护公共安全，依据国家有关规定在公共场所使用人脸识别技术的；

（三）为公共利益实施新闻报道、舆论监督等行为在合理的范围内处理人脸信息的；

（四）在自然人或者其监护人同意的范围内合理处理人脸信息的；

（五）符合法律、行政法规规定的其他情形。

第二十三条　【妨害系统运行行为】 任何单位或者个人不得实施下列行为：

（一）违反法律法规规定，对外提供或者公开传播公共安全视频系统收集的视频图像信息；

（二）擅自改动、迁移、拆除依据本条例第七条规定安装的图像采集设备及相关设施，或者以喷涂、遮挡等方式妨碍其正常运行；

（三）非法侵入、控制公共安全视频系统；

（四）非法获取公共安全视频系统中的数据；

（五）非法删除、隐匿、修改、增加公共安全视频系统中的数据或者应用程序；

（六）其他妨碍公共安全视频系统正常运行，危害网络安全、数据安全、个人信息安全的行为。

【本条主旨】

本条是关于禁止妨害公共安全视频系统正常运行的规定。

【内容解读】

公共安全视频系统对于维护公共安全具有不可替代的作用。本《条例》第十八条要求，为公共安全视频系统提供网络传输服务的电信业务经营者，应当保障网络运行安全稳定，维护数据的完整性、保密性和可用性。在第十八条规定之外，本条通过禁止妨碍系统正常运行，危害网络安全、数据安全、个人信息安全的行为，为公共安全视频系统的稳定运行提供了进一步保障。本条禁止的行为包括以下六大类。

（一）**违反法律法规规定，对外提供或者公开传播公共安全视频系统收集的视频图像信息的行为**

该违法行为的构成要件中，首先要求违反法律法规规定。这里的法律法规，既包括违反本《条例》规定，也包括违反《中华人民共和国个人信息保护法》等其他法律法规。其次行为人需要实施对外提供或者公开传播公共安全视频系统收集的视频图像信息的行为。对外提供，是指将系统数据向无权查看的特定主体提供，既包括向境内提供，也包括向境外提供；公开传播，是指将系统数据提供给不特定主体使用，如发布在网络社区。违反本项规定，具体处罚需结合视频图像类型、对外提供或公开传播的主体类型、是否涉及数据出境等具体情况。

1. 视频图像涉及个人信息的，有可能违反《中华人民共和国网络安全法》第四十四条、第六十四条，《中华人民共和国个人信息保护法》第二十六条、第六十六条的规定。对于涉及法条竞合的行为，根据新法优于旧法、特别法优于一般法等原则，应当适用《中华人民共和国个人信息保护法》的规定。对外提供或者公开传播涉及个人信息的视频图像信息，如同时构成“散布他人隐私”，还违反了《中华人民共和国治安管理处罚法》第五十条第六项规定，应当按照“侵犯隐私”对违法自然人实施治安处罚，对单位行为可适用《中华人民共和国个人信息保护法》。

2. 视频图像不涉及个人信息的，可根据《中华人民共和国数据安全法》第二十七条、第四十五条第一款规定的数据安全保护义务及对应的法律责任予以处罚。不涉及个人信息的视频图像信息还可能涉及“重要数据”的问题。属于“重要数据”和“核心数据”的，应当适用《中华人民共和国数据安全法》第四十五条第二款、第四十六条等规定进行处置。根据《中华人民共和国数据安全法》第二十一条规定，“重要数据”是一旦遭到篡改、破坏、泄露或者非法获取、非法利用，将对国家安全、公共利益或者个人、组织合法权益造成危害的数据，而“核心数据”则是关系国家安全、国民经济命脉、重要民生、重大公共利益等的数据。

3. 涉及特殊主体的，适用特殊处理规则。例如，国家机关非法对外提供或者公开传播公共安全视频图像的，不得予以行政处罚，可结合具体情况适用《中华人民共和国个人信息保护法》第六十八条第一款规定，由其上级机关或者履行个人信息保护职责的部门责令改正，对直接负责的主管人员和其他直接责任人员依法给予处分；或者适用《中华人民共和国数据安全法》第四十九条规定，对直接负责的主管人员和其他直接责任人员依法给予处分。

此外，涉及非法向境外提供公共安全视频系统收集的视频图像信息的，适用《中华人民共和国数据安全法》及《网络数据安全管理条例》中数据出境安全相关规则予以处置。

（二）擅自改动、迁移、拆除依据本条例第七条规定安装的图像采集设备及相关设施，或者以喷涂、遮挡等方式妨碍其正常运行的行为

本条第二项规定涉及的违法行为包括“擅自改动、迁移、拆除依据本条例第七条规定安装的图像采集设备及相关设施”和“以喷涂、遮挡等方式妨碍其正常运行”两类。

1. “擅自改动、迁移、拆除”依据本《条例》第七条规定安装的图像采集设备及相关设施的行为。该类行为是指未经公共安全视频系统管理单位或者法律法规授权部门的同意，改动、迁移、拆除他人依据《条例》第七条规定安装的图像采集设备及相关设施。改动、迁移、拆除自己安装的设备或设施的，不属于本项规制范畴。本《条例》第三十条对该行为已经设置相应罚则，即由公安机关责令改正，给予警告；拒不改正或者造成严重后果的，对违法个人处5000元以下罚款，对违法单位处5000元以上1万元以下罚款，对其直接负责的主管人员和其他直接责任人员处5000元以下罚款。

对于“擅自改动、迁移、拆除”依据本《条例》第九条规定安装的图像采集设备及相关设施的行为，本《条例》未作明确规定，但该类行为亦可能触犯《中华人民共和国民法典》，构成侵权责任。

此外，“擅自改动、迁移、拆除”行为还可能违反《中华人民共和国治安管理处罚法》《中华人民共和国反恐怖主义法》等法律法规。出现法条竞合情形时，需结合实际情况处置。

2. “以喷涂、遮挡等方式妨碍其正常运行”的行为。该类行为主要针对图像采集设备的摄像组件实施。本《条例》未就此设置相应罚则，但执法机关可以责令改正。喷涂、遮挡等行为造成一定后果的，可根据其他法律法规规章处理。例如，喷涂行为构成故意损毁公私财物行为的，可适用《中华人民共和国治安管理处罚法》第五十九条规定处罚。

（三）非法侵入、控制公共安全视频系统的行为

公共安全视频系统属于计算机信息系统，本《条例》禁止非法侵入、控制公共安全视频系统，但对违反本项规定的行为，适用其他法律法规处理。

1. 非法侵入公共安全视频系统的行为。该行为属于从事危害网络安全的活动。《中华人民共和国网络安全法》第二十七条明确规定任何个人和组织不得从事非法侵入他人网络等危害网络安全的活动，并在第六十三条规定了相应的法律责任。《违反公安行政管理行为的名称及其适用意见》（公通字〔2020〕8号）将相关违法行为名称表述为“从事危害网络安全活动”。《中华人民共和国治安管理处罚法》第三十三条第一项也对违反国家规定，侵入计算机信息系统或者采用其他技术手段，获取计算机信息系统中存储、处理或者传输的数据，或者对计算机信息系统实施非法控制的，造成危害的行为作出了规定，相关违法行为名称在《违反公安行政管理行为的名称及其适用意见》中表述为“非法侵入计算机信息系统”。

需要注意的是，在法律适用方面，《中华人民共和国治安管理处罚法》第三十三条第一项的适用前提是“造成危害”，《中华人民共和国网络安全法》则没有该要求。因此，“非法侵入公共安全视频系统”没有危害后果的，适用《中华人民共和国网络安全法》第二十七条、第六十三条规定处理。造成危害后果的，对违法个人适用《中华人民共和国治安管理处罚法》，对违法单位适用《中华人民共和国网络安全法》。

2. 非法控制公共安全视频系统的行为。虽然《中华人民共和国网络安全法》未明确列出该类行为，但该行为也属于“危害网络安全的活动”，可适用《中华人民共和国网络安全法》第二十七条、第六十三条规定处理。

（四）非法获取公共安全视频系统中的数据的行为

非法获取公共安全视频系统中的数据，是指无权获取数据的行为人违反国家规定，通过侵入或其他技术手段，获取公共安全视频系统中存储、处理或传输的数据的行为。获取，是指占有或拥有数据的行为，可以是通过秘密方式获取，也可以是通过公开方式获取。行为人获取的是公共安全视频系统中处理（如存储、显示或传输）的数据，包括视频、图片等数据类型。

本《条例》未直接规定非法获取公共安全视频系统数据行为的处罚。《中华人民共和国网络安全法》第二十七条规定，任何个人和组织不得从事非法侵入他人网络、干扰他人网络正常功能、窃取网络数据等危害网络安全的活动。非法获取公共安全视频系统数据属于“窃取网络数据”，应当根据该法第二十七条、第六十三条规定进行处罚。值得注意的是，与涉及非法控制计算机信息系统行为的规定类似，2025 年修订的《中华人民共和国治安管理处罚法》第三十三条规定了对非法获取计算机信息系统数据行为的处罚，后续可能会产生法条竞合问题。

（五）非法删除、隐匿、修改、增加公共安全视频系统中的数据或者应用程序的行为

“非法删除、隐匿、修改、增加公共安全视频系统中的数据或者应用程序”同样属于《中华人民共和国网络安全法》第二十七条规定的“危害网络安全的活动”，也属于《中华人民共和国治安管理处罚法》第三十三条第三项明确禁止的“违反国家规定，对计算机信息系统中存储、处理、传输的数据和应用程序进行删除、修改、增加的”行为。具有本条第五项规定的行为的，对违法单位按照《中华人民共和国网络安全法》第六十三条规定处罚，对违法个人按照《中华人民共和国治安管理处罚法》处罚。

今后执法中需要关注的是，2025年修订的《中华人民共和国治安管理处罚法》第三十三条第三项对违法行为的成立增加了“造成危害”的要求。

（六）其他妨碍公共安全视频系统正常运行，危害网络安全、数据安全、个人信息安全的行为

由于实践中妨碍公共安全视频系统正常运行的行为多样化，而且随着实践的发展，有可能会出现新的行为方式，因此本条第六项在前五项列举之外，以“其他”进行兜底。但是，在判断某行为是否属于“其他”行为时，应当根据实际场景，确认该行为与前五项规定的行为之间是否具有相当性；如其危害明显小于前五项规定的行为，不宜认定为违反本条规定。

【实务要点】

为防范涉及公共安全视频系统的危害网络安全、数据安全、个人信息安全的行为，本《条例》对于系统的正常运行进行严格保护，以“列举+其他”方式规定了各种妨害系统正常运行的违法行为。本条汇聚了各类妨害系统正常运行的违法行为，但由于许多违法行为已有其他法律法规规章规制，本《条例》仅就“擅自改动、迁移、拆除依据本条例第七条规定安装的图像采集设备及相关设施”设置罚则。实践中，不能仅以本《条例》无罚则而对其他妨害系统正常运行的行为不予处置，而应当正确运用《中华人民共和国数据安全法》《中华人民共和国治安管理处罚法》《中华人民共和国个人信息保护法》等法律法规，加大对该类违法行为的处罚力度，切实保障系统的稳定运行。

【参考依据】

《中华人民共和国个人信息保护法》（2021年8月20日）

第二十六条　在公共场所安装图像采集、个人身份识别设备，应当为维护公共安全所必需，遵守国家有关规定，并设置显著的提示标识。所收集的个人图像、身份识别信息只能用于维护公共安全的目的，不得用于其他目的；取得个人单独同意的除外。

第六十六条　违反本法规定处理个人信息，或者处理个人信息未履行本法规定的个人信息保护义务的，由履行个人信息保护职责的部门责令改正，给予警告，没收违法所得，对违法处理个人信息的应用程序，责令暂停或者终止提供服务；拒不改正的，并处一百万元以下罚款；对直接负责的主管人员和其他直接责任人员处一万元以上十万元以下罚款。

有前款规定的违法行为，情节严重的，由省级以上履行个人信息保护职责的部门责令改正，没收违法所得，并处五千万元以下或者上一年度营业额百分之五以下罚款，并可以责令暂停相关业务或者停业整顿、通报有关主管部门吊销相关业务许可或者吊销营业执照；对直接负责的主管人员和其他直接责任人员处十万元以上一百万元以下罚款，并可以决定禁止其在一定期限内担任相关企业的董事、监事、高级管理人员和个人信息保护负责人。

第六十八条第一款 国家机关不履行本法规定的个人信息保护义务的，由其上级机关或者履行个人信息保护职责的部门责令改正；对直接负责的主管人员和其他直接责任人员依法给予处分。

《中华人民共和国数据安全法》（2021年6月10日）

第四十九条 国家机关不履行本法规定的数据安全保护义务的，对直接负责的主管人员和其他直接责任人员依法给予处分。

《**中华人民共和国治安管理处罚法**》(2025年6月27日)

第三十三条　有下列行为之一，造成危害的，处五日以下拘留；情节较重的，处五日以上十五日以下拘留：

(一) 违反国家规定，侵入计算机信息系统或者采用其他技术手段，获取计算机信息系统中存储、处理或者传输的数据，或者对计算机信息系统实施非法控制的；

(二) 违反国家规定，对计算机信息系统功能进行删除、修改、增加、干扰的；

(三) 违反国家规定，对计算机信息系统中存储、处理、传输的数据和应用程序进行删除、修改、增加的；

(四) 故意制作、传播计算机病毒等破坏性程序的；

(五) 提供专门用于侵入、非法控制计算机信息系统的程序、工具，或者明知他人实施侵入、非法控制计算机信息系统的违法犯罪行为而为其提供程序、工具的。

第五十条　有下列行为之一的，处五日以下拘留或者一千元以下罚款；情节较重的，处五日以上十日以下拘留，可以并处一千元以下罚款：

(一) 写恐吓信或者以其他方法威胁他人人身安全的；

(二) 公然侮辱他人或者捏造事实诽谤他人的；

（三）捏造事实诬告陷害他人，企图使他人受到刑事追究或者受到治安管理处罚的；

（四）对证人及其近亲属进行威胁、侮辱、殴打或者打击报复的；

（五）多次发送淫秽、侮辱、恐吓等信息或者采取滋扰、纠缠、跟踪等方法，干扰他人正常生活的；

（六）偷窥、偷拍、窃听、散布他人隐私的。

有前款第五项规定的滋扰、纠缠、跟踪行为的，除依照前款规定给予处罚外，经公安机关负责人批准，可以责令其一定期限内禁止接触被侵害人。对违反禁止接触规定的，处五日以上十日以下拘留，可以并处一千元以下罚款。

第五十九条 故意损毁公私财物的，处五日以下拘留或者一千元以下罚款；情节较重的，处五日以上十日以下拘留，可以并处三千元以下罚款。

《中华人民共和国网络安全法》（2016年11月7日）

第二十七条 任何个人和组织不得从事非法侵入他人网络、干扰他人网络正常功能、窃取网络数据等危害网络安全的活动；不得提供专门用于从事侵入网络、干扰网络正常功能及防护措施、窃取网络数据等危害网络安全活动的程序、工具；明知他人从事危害网络安全的活动的，不得为其提供技术支持、广告推广、支付结算等帮助。

第四十四条　任何个人和组织不得窃取或者以其他非法方式获取个人信息，不得非法出售或者非法向他人提供个人信息。

第六十三条　违反本法第二十七条规定，从事危害网络安全的活动，或者提供专门用于从事危害网络安全活动的程序、工具，或者为他人从事危害网络安全的活动提供技术支持、广告推广、支付结算等帮助，尚不构成犯罪的，由公安机关没收违法所得，处五日以下拘留，可以并处五万元以上五十万元以下罚款；情节较重的，处五日以上十五日以下拘留，可以并处十万元以上一百万元以下罚款。

单位有前款行为的，由公安机关没收违法所得，处十万元以上一百万元以下罚款，并对直接负责的主管人员和其他直接责任人员依照前款规定处罚。

违反本法第二十七条规定，受到治安管理处罚的人员，五年内不得从事网络安全管理和网络运营关键岗位的工作；受到刑事处罚的人员，终身不得从事网络安全管理和网络运营关键岗位的工作。

第二十四条　【监督检查】公安机关对公共安全视频系统的建设、使用情况实施监督检查，有关单位或者个人应当予以协助、配合。

有关单位或者个人发现有违反本条例第七条第三款、第八条第一款、第九条第一款规定安装图像采集设备及相关设施的，可以向公安机关举报。公安机关应当依法及时处理。

【本条主旨】

本条是关于公安机关监督检查权和对有关举报进行处理的规定。

【内容解读】

本条是本《条例》第五条规定在执法场景的具体化，明确了公安机关对公共安全视频系统建设、使用情况的监督检查权。本条第一款明确了公安机关对公共安全视频系统建设、使用情况的监督检查权，并明确对于公安机关实施监督检查，有关公共安全视频系统管理单位或者相关个人应当予以协助、配合，以保障监督检查和核查能够顺利进行。综合考虑当前国家严控事前行政审批的精神和各地实际情况，本《条例》未设定行政许可或者审批制度。公安机关要通过监督检查，督促相关单位和个人增强法治观念，自觉遵守法律秩序和法律要求。在监督检查中发现使用单位没有履行本《条例》规定的义务、存在安全风险以及其他违反本《条例》规定的情况时，应当督促有关单位或者个人及时整改，以消除潜在安全隐患，保障系统的安全和稳定运行。为了实施监督检查，公安机关可以采取进入现场检查、询问相关人员、查阅复制有关资料等措施。为了加大纠违力度和效率，公安机关在监督检查工作中发现有违法安装图像采集设备及相关设施情形的，可以责令改正，制止违法行为，消除安全隐患，有关单位和个人应当予以配合。

根据本《条例》特别是第五条和本条规定，公安部制定了《公共安全视频图像信息系统监督管理工作规定》，对公安机关开展公共安全视频系统备案、监督检查以及相关行政执法工作明确和细化相关具体要求。根据该规定，公安机关对公共安全视频系统建设、使用情况实施监督检查，包括一般检查、专业检查等方式。其中，对于公安机关的监督检查和核查，公共安全视频系统管理单位或者相关个人应当予以协助、配合，以保障监督检查和核查能够顺利实施。

本条第二款就单位或个人举报违法安装图像采集设备及相关设施作出规定。根据该款规定，有关单位或者个人发现有违反本条例第七条第三款、第八条第一款、第九条第一款规定安装图像采集设备及相关设施的，可以向公安机关举报。举报，是指组织、个人以口头或者书面形式向有关部门投诉、检举其发现或者了解到的有关违法行为并要求处理的制度。举报是我国法律赋予公民、组织的一项权利。本款明确规定公安机关对举报应当依法及时处理。及时妥善处理个人、单位的举报，有利于国家机关加强同人民群众的联系，充分发挥人民群众对违法行为的监督作用，对主管部门及时掌握违法行为线索，准确开展调查处置，均具有积极作用。收到举报的部门应当按照规定的程序和权限及时处理，对不属于本部门职责范围的，应当及时移送有权部门处理。

【实务要点】

本条赋予了有关单位和个人对违法安装图像采集设

备及相关设施的举报权。实际上，单位和个人的举报权并不限于此，对于违反本《条例》的违法行为，有关单位和个人均可举报，如本《条例》第二十五条就规定了任何单位和个人均可对公安机关及其工作人员违反本《条例》的行为进行检举、控告。

本条特别规定了监督检查制度。在实务中，公安机关可以采取进入现场检查、询问相关人员、查阅复制有关资料、查封、扣押违法安装的图像采集设备及相关设施等措施对公共安全视频系统建设、使用情况进行监督检查。监督公安机关依法对公共安全视频系统的建设、使用情况开展监督检查。

一般检查主要由公安派出所负责实施，检查的主要内容包括：（一）建设安装主体是否符合《条例》规定；（二）是否设置显著的提示标识；（三）是否拍摄涉密单位信息；（四）是否备案以及备案信息是否真实；（五）系统是否正常运行；（六）是否建立系统监看、管理等重要岗位人员的入职审查、保密教育、岗位培训，以及信息调用登记等管理制度；（七）视频图像信息的保存期限是否符合《条例》规定。

专业检查由公安机关科技信息化部门组织实施，检查内容在一般检查内容的基础上，还包括：（一）是否按照相关标准开展公共安全视频系统建设，并妥善保管设计、施工、检验、验收等工作的档案资料；（二）图像采集设备的安装位置、拍摄角度和数据采集范围是否符合《条例》和强制性标准规定；（三）公共安全视频系统采用的产品、服务是否符合国家标准的强制性要求；（四）是否采用完善的防攻击、防入侵、防病毒、防篡改、防泄露等安全技术措施；（五）是否定期维护设备设施；（六）是否采取规范内部人员查阅处理视频图像信息的授权管理、访问控制等技术措施。

综合考虑当前国家严控事前行政审批的精神和各地实际情况，本《条例》未设置行政许可或者审批事项，备案制度的实施也是一种事后监督设计，因而执法机关难以通过事先审查方式防范。公安机关要通过监督检查，督促相关单位和人员增强法治观念，自觉遵守法律秩序和法律要求，同时也教育他人维护法律权威，自觉守法。在监督检查中发现使用单位没有履行本《条例》的义务的，应当督促有关单位或者个人及时整改，以消除潜在的安全隐患，保障系统的安全和稳定运行。

【参考依据】

《**中华人民共和国个人信息保护法**》(2021年8月20日)

第六十三条第二款　履行个人信息保护职责的部门依法履行职责，当事人应当予以协助、配合，不得拒绝、阻挠。

第六十五条　任何组织、个人有权对违法个人信息处理活动向履行个人信息保护职责的部门进行投诉、举报。收到投诉、举报的部门应当依法及时处理，并将处理结果告知投诉、举报人。

履行个人信息保护职责的部门应当公布接受投诉、举报的联系方式。

《**中华人民共和国数据安全法**》(2021年6月10日)

第十二条第一款　任何个人、组织都有权对违反本法规定的行为向有关主管部门投诉、举报。收到投诉、举报的部门应当及时依法处理。

《**中华人民共和国网络安全法**》(2016年11月7日)

第十四条第一款　任何个人和组织有权对危害网络安全的行为向网信、电信、公安等部门举报。收到举报的部门应当及时依法作出处理；不属于本部门职责的，应当及时移送有权处理的部门。

《计算机信息网络国际联网安全保护管理办法》（2011 年 1 月 8 日）

第十七条第二款 公安机关计算机管理监察机构在组织安全检查时，有关单位应当派人参加。公安机关计算机管理监察机构对安全检查发现的问题，应当提出改进意见，作出详细记录，存档备查。

《中华人民共和国噪声污染防治法》（2021 年 12 月 24 日）

第三十一条 任何单位和个人都有权向生态环境主管部门或者其他负有噪声污染防治监督管理职责的部门举报造成噪声污染的行为。

生态环境主管部门和其他负有噪声污染防治监督管理职责的部门应当公布举报电话、电子邮箱等，方便公众举报。

接到举报的部门应当及时处理并对举报人的相关信息保密。举报事项属于其他部门职责的，接到举报的部门应当及时移送相关部门并告知举报人。举报人要求答复并提供有效联系方式的，处理举报事项的部门应当反馈处理结果等情况。

《**生成式人工智能服务管理暂行办法**》（2023年7月10日）

第十八条　使用者发现生成式人工智能服务不符合法律、行政法规和本办法规定的，有权向有关主管部门投诉、举报。

《**中华人民共和国反垄断法**》（2022年6月24日）

第四十七条　反垄断执法机构调查涉嫌垄断行为，可以采取下列措施：

（一）进入被调查的经营者的营业场所或者其他有关场所进行检查；

（二）询问被调查的经营者、利害关系人或者其他有关单位或者个人，要求其说明有关情况；

（三）查阅、复制被调查的经营者、利害关系人或者其他有关单位或者个人的有关单证、协议、会计账簿、业务函电、电子数据等文件、资料；

（四）查封、扣押相关证据；

（五）查询经营者的银行账户。

采取前款规定的措施，应当向反垄断执法机构主要负责人书面报告，并经批准。

《农药管理条例》（2022年3月29日）

第四十一条 县级以上人民政府农业主管部门履行农药监督管理职责，可以依法采取下列措施：

（一）进入农药生产、经营、使用场所实施现场检查；

（二）对生产、经营、使用的农药实施抽查检测；

（三）向有关人员调查了解有关情况；

（四）查阅、复制合同、票据、账簿以及其他有关资料；

（五）查封、扣押违法生产、经营、使用的农药，以及用于违法生产、经营、使用农药的工具、设备、原材料等；

（六）查封违法生产、经营、使用农药的场所。

《中华人民共和国药品管理法》（2019年8月26日）

第一百条 药品监督管理部门根据监督管理的需要，可以对药品质量进行抽查检验。抽查检验应当按照规定抽样，并不得收取任何费用；抽样应当购买样品。所需费用按照国务院规定列支。

对有证据证明可能危害人体健康的药品及其有关材料，药品监督管理部门可以查封、扣押，并在七日内作出行政处理决定；药品需要检验的，应当自检验报告书发出之日起十五日内作出行政处理决定。

第二十五条　【内部监督】 公安机关应当严格执行内部监督制度，对其工作人员履行公共安全视频系统建设、使用职责情况进行监督。

公安机关及其工作人员在履行公共安全视频系统建设、使用、监督管理职责过程中，有违反本条例规定，或者其他滥用职权、玩忽职守、徇私舞弊行为的，任何单位或者个人有权检举、控告。

【本条主旨】

本条是关于对公安机关及其工作人员进行监督的规定。

【内容解读】

公安机关在公共安全视频系统建设、使用和监督管理中承担着多重角色。一方面，公安机关是众多公共安全视频系统的建设、使用者。例如，实践中，根据本《条例》第七条第一款规定建设的公共安全视频系统，主要由公安机关建设和使用。另一方面，根据本《条例》

规定，公安机关承担公共安全视频系统建设使用的监督管理职责。鉴于公共安全视频系统对于公共安全的重要性以及公安机关对于该类系统的多重角色定位，理应要求公安机关承担更高的法律义务，确保公安机关及其工作人员勤勉廉洁履职，以切实充分发挥公共安全视频系统维护公共安全的作用。为此，本条明确要求公安机关严格执行内部监督制度，对其工作人员履行公共安全视频系统建设、使用职责情况进行监督。同时，本条引入外部监督，公安机关及其工作人员在履行公共安全视频系统建设、使用、监督管理职责过程中，有违反本条例规定，或者其他滥用职权、玩忽职守、徇私舞弊行为的，任何单位或者个人有权检举、控告。

【实务要点】

公安机关既是公共安全视频系统建设、使用的监督管理部门，也是部分公共安全视频系统的建设使用主体，这种模式在其他行业也有先例。因此，本条规定了“自己监督自己”的要求。实际上相关法律也有类似规定，如《中华人民共和国海关法》第七十八条规定，海关应当依照本法和其他有关法律、行政法规的规定，建立健全内部监督制度，对其工作人员执行法律、行政法规和遵守纪律的情况，进行监督检查。

检举、控告是我国法律赋予公民、组织的一项权利。及时受理、处理个人、组织的投诉、举报，有利于公安机关加强同人民群众的联系，充分发挥人民群众对违法行为的监督作用，对主管部门及时掌握违法行为的线索和情况，开展进一步调查处理起到积极作用。

【参考依据】

《中华人民共和国海关法》（2021 年 4 月 29 日）

第七十八条　海关应当依照本法和其他有关法律、行政法规的规定，建立健全内部监督制度，对其工作人员执行法律、行政法规和遵守纪律的情况，进行监督检查。

第八十条　任何单位和个人均有权对海关及其工作人员的违法、违纪行为进行控告、检举。收到控告、检举的机关有权处理的，应当依法按照职责分工及时查处。收到控告、检举的机关和负责查处的机关应当为控告人、检举人保密。

《中华人民共和国网络安全法》（2016年11月7日）

第七十三条 网信部门和有关部门违反本法第三十条规定，将在履行网络安全保护职责中获取的信息用于其他用途的，对直接负责的主管人员和其他直接责任人员依法给予处分。

网信部门和有关部门的工作人员玩忽职守、滥用职权、徇私舞弊，尚不构成犯罪的，依法给予处分。

《中华人民共和国数据安全法》（2021年6月10日）

第四十九条 国家机关不履行本法规定的数据安全保护义务的，对直接负责的主管人员和其他直接责任人员依法给予处分。

第五十条 履行数据安全监管职责的国家工作人员玩忽职守、滥用职权、徇私舞弊的，依法给予处分。

《中华人民共和国个人信息保护法》（2021年8月20日）

第六十八条 国家机关不履行本法规定的个人信息保护义务的，由其上级机关或者履行个人信息保护职责的部门责令改正；对直接负责的主管人员和其他直接责任人员依法给予处分。

履行个人信息保护职责的部门的工作人员玩忽职守、滥用职权、徇私舞弊，尚不构成犯罪的，依法给予处分。

第二十六条　【擅自安装的责任】违反本条例第七条第三款、第九条第一款规定安装图像采集设备及相关设施的，由公安机关责令限期改正，并删除所收集的视频图像信息；拒不改正的，没收相关设备设施，对违法个人并处5000元以下罚款，对违法单位并处2万元以下罚款，对其直接负责的主管人员和其他直接责任人员处5000元以下罚款。

【本条主旨】

本条是关于在公共场所违法安装图像采集设备及相关设施行为的法律责任的规定。

【内容解读】

本条规定的违法行为，在执法时名称表述为“违规在公共场所安装图像采集设备设施”。

自本条至第三十三条，均为关于违反本《条例》行为之法律责任的规定。其中，本条至第三十条规定的七类违法行为，由公安机关进行执法，处置措施包括责令改正、责令限期改正、没收相关设备设施、删除视频图像信息、罚款等。在法律责任设定时，本《条例》坚持过罚相当、处罚与教育相结合的原则，同时注意与其他法律、行政法规相衔接。

本条规定了违反本《条例》第七条第三款、第九条第一款规定擅自安装图像采集设备的行为的法律责任；对单位有违规行为的，除处以罚款外，还对直接负责的主管人员和其他直接责任人员追究责任，以增强单位和个人的法律意识。

（一）违法主体为一般主体，即任何单位和个人；主观方面为故意。

（二）违法行为的表现形式：未经批准或者授权，擅自在《条例》第七条第三款、第九条第一款规定的公共场所安装图像采集设备。

（三）违反规定应当承担的法律责任。一是公安机关应当首先责令限期改正，并删除所收集的视频图像信息；公安机关应当在责令限期改正期满之日起三个工作日内，对整改情况进行复查。二是只有拒不改正的公安机关才进行处罚，没收相关设备设施，对违法个人并处5000元以下罚款，对违法单位并处2万元以下罚款，对其直接负责的主管人员和其他直接责任人员处5000元以下罚款。根据《公安机关办理行政案件程序规定》第二百一十四条规定，公安机关作出罚款决定，被处罚人应当自收到行政处罚决定书之日起15日内，到指定的银行缴纳罚款。

需要注意的是，《中华人民共和国行政处罚法》第三十二条、第三十三条分别规定了应当从轻、减轻处罚和应当、可以免予处罚的情形。

在适用本条及本《条例》其他法律责任条款时，均需注意在具体执行时落实《中华人民共和国行政处罚法》“首违不罚”“无过错不罚”等规定精神。对违反本条及本《条例》其他法律责任条款的违法行为依法不予行政处罚的，公安机关应当对违法行为人进行教育。

【实务要点】

本条规定的是对无权主体在公共场所安装图像采集设备及相关设施的行为的处置。实践中，还存在应当建设而不建设，或者未按规定要求建设的行为。从立法目的来看，本《条例》侧重于规范建设主体，并未就哪些公共场所应当建设公共安全视频图像信息系统作出规定，因而也未直接就应建未建和未按规定要求建设的行为设定罚则。

目前，《中华人民共和国反恐怖主义法》《企业事业单位内部治安保卫条例》《娱乐场所管理条例》等法律法规均有应当建设视频监控设施的相关规定。例如，《中华人民共和国反恐怖主义法》第三十二条第二款规定，重点目标的管理单位应当根据城乡规划、相关标准和实际需要，对重点目标同步设计、同步建设、同步运行符合该法第二十七条规定的技防、物防设备、设施。对违反该款规定的处罚行为的处置，根据该法第八十八条规定，防范恐怖袭击重点目标的管理、营运单位未配备防范和处置设备、设施的，由公安机关给予警告，并责令改正；拒不改正的，处十万元以下罚款，并对其直接负责的主管人员和其他直接责任人员处一万元以下罚款。再如，根据《娱乐场所管理条例》第四十四条规定，娱乐场所未按照该条例规定安装闭路电视监控设备或者中断使用的，由县级公安部门责令改正，给予警告；情节严重的，责令停业整顿1个月至3个月。同样地，《企业事业单位内部治安保卫条例》第十四条要求治安保卫重点单位应当确定本单位的治安保卫重要部位，按照有关国家标准对重要部位设置必要的技术防范设施，并实施重点保护。该条例第十九条规定，如果单位违反该项规定，存在治安隐患的，公安机关应当责令限期整改，并处警告；单位逾期不整改，造成公民人身伤害、公私财产损失，或者严重威胁公民人身安全、公私财产安全或者公共安全的，对单位处1万元以上10万元以下的罚款，对单位主要负责人和其他直接责任人员处500元以上5000元以下的罚款，并可以建议有关组织对单位主要负责人和其他直接责任人员依法给予处分；情节严重，构成犯罪的，依法追究刑事责任。

【参考依据】

《中华人民共和国治安管理处罚法》（2025年6月27日）

第六条　治安管理处罚必须以事实为依据，与违反治安管理的事实、性质、情节以及社会危害程度相当。

实施治安管理处罚，应当公开、公正，尊重和保障人权，保护公民的人格尊严。

办理治安案件应当坚持教育与处罚相结合的原则，充分释法说理，教育公民、法人或者其他组织自觉守法。

第十条　治安管理处罚的种类分为：

（一）警告；

（二）罚款；

（三）行政拘留；

（四）吊销公安机关发放的许可证件。

对违反治安管理的外国人，可以附加适用限期出境或者驱逐出境。

第十九条 为了免受正在进行的不法侵害而采取的制止行为，造成损害的，不属于违反治安管理行为，不受处罚；制止行为明显超过必要限度，造成较大损害的，依法给予处罚，但是应当减轻处罚；情节较轻的，不予处罚。

第二十条 违反治安管理有下列情形之一的，从轻、减轻或者不予处罚：

（一）情节轻微的；

（二）主动消除或者减轻违法后果的；

（三）取得被侵害人谅解的；

（四）出于他人胁迫或者诱骗的；

（五）主动投案，向公安机关如实陈述自己的违法行为的；

（六）有立功表现的。

《中华人民共和国行政强制法》（2011年6月30日）

第十三条　行政强制执行由法律设定。

法律没有规定行政机关强制执行的，作出行政决定的行政机关应当申请人民法院强制执行。

《中华人民共和国个人信息保护法》（2021年8月20日）

第六十六条第一款　违反本法规定处理个人信息，或者处理个人信息未履行本法规定的个人信息保护义务的，由履行个人信息保护职责的部门责令改正，给予警告，没收违法所得，对违法处理个人信息的应用程序，责令暂停或者终止提供服务；拒不改正的，并处一百万元以下罚款；对直接负责的主管人员和其他直接责任人员处一万元以上十万元以下罚款。

第二十七条　【违反禁止安装有关规定的责任】违反本条例第八条第一款规定安装图像采集设备及相关设施的，由公安机关没收相关设备设施，删除所收集的视频图像信息，对违法个人并处5000元以上1万元以下罚款，对违法单位并处1万元以上2万元以下罚款，对其直接负责的主管人员和其他直接责任人员处5000元以上1万元以下罚款；偷窥、偷拍、窃听他人隐私，构成违反治安管理行为的，依法给予治安管理处罚；构成犯罪的，依法追究刑事责任。

对相应区域、部位负有经营管理责任的单位或者个人未履行本条例第八条第二款规定的日常管理和检查义务的，由公安机关责令改正；拒不改正或者造成严重后果的，对违法个人处5000元以上1万元以下罚款，对违法单位处1万元以上2万元以下罚款，对其直接负责的主管人员和其他直接责任人员处5000元以上1万元以下罚款，并通报有关主管部门根据情节轻重责令暂停相关业务或者停业整顿、吊销相关业务许可或者吊销营业执照。

【本条主旨】

本条是关于违反本《条例》第八条规定之行为的处置的规定。

【内容解读】

本条规定了分别违反本《条例》第八条规定的行为的法律责任，相关行为在执法时分别表述为“在禁止区域、部位安装图像采集设备设施”和“未履行日常管理和检查义务”。本条对禁止区域安装行为的处罚要严于第二十六条对无关主体违规安装行为的处罚，特别是增加了对相关经营管理主体未履行第八条第二款规定的日常管理和检查义务的处罚，内容主要包括以下几个方面。

一是明确了违反本《条例》第八条规定，在禁止安装区域、部位安装图像采集设备及相关设施的法律责任。违反该款规定的行为主体为一般主体，即任何单位和个人；主观方面为故意；违法行为的表现形式为擅自在第八条规定的公共场所的区域、部位安装图像采集设备及相关设施。对于该类行为，不需要先责令改正而是直接作出处罚，由公安机关没收相关设备设施，删除所收集的视频图像信息，对违法个人并处5000元以上1万元以下罚款，对违法单位并处1万元以上2万元以下罚款，对其直接负责的主管人员和其他直接责任人员处5000元以上1万元以下罚款；偷窥、偷拍、窃听他人隐私，构成违反治安管理行为的，依法给予治安管理处罚；构成犯罪的，依法追究刑事责任。

二是明确了对禁止安装图像采集设备及相关设施的公共场所负有经营管理责任的单位或者个人未履行日常管理和检查义务的法律责任。根据本条规定，对该负有经营管理责任的单位或个人，由公安机关责令改正；拒不改正或者造成严重后果的，对违法个人处5000元以上1万元以下罚款，对违法单位处1万元以上2万元以下罚款，对其直接负责的主管人员和其他直接责任人员处5000元以上1万元以下罚款，并通报有关主管部门根据情节轻重责令暂停相关业务或者停业整顿、吊销相关业务许可或者吊销营业执照。

【实务要点】

本条是对在禁止区域、部位安装图像采集设备及相关设施的行为的处罚规定，处罚力度要严于本《条例》

第二十六条对无关主体乱安装的行为。本《条例》对多数违反规定的行为的处置，均以责令改正或责令限期改正为前置程序，但对于在违反本《条例》第八条第一款规定的行为，直接由公安机关没收相关设备设施，删除所收集的视频图像信息，并处以罚款。

本条特别设置了对相关经营管理主体未履行本《条例》第八条第二款规定的日常管理和检查义务的处罚。需要注意的是，对于负有经营管理责任的单位或者个人未履行日常管理和检查义务的，通常应当采取责令改正措施。但对于因其怠于履行义务造成严重后果（如导致个人隐私信息大量泄露、隐私被泄露者自杀、引发重大负面舆情等），公安机关可以直接处以罚款，并通报有关主管部门根据情节轻重责令暂停相关业务或者停业整顿、吊销相关业务许可或者吊销营业执照，无须以责令改正作为前置措施。为免予承担怠于履行日常管理和检查义务的指控，相关单位和个人应当注意建立完善的日常管理和检查制度或流程，留存管理和检查记录。在发生违反本《条例》第八条第一款规定的行为时，相关单位和个人可以将这些记录用作证明其已经尽到日常管理和检查义务的证据。

关于本条的适用，还需注意与《中华人民共和国治安管理处罚法》等法律法规的衔接。本条第一款处罚的是违法安装行为，对于图像采集设备及相关设施已经运行并实际采集公民隐私信息的，安装行为已被偷窥、偷拍、窃听行为所吸收，应当按照《中华人民共和国治安管理处罚法》规定处罚；构成犯罪的，按照《中华人民共和国刑法》处罚。

【参考依据】

《中华人民共和国治安管理处罚法》（2025 年 6 月 27 日）

第五十条 有下列行为之一的，处五日以下拘留或者一千元以下罚款；情节较重的，处五日以上十日以下拘留，可以并处一千元以下罚款：

……

（六）偷窥、偷拍、窃听、散布他人隐私的。

《旅馆业治安管理办法》（2022 年 3 月 29 日）

第九条 旅馆工作人员发现违法犯罪分子，行迹可疑的人员和被公安机关通缉的罪犯，应当立即向当地公安机关报告，不得知情不报或隐瞒包庇。

第十六条 旅馆工作人员违反本办法第九条规定的，

公安机关可以酌情给予警告或者处以200元以下罚款；情节严重构成犯罪的，依法追究刑事责任。

旅馆负责人参与违法犯罪活动，其所经营的旅馆已成为犯罪活动场所的，公安机关除依法追究其责任外，对该旅馆还应当会同工商行政管理部门依法处理。

《重庆市公共安全视频图像信息系统管理办法》（2016年6月17日）

第二十九条　违反本办法规定，在涉及公共安全的区域和场所建设公共安全视频图像信息系统，或者在可能泄露国家秘密、商业秘密和个人隐私的区域和场所建设公共安全视频图像信息系统、安装其他具有视频图像采集功能的设备、设施的，由公安机关责令限期拆除；拒不拆除的，依法申请人民法院强制拆除；单位安装的，对单位处3000元以上3万元以下罚款，其中，对属非经营活动中的违法行为处1000元罚款；个人安装的，对个人处500元以上1000元以下罚款。

第二十八条　【未征得涉密单位同意安装的责任】未依照本条例第十条规定征得相关涉

密单位同意安装图像采集设备及相关设施的，由公安机关没收相关设备设施，删除所收集的视频图像信息，对违法个人并处5000元以上1万元以下罚款，对违法单位并处1万元以上2万元以下罚款，对其直接负责的主管人员和其他直接责任人员处5000元以上1万元以下罚款；非法获取国家秘密、军事秘密的，依照有关法律的规定给予处罚；构成犯罪的，依法追究刑事责任。

【本条主旨】

本条是关于违反本《条例》第十条规定之行为的法律责任的规定。

【内容解读】

违反本《条例》第十条规定之行为，在执法时名称表述为“未经涉密单位同意安装图像采集设备设施”。

根据本《条例》第十条规定，在涉密单位周边安装图像采集设备及相关设施，应当事先征得涉密单位同意。安装主体未征得涉密单位同意而安装的，应当依照本条规定进行处罚。由于在涉密单位周边安装图像采集设备及相关设施，所采集信息可能涉及国家秘密和国家安全，其潜在危害较大，因而本《条例》对违反第十条规定的行为的法律责任也比其他非法安装行为更严格。违反该款规定的行为主体为一般主体，即任何单位和个人；主观方面为故意；违法行为的表现形式为未征得相关涉密单位同意擅自在涉密单位周边安装图像采集设备及相关设施。

本条中规定的处罚构成对该类危害行为的多层面处置：首先，没收相关设备设施，是从源头上杜绝违法行为继续产生危害后果的直接手段，防止这些未经授权安装的设备持续采集可能涉及涉密信息的视频图像。其次，删除所收集的视频图像信息，可以避免已采集的信息因不当留存而引发涉密风险，最大限度降低涉密信息泄露的可能性。再次，对于违法个人、单位和单位中直接负责的主管人员、其他责任人员并处罚款，以经济手段强化相关人员对法规的敬畏之心，督促单位开展合规运营。最后，如果行为人安装图像采集设备及相关设施后进一步实施非法获取国家秘密、军事秘密等行为，还应根据行为类型和危害程度，依照《中华人民共和国刑法》等法律法规予以处罚。

【实务要点】

实务中，本条规定的适用需要注意以下几点：

第一，行为人不知周边有涉密单位的，不得适用本条处罚。《中华人民共和国军事设施保护法》第十二条规定，军事禁区、军事管理区应当由县级以上地方人民政府按照国家统一规定的样式设置标志牌。但客观上，确实也存在一些涉密单位未挂牌或设置标志牌，周边单位或个人无从知悉其为涉密单位的情形。对于行为人因不知周边有涉密单位，安装图像采集设备及相关设施时未事先征得该单位意见的，不能适用本条规定处罚。但自其获悉周边有涉密单位时起，应当暂停图像采集设备及相关设施的运行，待征得该涉密单位同意后再继续运行设备；该涉密单位不同意安装的，应当拆除已经安装的图像采集设备及相关设施。在明知周边有涉密单位后，仍然继续安装或者运行图像采集设备及相关设施的，应当适用本条规定处罚。

第二，上级单位统一规划建设或者规划时已经征得相关涉密单位同意，安装时未再单独征得同意的，不得适用本条处罚。实践中，部分主体建设公共安全视频图像信息系统，会提前进行规划，并征得县级以上人民政府同意。例如，本《条例》第七条第一款规定的公共场所的系统建设，应当由政府统筹规划。对于纳入政府统一规划建设的系统，其安装应当视为已经征得该政府下设各国家机关的事先同意。规划时已经征求军事禁区、军事管理区意见，且未反馈异议的，也应视为已经征得其同意。因而，相关单位或个人未再单独征询这些涉密单位是否同意在其周边安装图像采集设备及相关设施的，不具有违法性，不得适用本条规定处罚。

第三，所要安装图像采集设备及相关设施虽然在物理距离上属于涉密单位的周边，但采集不到涉密单位的涉密信息的，即便其安装未征得涉密单位同意，也不宜适用本条规定处罚。本《条例》第十条的立法目的是保护涉密单位的涉密信息，而是否涉密，要求事先征得涉密单位同意，实际上是将所采集信息是否属于涉密信息的判断权交给了涉密单位。但涉密信息不能做过度解读，如图像采集设备只能拍摄到涉密单位围墙，拍不到墙内外任何人员、车辆等的活动的，即便该采集设备距离涉密单位较近，且未征得该单位事先同意，也不能认定为违反了本《条例》规定而根据本条规定处罚。

诚然，本《条例》第十条和本条规定面向预防涉密单位涉密信息的非法采集，图像采集设备如能采集到涉密单位信息，即便安装时做了角度遮挡，拍摄视角避开了涉密单位，但由于其今后仍存在拆除挡板并拍摄涉密单位的可能性，实践中宜要求安装前征得涉密单位同意，与涉密单位共同确定安装方式。对于自认为已经做了遮挡且确实不会拍摄到涉密单位信息的，公安机关在接到相关报案后不宜根据本条规定直接进行处罚，应当以无过错而不予处罚，但应当责令改正。

第四，安装主体对图像采集设备类型及采集范围等事项进行调整，应当重新征得涉密单位同意，违者应当按照本条规定处罚。安装主体就安装图像采集设备及相关设施征求涉密单位意见时，应当明确告知涉密单位其安装的设备类型、视频图像信息采集范围，并允许涉密单位核查这些信息的真实性。涉密单位同意安装后，安装主体调整设备类型和采集范围，有可能采集到涉密单位的活动信息的，应当重新征得该涉密单位的同意。如不重新征求同意，应认定为未征得同意，适用本条规定处罚。

【参考依据】

《中华人民共和国军事设施保护法》（2021年6月10日）

第三十六条　县级以上地方人民政府编制国民经济和社会发展规划、安排可能影响军事设施保护的建设项目，国务院有关部门、地方人民政府编制国土空间规划等规划，应当兼顾军事设施保护的需要，并按照规定书面征求有关军事机关的意见。必要时，可以由地方人民政府会同有关部门、有关军事机关对建设项目进行评估。

国务院有关部门或者县级以上地方人民政府有关部门审批前款规定的建设项目，应当审查征求军事机关意见的情况；对未按规定征求军事机关意见的，应当要求补充征求意见；建设项目内容在审批过程中发生的改变可能影响军事设施保护的，应当再次征求有关军事机关的意见。

有关军事机关应当自收到征求意见函之日起三十日内提出书面答复意见；需要请示上级军事机关或者需要勘察、测量、测试的，答复时间可以适当延长，但通常不得超过九十日。

第五十四条 违反本法第十八条、第二十三条、第二十四条规定，在陆地、水域军事禁区、军事管理区内建造、设置非军事设施，擅自开发利用陆地军事禁区、军事管理区地下空间，或者在划为军事管理区的军民合用港口地方管理的水域未征得军事设施管理单位同意建造、设置非军事设施的，由住房和城乡建设、自然资源、交通运输、渔业等主管部门责令停止兴建活动，对已建成的责令限期拆除。

《中华人民共和国保守国家秘密法》（2024年2月27日）

第五十七条 违反本法规定，有下列情形之一，根据情节轻重，依法给予处分；有违法所得的，没收违法所得：

（一）非法获取、持有国家秘密载体的；

……

（五）非法复制、记录、存储国家秘密的；

……

《中华人民共和国反间谍法》（2023年4月26日）

第六十一条 非法获取、持有属于国家秘密的文件、数据、资料、物品，以及非法生产、销售、持有、使用专用间谍器材，尚不构成犯罪的，由国家安全机关予以警告或者处十日以下行政拘留。

第二十九条　【违反备案义务的责任】 未依照本条例第十四条规定备案或者提供虚假备案信息的，由公安机关责令限期改正；拒不改正的，处1万元以下罚款。

【本条主旨】

本条是关于违反本《条例》第十四条规定之行为的法律责任的规定。

【内容解读】

违反本《条例》第十四条规定的行为，在执法时名称分别表述为“未按规定备案公共安全视频系统”“提供公共安全视频系统虚假备案信息”。

备案制度是公安机关依法加强公共安全视频系统监管的基础。如果不能及时、准确地掌握公共安全视频系统的建设底数，公安机关难以开展有效监督管理，也就无法达成本《条例》规范公共安全视频系统建设、使用的立法目的。因此，本条要求，对违反本《条例》规定，不依法进行公共安全视频系统备案或者提供虚假备案信息的行为进行处罚。

本《条例》中负有备案义务的主体仅限于依据本《条例》第七条规定建设的公共安全视频系统的管理单位。其中，国家机关之外的管理单位违反备案义务或备案信息真实性保障义务的，由公安机关责令限期改正；拒不改正的，处1万元以下罚款。对于具有备案义务的国家机关，违反备案义务或备案信息真实性保障义务的，应当由公安机关或者其上级机关责令限期改正；对于拒不改正的，应当依据本《条例》第三十二条规定，对直接负责的主管人员和其他直接责任人员依法给予处分。

【实务要点】

备案是一种事后监督，虽然不是行政许可，但同样是一项非常严肃的工作。未按规定办理备案，或者提供虚假备案信息，应当追究相应法律责任。

在本条适用时，应当注意准确把握“不履行备案义务”和“提供虚假备案信息”。其中，不履行备案义务是指未在本《条例》规定期限内向公安机关提交备案材料；提供虚假备案信息是指所提交的备案材料中存在虚假信息，如故意漏报图像采集设备数量、错报设备安装位置和采集范围。

【参考依据】

《中华人民共和国道路运输条例》（2023年7月20日）

第六十五条　违反本条例的规定，未经许可擅自从事道路旅客运输站（场）经营的，由县级以上地方人民政府交通运输主管部门责令停止经营；有违法所得的，没收违法所得，处违法所得2倍以上10倍以下的罚款；没有违法所得或者违法所得不足1万元的，处2万元以上5万元以下的罚款；构成犯罪的，依法追究刑事责任。

从事机动车维修经营业务不符合国务院交通运输主管部门制定的机动车维修经营业务标准的，由县级以上地方人民政府交通运输主管部门责令改正；情节严重的，由县级以上地方人民政府交通运输主管部门责令停业整顿。

从事道路货物运输站（场）经营、机动车驾驶员培训业务，未按规定进行备案的，由县级以上地方人民政府交通运输主管部门责令改正；拒不改正的，处5000元以上2万元以下的罚款。

从事机动车维修经营业务，未按规定进行备案的，由县级以上地方人民政府交通运输主管部门责令改正；拒不改正的，处3000元以上1万元以下的罚款。

备案时提供虚假材料情节严重的，其直接负责的主管人员和其他直接责任人员5年内不得从事原备案的业务。

《麻醉药品和精神药品管理条例》（2024年12月6日）

第六十九条　定点批发企业违反本条例的规定，有下列情形之一的，由药品监督管理部门责令限期改正，给予警告；逾期不改正的，责令停业，并处2万元以上5万元以下的罚款；情节严重的，取消其定点批发资格：

（一）未依照规定购进麻醉药品和第一类精神药品的；

（二）未保证供药责任区域内的麻醉药品和第一类精神药品的供应的；

（三）未对医疗机构履行送货义务的；

（四）未依照规定报告麻醉药品和精神药品的进货、销售、库存数量以及流向的；

（五）未依照规定储存麻醉药品和精神药品，或者未依照规定建立、保存专用账册的；

（六）未依照规定销毁麻醉药品和精神药品的；

（七）区域性批发企业之间违反本条例的规定调剂麻醉药品和第一类精神药品，或者因特殊情况调剂麻醉药品和第一类精神药品后未依照规定备案的。

《北京市公共安全图像信息系统管理办法》（2006年12月15日）

第二十二条　违反本办法第十一条的规定，不遵守备案制度的，由公安机关责令改正，并对单位处1000元以上1万元以下的罚款，对单位主要负责人、直接责任人员分别处500元以下的罚款。

《重庆市公共安全视频图像信息系统管理办法》（2016年6月17日）

第三十一条　违反本办法第十六条、第十七条规定的，由公安机关责令限期改正；逾期未改正的，处1000元以下罚款。

《大同市公共安全视频图像信息系统管理办法》（2008年1月28日）

第二十七条　违反本办法，未按规定备案的，由公安机关给予警告，责令限期改正；逾期不改正的，对单位处1000元以下罚款，属于经营性单位的处1000元以上5000元以下罚款。

第三十条　【妨碍系统运行的责任】违反本条例第二十三条第二项规定擅自改动、迁移、拆除图像采集设备及相关设施的，由公安机关责令改正，给予警告；拒不改正或者造成严重后果的，对违法个人处5000元以下罚款，对违法单位处5000元以上1万元以下罚款，对其直接负责的主管人员和其他直接责任人员处5000元以下罚款。

【本条主旨】

本条是关于违反本《条例》第二十三条第二项前半段规定之行为的法律责任的规定。

【内容解读】

违反本《条例》第二十三条第二项前半段规定的违法行为，在执法时名称表述为“擅自改动、迁移、拆除图像采集设备及相关设施”。

根据本条规定，“擅自改动、迁移、拆除图像采集设备及相关设施”行为的构成及法律责任如下：

一是违法主体为一般主体，即任何单位和个人均有可能构成本条违法行为；行为的主观方面为故意。

二是违法行为的表现形式。擅自改动、迁移、拆除依据本《条例》第七条规定安装的图像采集设备及相关设施。改变公共安全视频图像信息系统的用途、信息采集范围、设备类型、传输链路等，属于本条规定的“改动”。因道路施工等临时移动图像采集设备立杆等设施，移动时间短，在公安机关处置之前即已自行恢复原状的，公安机关可不再进行处置。因改动、迁移、拆除行为导致图像采集设备不能正常运行，未能拍摄到该期间在所拍摄公共场所的重要信息（如违法犯罪嫌疑人出入该公共场所的信息），应当理解为“造成严重后果”，根据本条规定处罚。

三是违法行为承担的法律责任。第一，由公安机关责令改正，给予警告。第二，拒不改正或者造成严重后果的，对个人处 5000 元以下罚款。第三，单位有前款行为的，处 5000 元以上 1 万元以下罚款，并对直接负责的主管人员和其他直接责任人员处 5000 元以下罚款。

【实务要点】

本条处罚的是无权主体拆除、改动、迁移依据本《条例》第七条规定建设的图像采集设备及相关设施的行为。对于该图像采集设备及相关设施的管理单位，其拆除、改动、迁移行为通常不能认定为擅自实施，不能适用本条规定处置。但不适用本条规定，并不等于其行为一定合法，而是要根据具体情形，考虑适用条款处罚的可能性。例如，拆除、改动、迁移行为可能导致备案信息发生变更，管理单位应当依法办理备案变更，拒不办理变更手续的，应当以其不履行备案义务，依据本《条例》第二十九条规定进行处置。

【参考依据】

《城市照明管理规定》（2010年5月27日）

第二十八条 任何单位和个人都应当保护城市照明设施，不得实施下列行为：

……

（五）擅自迁移、拆除、利用城市照明设施；

（六）其他可能影响城市照明设施正常运行的行为。

第三十二条 违反本规定，有第二十八条规定行为之一的，由城市照明主管部门责令限期改正，对个人处以200元以上1000元以下的罚款；对单位处以1000元以上3万元以下的罚款；造成损失的，依法赔偿损失。

《重庆市公共安全视频图像信息系统管理办法》（2016年6月17日）

第三十四条　违反本办法第二十七条规定的，由公安机关责令限期改正，并对单位处1000元罚款，对单位负责的主管人员和其他直接责任人员处500元以下罚款；对个人处500元以上1000元以下罚款；构成犯罪的，依法追究刑事责任。

第三十一条　【法律衔接】违反本条例规定，未履行网络安全、数据安全和个人信息保护义务，或者非法对外提供、公开传播视频图像信息的，依照《中华人民共和国网络安全法》、《中华人民共和国数据安全法》、《中华人民共和国个人信息保护法》的规定给予处罚；构成违反治安管理行为的，依法给予治安管理处罚；构成犯罪的，依法追究刑事责任。

【本条主旨】

本条是关于违反本《条例》规定，未履行网络安全、数据安全和个人信息保护义务，或者非法对外提供、公开传播视频图像信息的法律责任的规定。

【内容解读】

公共安全视频系统承载着海量的视频图像信息，这些信息不仅关乎公共安全，系统和信息本身也承载着网络安全、数据安全与个人信息安全。本《条例》在多个条款中重申了《中华人民共和国网络安全法》《中华人民共和国数据安全法》《中华人民共和国个人信息保护法》等法律法规有关网络安全、数据安全和个人信息保护义务的规定。如不履行这些义务，理应进行相应处罚。由于这些上位法或前置立法已经对违反网络安全、数据安全和个人信息保护义务的行为作出处罚规定，本《条例》无须另行规定罚则，执法中只需援引上位法或其他法律法规进行处罚即可。

本《条例》第二十三条第一项规定明确禁止非法对外提供或者公开传播公共安全视频系统收集的视频图像信息。非法对外提供、公开传播视频图像信息实际上是一种违反网络安全、数据安全或个人信息保护义务的行为。根据对外提供的方式、信息内容、信息的重要程度等具体情况，非法对外提供、公开传播视频图像信息的行为有可能分别触犯《中华人民共和国网络安全法》《中华人民共和国数据安全法》《中华人民共和国个人信息保护法》。因此，即便不单独规定，非法对外提供、公开传播视频图像信息的行为，也能作为违反三部法律之一的行为进行处置。将违反本《条例》规定非法对外提供、公开传播视频图像信息的行为单独进行规定，凸显了立法对惩治这一类违法行为的重视。由于非法对外提供和公开传播的视频图像信息常被发布于互联网，也是公众易于感知的涉及公共安全视频系统违法行为，因而执法机关应当予以重点关注，积极开展网络巡查，主动发现和打击这类违法行为。

本条还规定，违反本条例规定，未履行网络安全、数据安全和个人信息保护义务，或者非法对外提供、公开传播视频图像信息，构成违反治安管理行为的，依法给予治安管理处罚；构成犯罪的，依法追究刑事责任。依据《中华人民共和国治安管理处罚法》第十八条规定，单位违反治安管理的，对其直接负责的主管人员和其他直接责任人员依照该法的规定处罚。其他法律、行政法规对同一行为规定给予单位处罚的，依照其规定处罚。

2025 年修订的《中华人民共和国治安管理处罚法》于 2026 年 1 月 1 日正式实施，因而在 2025 年，违反本《条例》，同时构成违反治安管理行为的，应当根据修订前的《中华人民共和国治安管理处罚法》处理。

【实务要点】

需要注意的是，本《条例》第二十五条至第三十条规定的法律责任，由公安机关负责追究。但是，根据本条规定适用《中华人民共和国个人信息保护法》《中华人民共和国网络安全法》《中华人民共和国数据安全法》等进行处罚时，有权处罚主体不限于公安机关。例如，个人违反本《条例》第二十一条规定，非法对外提供或者公开传播涉及公共安全、个人隐私和个人信息的视频图像信息的，应当根据《中华人民共和国个人信息保护法》第二十五条、第六十六条规定进行处罚。此时可以作出处罚的主体是履行个人信息保护职责的部门。根据《中华人民共和国个人信息保护法》第六十条规定，国家网信部门、国务院有关部门、县级以上地方人民政府有关部门均可以在各自职责范围内作出处罚。

【参考依据】

《中华人民共和国数据安全法》（2021年6月10日）

第四十五条　开展数据处理活动的组织、个人不履行本法第二十七条、第二十九条、第三十条规定的数据安全保护义务的，由有关主管部门责令改正，给予警告，可以并处五万元以上五十万元以下罚款，对直接负责的主管人员和其他直接责任人员可以处一万元以上十万元以下罚款；拒不改正或者造成大量数据泄露等严重后果的，处五十万元以上二百万元以下罚款，并可以责令暂停相关业务、停业整顿、吊销相关业务许可证或者吊销营业执照，对直接负责的主管人员和其他直接责任人员处五万元以上二十万元以下罚款。

违反国家核心数据管理制度，危害国家主权、安全和发展利益的，由有关主管部门处二百万元以上一千万元以下罚款，并根据情况责令暂停相关业务、停业整顿、吊销相关业务许可证或者吊销营业执照；构成犯罪的，依法追究刑事责任。

第五十二条　违反本法规定，给他人造成损害的，依法承担民事责任。

违反本法规定，构成违反治安管理行为的，依法给予治安管理处罚；构成犯罪的，依法追究刑事责任。

《中华人民共和国网络安全法》（2016 年 11 月 7 日）

第五十九条 网络运营者不履行本法第二十一条、第二十五条规定的网络安全保护义务的，由有关主管部门责令改正，给予警告；拒不改正或者导致危害网络安全等后果的，处一万元以上十万元以下罚款，对直接负责的主管人员处五千元以上五万元以下罚款。

关键信息基础设施的运营者不履行本法第三十三条、第三十四条、第三十六条、第三十八条规定的网络安全保护义务的，由有关主管部门责令改正，给予警告；拒不改正或者导致危害网络安全等后果的，处十万元以上一百万元以下罚款，对直接负责的主管人员处一万元以上十万元以下罚款。

第六十条 违反本法第二十二条第一款、第二款和第四十八条第一款规定，有下列行为之一的，由有关主管部门责令改正，给予警告；拒不改正或者导致危害网络安全等后果的，处五万元以上五十万元以下罚款，对直接负责的主管人员处一万元以上十万元以下罚款：

（一）设置恶意程序的；

（二）对其产品、服务存在的安全缺陷、漏洞等风险未立即采取补救措施，或者未按照规定及时告知用户并向有关主管部门报告的；

（三）擅自终止为其产品、服务提供安全维护的。

第六十三条　违反本法第二十七条规定，从事危害网络安全的活动，或者提供专门用于从事危害网络安全活动的程序、工具，或者为他人从事危害网络安全的活动提供技术支持、广告推广、支付结算等帮助，尚不构成犯罪的，由公安机关没收违法所得，处五日以下拘留，可以并处五万元以上五十万元以下罚款；情节较重的，处五日以上十五日以下拘留，可以并处十万元以上一百万元以下罚款。

单位有前款行为的，由公安机关没收违法所得，处十万元以上一百万元以下罚款，并对直接负责的主管人员和其他直接责任人员依照前款规定处罚。

违反本法第二十七条规定，受到治安管理处罚的人员，五年内不得从事网络安全管理和网络运营关键岗位的工作；受到刑事处罚的人员，终身不得从事网络安全管理和网络运营关键岗位的工作。

第六十四条第二款　违反本法第四十四条规定，窃取或者以其他非法方式获取、非法出售或者非法向他人提供个人信息，尚不构成犯罪的，由公安机关没收违法所得，并处违法所得一倍以上十倍以下罚款，没有违法所得的，处一百万元以下罚款。

第七十四条 违反本法规定，给他人造成损害的，依法承担民事责任。

违反本法规定，构成违反治安管理行为的，依法给予治安管理处罚；构成犯罪的，依法追究刑事责任。

《中华人民共和国个人信息保护法》（2021年8月20日）

第六十六条 违反本法规定处理个人信息，或者处理个人信息未履行本法规定的个人信息保护义务的，由履行个人信息保护职责的部门责令改正，给予警告，没收违法所得，对违法处理个人信息的应用程序，责令暂停或者终止提供服务；拒不改正的，并处一百万元以下罚款；对直接负责的主管人员和其他直接责任人员处一万元以上十万元以下罚款。

有前款规定的违法行为，情节严重的，由省级以上履行个人信息保护职责的部门责令改正，没收违法所得，并处五千万元以下或者上一年度营业额百分之五以下罚款，并可以责令暂停相关业务或者停业整顿、通报有关主管部门吊销相关业务许可或者吊销营业执照；对直接负责的主管人员和其他直接责任人员处十万元以上一百万元以下罚款，并可以决定禁止其在一定期限内担任相关企业的董事、监事、高级管理人员和个人信息保护负责人。

第六十七条　有本法规定的违法行为的，依照有关法律、行政法规的规定记入信用档案，并予以公示。

第七十一条　违反本法规定，构成违反治安管理行为的，依法给予治安管理处罚；构成犯罪的，依法追究刑事责任。

《中华人民共和国刑法》（2023 年 12 月 29 日）

第二百五十三条之一　违反国家有关规定，向他人出售或者提供公民个人信息，情节严重的，处三年以下有期徒刑或者拘役，并处或者单处罚金；情节特别严重的，处三年以上七年以下有期徒刑，并处罚金。

违反国家有关规定，将在履行职责或者提供服务过程中获得的公民个人信息，出售或者提供给他人的，依照前款的规定从重处罚。

窃取或者以其他方法非法获取公民个人信息的，依照第一款的规定处罚。

单位犯前三款罪的，对单位判处罚金，并对其直接负责的主管人员和其他直接责任人员，依照各该款的规定处罚。

第三十二条　【国家机关及其工作人员在履职中的违法责任追究】公安机关及其工作人员在履行公共安全视频系统建设、使用、监督管理职责过程中，违反本条例规定，或者有其他滥用职权、玩忽职守、徇私舞弊行为的，由上级公安机关或者有关主管部门责令改正，对负有责任的领导人员和直接责任人员依法给予处分；构成犯罪的，依法追究刑事责任。

其他国家机关及其工作人员在履行公共安全视频系统建设、使用、相关管理职责过程中，违反本条例规定，或者在依照本条例第二十条规定查阅、调取视频图像信息过程中，有滥用职权、玩忽职守、徇私舞弊行为的，由其上级机关或者有关主管部门责令改正，对负有责任的领导人员和直接责任人员依法给予处分；构成犯罪的，依法追究刑事责任。

【本条主旨】

本条是关于公职人员渎职行为和国家机关不履行相关义务承担的法律责任的规定。

【内容解读】

本条立法目的在于约束和规范国家机关及其工作人员在公共安全视频图像信息系统建设、使用及监督管理过程中的行为，以确保权力依法正确行使与相关责任有效落实。

公安机关在公共安全视频系统建设、使用和监督管理工作中肩负着重要职责，扮演着多重角色，因而本条第一款单独对公安机关及其工作人员的渎职或不遵守本《条例》的情形的处置作出规定。若公安机关及其工作人员在公共安全视频系统建设、使用和监督管理过程中违反本条例规定，如在系统建设招标环节违规操作，未遵循既定程序进行设备采购与安装，或在使用系统时泄露所采集的视频图像信息，或者在监督管理中玩忽职守，对非法安装、使用公共安全视频系统的行为视而不见等，均属于本条规制范畴。一旦出现上述情形，上级公安机关或者有关主管部门将责令其改正，以及时纠正错误行为，防止危害进一步扩大。同时，对负有责任的领导人员和直接责任人员依法给予处分，依据违规情节轻重决定适用警告、记过、降职等处分。如果公安机关工作人员的行为构成犯罪，如通过滥用职权非法获取国家秘密或公民个人信息，达到刑法规定的犯罪标准，将依法追究其刑事责任。

其他国家机关及其工作人员，在履行公共安全视频系统建设、使用及相关管理职责时，如果出现违反本《条例》规定的行为，或者在依照本《条例》第二十条规定查阅、调取视频图像信息过程中有滥用职权、玩忽职守、徇私舞弊行为的，如因疏忽大意未妥善保管所调取信息导致泄露，同样应当由其上级机关或者有关主管部门责令改正，对负有责任的领导人员和直接责任人员依法给予处分；构成犯罪的，依法追究刑事责任。

【实务要点】

本条切实贯彻权力与责任对等原则。本《条例》赋予公安机关对公共安全视频系统建设使用进行监督管理的权力，必然要严格规范权力的行使，既要依法处置违法行为人，也要防止公安机关及其执法人员不当或者违法行使权力。在执法中有玩忽职守、徇私舞弊、滥用职权、索取或者收受他人财物等行为，必须承担相应的法律责任。这里的“法律责任”主要包括以下两点：一是给予处分。《中华人民共和国监察法》第五十二条第一款第二项规定，监察机关对违法的公职人员依照法定程序作出警告、记过、记大过、降级、撤职、开除等政务处分决定。《中华人民共和国公职人员政务处分法》第三条第一款、第二款规定，监察机关应当按照管理权限，加强对公职人员的监督，依法给予违法的公职人员政务处分。公职人员任免机关、单位应当按照管理权限，加强对公职人员的教育、管理、监督，依法给予违法的公职人员处分。《中华人民共和国人民警察法》对人民警察的处分等级、内容和结果运用等也作出明确规定。二是追究刑事责任。刑事责任，是指行为人触犯《中华人民共和国刑法》所应当承担的法律后果。承担刑事责任的主要方式是承担刑事处罚。因此，公安机关及其工作人员在履行职责时必须严格执行法律、法规的规定，正确履行法定职责，对玩忽职守、徇私舞弊、滥用职权、索取或者收受他人财物，情节严重，构成犯罪的，要依法追究刑事责任。《中华人民共和国监察法》第五十二条第一款第四项规定，对涉嫌职务犯罪的，监察机关经调查认为犯罪事实清楚，证据确实、充分的，制作起诉意见书，连同案卷材料、证据一并移送人民检察院依法审查、提起公诉。本条所列举的玩忽职守、徇私舞弊、滥用职权等行为，只是执法人员在开展相关执法时较为突出、常见的几种违法犯罪行为，并不是说执法人员只有实施了上述行为才应当承担相应的法律责任。执法人员如有本条规定之外的其他违法违纪或者犯罪行为的，也必须承担相应的法律责任。《中华人民共和国行政处罚法》第七章对行政机关及其执法人员实施行政处罚中的违法行为及应当承担的法律责任作了专章规定。执法人员如有相关违法行为，也必须承担相应的法律责任。

【参考依据】

《中华人民共和国网络安全法》（2016 年 11 月 7 日）

第五十九条　网络运营者不履行本法第二十一条、第二十五条规定的网络安全保护义务的，由有关主管部门责令改正，给予警告；拒不改正或者导致危害网络安全等后果的，处一万元以上十万元以下罚款，对直接负责的主管人员处五千元以上五万元以下罚款。

关键信息基础设施的运营者不履行本法第三十三条、第三十四条、第三十六条、第三十八条规定的网络安全保护义务的，由有关主管部门责令改正，给予警告；拒不改正或者导致危害网络安全等后果的，处十万元以上一百万元以下罚款，对直接负责的主管人员处一万元以上十万元以下罚款。

《中华人民共和国数据安全法》（2021年6月10日）

第四十九条　国家机关不履行本法规定的数据安全保护义务的，对直接负责的主管人员和其他直接责任人员依法给予处分。

第五十条　履行数据安全监管职责的国家工作人员玩忽职守、滥用职权、徇私舞弊的，依法给予处分。

《中华人民共和国个人信息保护法》（2021年8月20日）

第六十八条　国家机关不履行本法规定的个人信息保护义务的，由其上级机关或者履行个人信息保护职责的部门责令改正；对直接负责的主管人员和其他直接责任人员依法给予处分。

履行个人信息保护职责的部门的工作人员玩忽职守、滥用职权、徇私舞弊，尚不构成犯罪的，依法给予处分。

《中华人民共和国反恐怖主义法》（2018 年 4 月 27 日）

第九十四条 反恐怖主义工作领导机构、有关部门的工作人员在反恐怖主义工作中滥用职权、玩忽职守、徇私舞弊，或者有违反规定泄露国家秘密、商业秘密和个人隐私等行为，构成犯罪的，依法追究刑事责任；尚不构成犯罪的，依法给予处分。

反恐怖主义工作领导机构、有关部门及其工作人员在反恐怖主义工作中滥用职权、玩忽职守、徇私舞弊或者有其他违法违纪行为的，任何单位和个人有权向有关部门检举、控告。有关部门接到检举、控告后，应当及时处理并回复检举、控告人。

《中华人民共和国刑法》（2023 年 12 月 29 日）

第三百九十七条 国家机关工作人员滥用职权或者玩忽职守，致使公共财产、国家和人民利益遭受重大损失的，处三年以下有期徒刑或者拘役；情节特别严重的，处三年以上七年以下有期徒刑。本法另有规定的，依照规定。

国家机关工作人员徇私舞弊，犯前款罪的，处五年以下有期徒刑或者拘役；情节特别严重的，处五年以上十年以下有期徒刑。本法另有规定的，依照规定。

第三十三条　【非公共场所图像采集设备安装及信息管理规范】在非公共场所安装图像采集设备及相关设施，不得危害公共安全或者侵犯他人的合法权益，对收集到的涉及公共安全、个人隐私和个人信息的视频图像信息，不得非法对外提供或者公开传播。

违反前款规定的，依照本条例第三十一条规定给予处罚。

【本条主旨】

本条是关于在非公共场所安装图像采集设备应当遵守的义务以及违反该义务应当承担的法律责任的规定。

【内容解读】

本《条例》主要规范涉及公共场所的公共安全视频系统的建设和使用。居民住宅等非公共场所主要由居民自我管理，而单位内部办公区等区域虽然有一定公共属性，但也由单位自我管理为主，对于这些场所的图像采集设备及相关设施，是否安装，由谁来安装，如何安装，如何使用，一般由对于这些场所、区域负有安全防范义务的单位或个人自主决定。但是，一方面，许多在非公共场所安装的图像采集设备可以采集到公共场所的视频图像信息，有可能会超出自身安全防范需要，对公共安全和他人合法权益造成严重影响；另一方面，单位内部办公区等区域虽非本《条例》所指公共场所，但其有公共属性，擅自对外提供或公开传播相关视频图像信息，有可能导致单位和相关人员合法利益受损。为此，尽管公权力一般不介入行政相对人自我管理区域或场所图像采集设备的安装和使用，但为了防止这些场所和区域安装的图像采集设备损害他人合法权益、危害公共安全甚至国家安全，本《条例》对其安装行为和所采集信息的使用进行一定限制。

（一）在非公共场所安装图像采集设备及相关设施，不得危害公共安全或者侵犯他人的合法权益。相关单位或个人在非公共场所安装图像采集设备及相关设施的，应当承担审慎义务，尽可能将采集范围限定在该场所，谨慎避免采集该场所之外的其他场所信息，尤其应避免采集公共场所和重要单位、重要人员和重要活动的信息。

（二）在非公共场所安装图像采集设备及相关设施，对收集到的涉及公共安全、个人隐私和个人信息的视频图像信息，不得非法对外提供或者公开传播。即便在安装时尽到审慎义务，也可能无法完全避免采集到该场所之外的其他场所、人员和活动信息。为避免发生危害和侵权行为，有必要限制对所采集到的信息的使用行为。为此，本条禁止非法对外提供或者公开传播涉及公共安全、个人隐私和个人信息的视频图像信息。

【实务要点】

本《条例》第二十三条第一项禁止违反法律法规规定，对外提供或者公开传播公共安全视频系统收集的视频图像信息，与本条规定存在一定的差异：其一，禁止非法对外提供或者公开传播的视频图像信息来源不同。第二十三条第一项禁止对外提供或者公开传播公共安全视频系统收集的视频图像信息，而本条禁止非法提供或者公开传播非公共场所安装的图像采集设备采集的视频图像信息。其二，禁止非法对外提供或者公开传播的视频图像信息内容不同。第二十三条第一项禁止非法对外提供或者公开传播系统收集的所有视频图像信息，而本条仅禁止非法对外提供或者公开传播系统采集的涉及公共安全、个人隐私和个人信息的视频图像信息。

违反本条规定的，其处理方式与违反本《条例》第二十三条第一项相同。实务中，应当结合对外提供或者公开传播视频图像信息类型、提供或者传播主体、是否涉及数据出境等情形，分别适用相关法律法规处置。

【参考依据】

《中华人民共和国民法典》（2020 年 5 月 28 日）

第一千零三十三条　除法律另有规定或者权利人明确同意外，任何组织或者个人不得实施下列行为：

（一）以电话、短信、即时通讯工具、电子邮件、传单等方式侵扰他人的私人生活安宁；

（二）进入、拍摄、窥视他人的住宅、宾馆房间等私密空间；

（三）拍摄、窥视、窃听、公开他人的私密活动；

（四）拍摄、窥视他人身体的私密部位；

（五）处理他人的私密信息；

（六）以其他方式侵害他人的隐私权。

《中华人民共和国个人信息保护法》（2021年8月20日）

第十条　任何组织、个人不得非法收集、使用、加工、传输他人个人信息，不得非法买卖、提供或者公开他人个人信息；不得从事危害国家安全、公共利益的个人信息处理活动。

第六十六条　违反本法规定处理个人信息，或者处理个人信息未履行本法规定的个人信息保护义务的，由履行个人信息保护职责的部门责令改正，给予警告，没收违法所得，对违法处理个人信息的应用程序，责令暂停或者终止提供服务；拒不改正的，并处一百万元以下罚款；对直接负责的主管人员和其他直接责任人员处一万元以上十万元以下罚款。

有前款规定的违法行为，情节严重的，由省级以上履行个人信息保护职责的部门责令改正，没收违法所得，并处五千万元以下或者上一年度营业额百分之五以下罚款，并可以责令暂停相关业务或者停业整顿、通报有关主管部门吊销相关业务许可或者吊销营业执照；对直接负责的主管人员和其他直接责任人员处十万元以上一百万元以下罚款，并可以决定禁止其在一定期限内担任相关企业的董事、监事、高级管理人员和个人信息保护负责人。

《中华人民共和国数据安全法》（2021年6月10日）

第八条 开展数据处理活动，应当遵守法律、法规，尊重社会公德和伦理，遵守商业道德和职业道德，诚实守信，履行数据安全保护义务，承担社会责任，不得危害国家安全、公共利益，不得损害个人、组织的合法权益。

第四十五条 开展数据处理活动的组织、个人不履行本法第二十七条、第二十九条、第三十条规定的数据安全保护义务的，由有关主管部门责令改正，给予警告，可以并处五万元以上五十万元以下罚款，对直接负责的主管人员和其他直接责任人员可以处一万元以上十万元以下罚款；拒不改正或者造成大量数据泄露等严重后果的，处五十万元以上二百万元以下罚款，并可以责令暂停相关业务、停业整顿、吊销相关业务许可证或者吊销营业执照，对直接负责的主管人员和其他直接责任人员处五万元以上二十万元以下罚款。

违反国家核心数据管理制度，危害国家主权、安全和发展利益的，由有关主管部门处二百万元以上一千万元以下罚款，并根据情况责令暂停相关业务、停业整顿、吊销相关业务许可证或者吊销营业执照；构成犯罪的，依法追究刑事责任。

第四十六条　违反本法第三十一条规定，向境外提供重要数据的，由有关主管部门责令改正，给予警告，可以并处十万元以上一百万元以下罚款，对直接负责的主管人员和其他直接责任人员可以处一万元以上十万元以下罚款；情节严重的，处一百万元以上一千万元以下罚款，并可以责令暂停相关业务、停业整顿、吊销相关业务许可证或者吊销营业执照，对直接负责的主管人员和其他直接责任人员处十万元以上一百万元以下罚款。

《网络数据安全管理条例》（2024 年 9 月 24 日）

第八条　任何个人、组织不得利用网络数据从事非法活动，不得从事窃取或者以其他非法方式获取网络数据、非法出售或者非法向他人提供网络数据等非法网络数据处理活动。

任何个人、组织不得提供专门用于从事前款非法活动的程序、工具；明知他人从事前款非法活动的，不得为其提供互联网接入、服务器托管、网络存储、通讯传输等技术支持，或者提供广告推广、支付结算等帮助。

第五十八条　违反本条例其他有关规定的，由有关主管部门依照《中华人民共和国网络安全法》、《中华人民共和国数据安全法》、《中华人民共和国个人信息保护法》等法律的有关规定追究法律责任。

第三十四条　【施行日期】本条例自 2025 年 4 月 1 日起施行。

【本条主旨】

本条是关于本《条例》生效日期的规定。

【内容解读】

根据本条规定，自 2025 年 4 月 1 日起，在中华人民共和国境内从事公共安全视频系统的建设、使用及其监督管理，都应遵循本《条例》的规定。

【实务要点】

《公共安全视频图像信息系统管理条例》于 2024 年 12 月 16 日由国务院第 48 次常务会议通过，2025 年 1 月 13 日公布。由于其执行需要具备一定条件，因而其生效时间被定在 2025 年 4 月 1 日。对于在本《条例》生效前建设且仍在使用的公共安全视频系统，如其建于本《条例》第七条规定的公共场所，仍应当按照本《条例》规定进行备案，且备案应于 2025 年 7 月 1 日之前完成。此外，本《条例》生效之前，一些省市区和部分城市已经制定并实施涉及公共安全视频系统管理的地方性法规、地方政府规章，这些法规规章中与本《条例》相抵触的内容，应当自本《条例》生效时予以废止。

【参考依据】

《行政法规制定程序条例》（2017 年 12 月 22 日）

第二十九条　行政法规应当自公布之日起 30 日后施行；但是，涉及国家安全、外汇汇率、货币政策的确定以及公布后不立即施行将有碍行政法规施行的，可以自公布之日起施行。

附录：关联法规

公共安全视频图像信息系统监督管理工作规定

（2025 年 5 月 21 日　公通字〔2025〕11 号）

第一条　为了保障《公共安全视频图像信息系统管理条例》（以下简称《条例》）的贯彻实施，规范公安机关对公共安全视频图像信息系统（以下简称“公共安全视频系统”）建设、使用的监督管理，制定本规定。

第二条　公安机关依照《条例》规定，对建设、使用公共安全视频系统实施监督管理，适用本规定。

第三条　公安机关开展公共安全视频系统监督管理工作，应当遵循依法依规、分工负责、分类监管、便捷高效的原则。

第四条　公安机关科技信息化部门统筹负责公共安全视频系统建设、使用的监督管理工作。

公安机关治安管理、反恐怖、网络安全保卫部门在各自职责范围内，负责公共安全视频系统建设、使用的监督管理工作。

铁路、民航等行业公安机关和移民管理机构在各自管辖范围内，负责公共安全视频系统建设、使用的监督管理工作。

第五条 公共安全视频系统管理单位可以通过线上或者线下方式办理《条例》第十四条规定的备案。

公安机关统一建设部署公共安全视频图像信息系统备案平台，支持通过线上方式办理备案。

第六条 公共安全视频系统管理单位办理备案时，应当提供经办人身份证件和加盖单位公章的委托办理备案授权书，并如实填写以下备案信息或者提交备案材料：

（一）公共安全视频系统管理单位基本信息，包括单位名称、类型、统一社会信用代码等；

（二）公共安全视频系统基本信息，包括系统建设位置（含图像采集设备相关信息）、数量及功能类型、视频图像信息存储期限等。

第七条 申请人通过线上方式备案的，县级公安机关应当在申请提交之日起5个工作日内，对备案信息齐全的，予以备案；对备案信息不齐全的，一次性告知申请人需要补正的信息。

第八条 申请人通过线下方式备案的，县级公安机关应当在政务服务大厅公安窗口或者公安机关办事窗口接收备案申请材料。备案材料齐全的，由窗口工作人员录入公共安全视频图像信息系统备案平台，予以备案；备案材料不齐全的，应当当场一次性告知申请人需要补正的材料。

对窗口接收的备案材料，应当在一个月内转交至县级公安机关科技信息化部门归档。

第九条 公共安全视频系统管理单位办理备案变更的，县级公安机关应当按照第七条、第八条的规定及时受理备案变更信息。

第十条 公安机关依法对公共安全视频系统的建设、使用情况开展监督检查。检查内容包括：

（一）建设安装主体是否符合《条例》规定；

（二）是否设置显著的提示标识；

（三）是否拍摄涉密单位信息；

（四）是否备案以及备案信息是否真实；

（五）系统是否正常运行；

（六）是否建立系统监看、管理等重要岗位人员的入职审查、保密教育、岗位培训，以及信息调用登记等管理制度；

（七）视频图像信息的保存期限是否符合《条例》规定；

（八）是否按照相关标准开展公共安全视频系统建设，并妥善保管设计、施工、检验、验收等工作的档案资料；

（九）图像采集设备的安装位置、拍摄角度和数据采集范围是否符合《条例》和强制性标准规定；

（十）公共安全视频系统采用的产品、服务是否符合国家标准的强制性要求；

（十一）是否采用完善的防攻击、防入侵、防病毒、防篡改、防泄露等安全技术措施；

（十二）是否定期维护设备设施；

（十三）是否采取规范内部人员查阅处理视频图像信息的授权管理、访问控制等技术措施。

第十一条　公安机关根据工作需要，通过一般检查和专业检查方式，对公共安全视频系统的建设使用情况依法开展监督检查。

一般检查主要由公安派出所实施，重点检查本规定第十条第一项至第七项内容。专业检查由公安机关科技信息化部门组织实施，重点检查本规定第十条第八项至第十三项内容。

第十二条　公安机关对《条例》第七条规定以外的其他公共场所开展监督检查，应当遵守《条例》第九条规定，重点检查本规定第十条第一项至第三项内容。

第十三条 公安机关开展公共安全视频系统监督检查应当制作检查笔录，使用执法记录仪记录检查情况。

第十四条 监督检查中发现违反《条例》规定的情形，公安机关应当依法责令改正、责令限期改正或者作出行政处罚决定；构成犯罪的，依法追究刑事责任。

第十五条 公安机关应当在责令改正作出之日或者责令限期改正期满之日起3个工作日内，对整改情况进行复查。复查情况应当如实记录。

第十六条 有关单位或者个人根据《条例》第二十四条规定向公安机关举报的，公安机关应当及时核查。

第十七条 公安机关应当建立完善公共安全视频系统监督检查工作机制，加强信息共享和协作配合，防止多头检查、重复检查。

第十八条 县级以上公安机关应当配备与公共安全视频系统监督管理工作相适应的专职民警。

第十九条 公安机关科技信息化部门应当加强对系统备案和监督检查工作的指导培训和技术支持。

第二十条 公安机关及其工作人员在履行监督管理职责中，玩忽职守、滥用职权、徇私舞弊的，依法给予处分；构成犯罪的，依法追究刑事责任。

第二十一条 各省级公安机关和铁路、民航等行业公安机关可以依据本规定制定实施细则。

第二十二条 本规定自印发之日起施行。

中华人民共和国个人信息保护法

（2021年8月20日第十三届全国人民代表大会常务委员会第三十次会议通过 2021年8月20日中华人民共和国主席令第91号公布 自2021年11月1日起施行）

目 录

第一章　总　　则

第一条　为了保护个人信息权益，规范个人信息处理活动，促进个人信息合理利用，根据宪法，制定本法。

第二条　自然人的个人信息受法律保护，任何组织、个人不得侵害自然人的个人信息权益。

第三条　在中华人民共和国境内处理自然人个人信息的活动，适用本法。

在中华人民共和国境外处理中华人民共和国境内自然人个人信息的活动，有下列情形之一的，也适用本法：

（一）以向境内自然人提供产品或者服务为目的；

（二）分析、评估境内自然人的行为；

（三）法律、行政法规规定的其他情形。

第四条　个人信息是以电子或者其他方式记录的与已识别或者可识别的自然人有关的各种信息，不包括匿名化处理后的信息。

个人信息的处理包括个人信息的收集、存储、使用、加工、传输、提供、公开、删除等。

第五条 处理个人信息应当遵循合法、正当、必要和诚信原则，不得通过误导、欺诈、胁迫等方式处理个人信息。

第六条 处理个人信息应当具有明确、合理的目的，并应当与处理目的直接相关，采取对个人权益影响最小的方式。

收集个人信息，应当限于实现处理目的的最小范围，不得过度收集个人信息。

第七条 处理个人信息应当遵循公开、透明原则，公开个人信息处理规则，明示处理的目的、方式和范围。

第八条 处理个人信息应当保证个人信息的质量，避免因个人信息不准确、不完整对个人权益造成不利影响。

第九条 个人信息处理者应当对其个人信息处理活动负责，并采取必要措施保障所处理的个人信息的安全。

第十条 任何组织、个人不得非法收集、使用、加工、传输他人个人信息，不得非法买卖、提供或者公开他人个人信息；不得从事危害国家安全、公共利益的个人信息处理活动。

第十一条 国家建立健全个人信息保护制度，预防和惩治侵害个人信息权益的行为，加强个人信息保护宣传教育，推动形成政府、企业、相关社会组织、公众共同参与个人信息保护的良好环境。

第十二条 国家积极参与个人信息保护国际规则的制定，促进个人信息保护方面的国际交流与合作，推动与其他国家、地区、国际组织之间的个人信息保护规则、标准等互认。

第二章 个人信息处理规则

第一节 一般规定

第十三条 符合下列情形之一的，个人信息处理者方可处理个人信息：

（一）取得个人的同意；

（二）为订立、履行个人作为一方当事人的合同所必需，或者按照依法制定的劳动规章制度和依法签订的集体合同实施人力资源管理所必需；

（三）为履行法定职责或者法定义务所必需；

（四）为应对突发公共卫生事件，或者紧急情况下为保护自然人的生命健康和财产安全所必需；

（五）为公共利益实施新闻报道、舆论监督等行为，在合理的范围内处理个人信息；

（六）依照本法规定在合理的范围内处理个人自行公开或者其他已经合法公开的个人信息；

（七）法律、行政法规规定的其他情形。

依照本法其他有关规定，处理个人信息应当取得个人同意，但是有前款第二项至第七项规定情形的，不需取得个人同意。

第十四条　基于个人同意处理个人信息的，该同意应当由个人在充分知情的前提下自愿、明确作出。法律、行政法规规定处理个人信息应当取得个人单独同意或者书面同意的，从其规定。

个人信息的处理目的、处理方式和处理的个人信息种类发生变更的，应当重新取得个人同意。

第十五条　基于个人同意处理个人信息的，个人有权撤回其同意。个人信息处理者应当提供便捷的撤回同意的方式。

个人撤回同意，不影响撤回前基于个人同意已进行的个人信息处理活动的效力。

第十六条　个人信息处理者不得以个人不同意处理其个人信息或者撤回同意为由，拒绝提供产品或者服务；处理个人信息属于提供产品或者服务所必需的除外。

第十七条　个人信息处理者在处理个人信息前，应当以显著方式、清晰易懂的语言真实、准确、完整地向个人告知下列事项：

（一）个人信息处理者的名称或者姓名和联系方式；

（二）个人信息的处理目的、处理方式，处理的个人信息种类、保存期限；

（三）个人行使本法规定权利的方式和程序；

（四）法律、行政法规规定应当告知的其他事项。

前款规定事项发生变更的，应当将变更部分告知个人。

个人信息处理者通过制定个人信息处理规则的方式告知第一款规定事项的，处理规则应当公开，并且便于查阅和保存。

第十八条 个人信息处理者处理个人信息，有法律、行政法规规定应当保密或者不需要告知的情形的，可以不向个人告知前条第一款规定的事项。

紧急情况下为保护自然人的生命健康和财产安全无法及时向个人告知的，个人信息处理者应当在紧急情况消除后及时告知。

第十九条 除法律、行政法规另有规定外，个人信息的保存期限应当为实现处理目的所必要的最短时间。

第二十条 两个以上的个人信息处理者共同决定个

人信息的处理目的和处理方式的，应当约定各自的权利和义务。但是，该约定不影响个人向其中任何一个个人信息处理者要求行使本法规定的权利。

个人信息处理者共同处理个人信息，侵害个人信息权益造成损害的，应当依法承担连带责任。

第二十一条 个人信息处理者委托处理个人信息的，应当与受托人约定委托处理的目的、期限、处理方式、个人信息的种类、保护措施以及双方的权利和义务等，并对受托人的个人信息处理活动进行监督。

受托人应当按照约定处理个人信息，不得超出约定的处理目的、处理方式等处理个人信息；委托合同不生效、无效、被撤销或者终止的，受托人应当将个人信息返还个人信息处理者或者予以删除，不得保留。

未经个人信息处理者同意，受托人不得转委托他人处理个人信息。

第二十二条 个人信息处理者因合并、分立、解散、被宣告破产等原因需要转移个人信息的，应当向个人告知接收方的名称或者姓名和联系方式。接收方应当继续履行个人信息处理者的义务。接收方变更原先的处理目的、处理方式的，应当依照本法规定重新取得个人同意。

第二十三条 个人信息处理者向其他个人信息处理

者提供其处理的个人信息的，应当向个人告知接收方的名称或者姓名、联系方式、处理目的、处理方式和个人信息的种类，并取得个人的单独同意。接收方应当在上述处理目的、处理方式和个人信息的种类等范围内处理个人信息。接收方变更原先的处理目的、处理方式的，应当依照本法规定重新取得个人同意。

第二十四条　个人信息处理者利用个人信息进行自动化决策，应当保证决策的透明度和结果公平、公正，不得对个人在交易价格等交易条件上实行不合理的差别待遇。

通过自动化决策方式向个人进行信息推送、商业营销，应当同时提供不针对其个人特征的选项，或者向个人提供便捷的拒绝方式。

通过自动化决策方式作出对个人权益有重大影响的决定，个人有权要求个人信息处理者予以说明，并有权拒绝个人信息处理者仅通过自动化决策的方式作出决定。

第二十五条　个人信息处理者不得公开其处理的个人信息，取得个人单独同意的除外。

第二十六条　在公共场所安装图像采集、个人身份识别设备，应当为维护公共安全所必需，遵守国家有关规定，并设置显著的提示标识。所收集的个人图像、身份识别信息只能用于维护公共安全的目的，不得用于其他目的；取得个人单独同意的除外。

第二十七条 个人信息处理者可以在合理的范围内处理个人自行公开或者其他已经合法公开的个人信息；个人明确拒绝的除外。个人信息处理者处理已公开的个人信息，对个人权益有重大影响的，应当依照本法规定取得个人同意。

第二节 敏感个人信息的处理规则

第二十八条 敏感个人信息是一旦泄露或者非法使用，容易导致自然人的人格尊严受到侵害或者人身、财产安全受到危害的个人信息，包括生物识别、宗教信仰、特定身份、医疗健康、金融账户、行踪轨迹等信息，以及不满十四周岁未成年人的个人信息。

只有在具有特定的目的和充分的必要性，并采取严格保护措施的情形下，个人信息处理者方可处理敏感个人信息。

第二十九条 处理敏感个人信息应当取得个人的单独同意；法律、行政法规规定处理敏感个人信息应当取得书面同意的，从其规定。

第三十条 个人信息处理者处理敏感个人信息的，

除本法第十七条第一款规定的事项外，还应当向个人告知处理敏感个人信息的必要性以及对个人权益的影响；依照本法规定可以不向个人告知的除外。

第三十一条 个人信息处理者处理不满十四周岁未成年人个人信息的，应当取得未成年人的父母或者其他监护人的同意。

个人信息处理者处理不满十四周岁未成年人个人信息的，应当制定专门的个人信息处理规则。

第三十二条 法律、行政法规对处理敏感个人信息规定应当取得相关行政许可或者作出其他限制的，从其规定。

第三节 国家机关处理个人信息的特别规定

第三十三条 国家机关处理个人信息的活动，适用本法；本节有特别规定的，适用本节规定。

第三十四条 国家机关为履行法定职责处理个人信息，应当依照法律、行政法规规定的权限、程序进行，不得超出履行法定职责所必需的范围和限度。

第三十五条 国家机关为履行法定职责处理个人信息，应当依照本法规定履行告知义务；有本法第十八条第一款规定的情形，或者告知将妨碍国家机关履行法定职责的除外。

第三十六条 国家机关处理的个人信息应当在中华人民共和国境内存储；确需向境外提供的，应当进行安全评估。安全评估可以要求有关部门提供支持与协助。

第三十七条 法律、法规授权的具有管理公共事务职能的组织为履行法定职责处理个人信息，适用本法关于国家机关处理个人信息的规定。

第三章 个人信息跨境提供的规则

第三十八条 个人信息处理者因业务等需要，确需向中华人民共和国境外提供个人信息的，应当具备下列条件之一：

（一）依照本法第四十条的规定通过国家网信部门组织的安全评估；

（二）按照国家网信部门的规定经专业机构进行个人信息保护认证；

（三）按照国家网信部门制定的标准合同与境外接收方订立合同，约定双方的权利和义务；

（四）法律、行政法规或者国家网信部门规定的其他条件。

中华人民共和国缔结或者参加的国际条约、协定对向中华人民共和国境外提供个人信息的条件等有规定的，可以按照其规定执行。

个人信息处理者应当采取必要措施，保障境外接收方处理个人信息的活动达到本法规定的个人信息保护标准。

第三十九条 个人信息处理者向中华人民共和国境外提供个人信息的，应当向个人告知境外接收方的名称或者姓名、联系方式、处理目的、处理方式、个人信息的种类以及个人向境外接收方行使本法规定权利的方式和程序等事项，并取得个人的单独同意。

第四十条 关键信息基础设施运营者和处理个人信息达到国家网信部门规定数量的个人信息处理者，应当将在中华人民共和国境内收集和产生的个人信息存储在境内。确需向境外提供的，应当通过国家网信部门组织的安全评估；法律、行政法规和国家网信部门规定可以不进行安全评估的，从其规定。

第四十一条 中华人民共和国主管机关根据有关法律和中华人民共和国缔结或者参加的国际条约、协定，或者按照平等互惠原则，处理外国司法或者执法机构关于提供存储于境内个人信息的请求。非经中华人民共和国主管机关批准，个人信息处理者不得向外国司法或者执法机构提供存储于中华人民共和国境内的个人信息。

第四十二条 境外的组织、个人从事侵害中华人民共和国公民的个人信息权益，或者危害中华人民共和国国家安全、公共利益的个人信息处理活动的，国家网信部门可以将其列入限制或者禁止个人信息提供清单，予以公告，并采取限制或者禁止向其提供个人信息等措施。

第四十三条 任何国家或者地区在个人信息保护方面对中华人民共和国采取歧视性的禁止、限制或者其他类似措施的，中华人民共和国可以根据实际情况对该国家或者地区对等采取措施。

第四章 个人在个人信息处理活动中的权利

第四十四条 个人对其个人信息的处理享有知情权、决定权，有权限制或者拒绝他人对其个人信息进行处理；法律、行政法规另有规定的除外。

第四十五条 个人有权向个人信息处理者查阅、复制其个人信息；有本法第十八条第一款、第三十五条规定情形的除外。

个人请求查阅、复制其个人信息的，个人信息处理者应当及时提供。

个人请求将个人信息转移至其指定的个人信息处理者，符合国家网信部门规定条件的，个人信息处理者应当提供转移的途径。

第四十六条 个人发现其个人信息不准确或者不完整的，有权请求个人信息处理者更正、补充。

个人请求更正、补充其个人信息的，个人信息处理者应当对其个人信息予以核实，并及时更正、补充。

第四十七条 有下列情形之一的，个人信息处理者应当主动删除个人信息；个人信息处理者未删除的，个人有权请求删除：

（一）处理目的已实现、无法实现或者为实现处理目的不再必要；

（二）个人信息处理者停止提供产品或者服务，或者保存期限已届满；

（三）个人撤回同意；

（四）个人信息处理者违反法律、行政法规或者违反约定处理个人信息；

（五）法律、行政法规规定的其他情形。

法律、行政法规规定的保存期限未届满，或者删除个人信息从技术上难以实现的，个人信息处理者应当停止除存储和采取必要的安全保护措施之外的处理。

第四十八条 个人有权要求个人信息处理者对其个人信息处理规则进行解释说明。

第四十九条 自然人死亡的，其近亲属为了自身的合法、正当利益，可以对死者的相关个人信息行使本章规定的查阅、复制、更正、删除等权利；死者生前另有安排的除外。

第五十条 个人信息处理者应当建立便捷的个人行使权利的申请受理和处理机制。拒绝个人行使权利的请求的，应当说明理由。

个人信息处理者拒绝个人行使权利的请求的，个人可以依法向人民法院提起诉讼。

第五章 个人信息处理者的义务

第五十一条 个人信息处理者应当根据个人信息的处理目的、处理方式、个人信息的种类以及对个人权益的影响、可能存在的安全风险等，采取下列措施确保个人信息处理活动符合法律、行政法规的规定，并防止未经授权的访问以及个人信息泄露、篡改、丢失：

（一）制定内部管理制度和操作规程；

（二）对个人信息实行分类管理；

（三）采取相应的加密、去标识化等安全技术措施；

（四）合理确定个人信息处理的操作权限，并定期对从业人员进行安全教育和培训；

（五）制定并组织实施个人信息安全事件应急预案；

（六）法律、行政法规规定的其他措施。

第五十二条 处理个人信息达到国家网信部门规定数量的个人信息处理者应当指定个人信息保护负责人，负责对个人信息处理活动以及采取的保护措施等进行监督。

个人信息处理者应当公开个人信息保护负责人的联系方式，并将个人信息保护负责人的姓名、联系方式等报送履行个人信息保护职责的部门。

第五十三条 本法第三条第二款规定的中华人民共和国境外的个人信息处理者，应当在中华人民共和国境内设立专门机构或者指定代表，负责处理个人信息保护相关事务，并将有关机构的名称或者代表的姓名、联系方式等报送履行个人信息保护职责的部门。

第五十四条 个人信息处理者应当定期对其处理个人信息遵守法律、行政法规的情况进行合规审计。

第五十五条 有下列情形之一的，个人信息处理者应当事前进行个人信息保护影响评估，并对处理情况进行记录：

（一）处理敏感个人信息；

（二）利用个人信息进行自动化决策；

（三）委托处理个人信息、向其他个人信息处理者提供个人信息、公开个人信息；

（四）向境外提供个人信息；

（五）其他对个人权益有重大影响的个人信息处理活动。

第五十六条　个人信息保护影响评估应当包括下列内容：

（一）个人信息的处理目的、处理方式等是否合法、正当、必要；

（二）对个人权益的影响及安全风险；

（三）所采取的保护措施是否合法、有效并与风险程度相适应。

个人信息保护影响评估报告和处理情况记录应当至少保存三年。

第五十七条　发生或者可能发生个人信息泄露、篡改、丢失的，个人信息处理者应当立即采取补救措施，并通知履行个人信息保护职责的部门和个人。通知应当包括下列事项：

（一）发生或者可能发生个人信息泄露、篡改、丢失的信息种类、原因和可能造成的危害；

（二）个人信息处理者采取的补救措施和个人可以采取的减轻危害的措施；

（三）个人信息处理者的联系方式。

个人信息处理者采取措施能够有效避免信息泄露、篡改、丢失造成危害的，个人信息处理者可以不通知个人；履行个人信息保护职责的部门认为可能造成危害的，有权要求个人信息处理者通知个人。

第五十八条 提供重要互联网平台服务、用户数量巨大、业务类型复杂的个人信息处理者，应当履行下列义务：

（一）按照国家规定建立健全个人信息保护合规制度体系，成立主要由外部成员组成的独立机构对个人信息保护情况进行监督；

（二）遵循公开、公平、公正的原则，制定平台规则，明确平台内产品或者服务提供者处理个人信息的规范和保护个人信息的义务；

（三）对严重违反法律、行政法规处理个人信息的平台内的产品或者服务提供者，停止提供服务；

（四）定期发布个人信息保护社会责任报告，接受社会监督。

第五十九条 接受委托处理个人信息的受托人，应当依照本法和有关法律、行政法规的规定，采取必要措施保障所处理的个人信息的安全，并协助个人信息处理者履行本法规定的义务。

第六章 履行个人信息保护职责的部门

第六十条 国家网信部门负责统筹协调个人信息保护工作和相关监督管理工作。国务院有关部门依照本法和有关法律、行政法规的规定，在各自职责范围内负责个人信息保护和监督管理工作。

县级以上地方人民政府有关部门的个人信息保护和监督管理职责，按照国家有关规定确定。

前两款规定的部门统称为履行个人信息保护职责的部门。

第六十一条 履行个人信息保护职责的部门履行下列个人信息保护职责：

（一）开展个人信息保护宣传教育，指导、监督个人信息处理者开展个人信息保护工作；

（二）接受、处理与个人信息保护有关的投诉、举报；

（三）组织对应用程序等个人信息保护情况进行测评，并公布测评结果；

（四）调查、处理违法个人信息处理活动；

（五）法律、行政法规规定的其他职责。

第六十二条 国家网信部门统筹协调有关部门依据本法推进下列个人信息保护工作：

（一）制定个人信息保护具体规则、标准；

（二）针对小型个人信息处理者、处理敏感个人信息以及人脸识别、人工智能等新技术、新应用，制定专门的个人信息保护规则、标准；

（三）支持研究开发和推广应用安全、方便的电子身份认证技术，推进网络身份认证公共服务建设；

（四）推进个人信息保护社会化服务体系建设，支持有关机构开展个人信息保护评估、认证服务；

（五）完善个人信息保护投诉、举报工作机制。

第六十三条 履行个人信息保护职责的部门履行个人信息保护职责，可以采取下列措施：

（一）询问有关当事人，调查与个人信息处理活动有关的情况；

（二）查阅、复制当事人与个人信息处理活动有关的合同、记录、账簿以及其他有关资料；

（三）实施现场检查，对涉嫌违法的个人信息处理活动进行调查；

（四）检查与个人信息处理活动有关的设备、物品；对有证据证明是用于违法个人信息处理活动的设备、物品，向本部门主要负责人书面报告并经批准，可以查封或者扣押。

履行个人信息保护职责的部门依法履行职责，当事人应当予以协助、配合，不得拒绝、阻挠。

第六十四条 履行个人信息保护职责的部门在履行职责中，发现个人信息处理活动存在较大风险或者发生个人信息安全事件的，可以按照规定的权限和程序对该个人信息处理者的法定代表人或者主要负责人进行约谈，或者要求个人信息处理者委托专业机构对其个人信息处理活动进行合规审计。个人信息处理者应当按照要求采取措施，进行整改，消除隐患。

履行个人信息保护职责的部门在履行职责中，发现违法处理个人信息涉嫌犯罪的，应当及时移送公安机关依法处理。

第六十五条 任何组织、个人有权对违法个人信息处理活动向履行个人信息保护职责的部门进行投诉、举报。收到投诉、举报的部门应当依法及时处理，并将处理结果告知投诉、举报人。

履行个人信息保护职责的部门应当公布接受投诉、举报的联系方式。

第七章　法律责任

第六十六条　违反本法规定处理个人信息，或者处理个人信息未履行本法规定的个人信息保护义务的，由履行个人信息保护职责的部门责令改正，给予警告，没收违法所得，对违法处理个人信息的应用程序，责令暂停或者终止提供服务；拒不改正的，并处一百万元以下罚款；对直接负责的主管人员和其他直接责任人员处一万元以上十万元以下罚款。

有前款规定的违法行为，情节严重的，由省级以上履行个人信息保护职责的部门责令改正，没收违法所得，并处五千万元以下或者上一年度营业额百分之五以下罚款，并可以责令暂停相关业务或者停业整顿、通报有关主管部门吊销相关业务许可或者吊销营业执照；对直接负责的主管人员和其他直接责任人员处十万元以上一百万元以下罚款，并可以决定禁止其在一定期限内担任相关企业的董事、监事、高级管理人员和个人信息保护负责人。

第六十七条　有本法规定的违法行为的，依照有关法律、行政法规的规定记入信用档案，并予以公示。

第六十八条 国家机关不履行本法规定的个人信息保护义务的，由其上级机关或者履行个人信息保护职责的部门责令改正；对直接负责的主管人员和其他直接责任人员依法给予处分。

履行个人信息保护职责的部门的工作人员玩忽职守、滥用职权、徇私舞弊，尚不构成犯罪的，依法给予处分。

第六十九条 处理个人信息侵害个人信息权益造成损害，个人信息处理者不能证明自己没有过错的，应当承担损害赔偿等侵权责任。

前款规定的损害赔偿责任按照个人因此受到的损失或者个人信息处理者因此获得的利益确定；个人因此受到的损失和个人信息处理者因此获得的利益难以确定的，根据实际情况确定赔偿数额。

第七十条 个人信息处理者违反本法规定处理个人信息，侵害众多个人的权益的，人民检察院、法律规定的消费者组织和由国家网信部门确定的组织可以依法向人民法院提起诉讼。

第七十一条 违反本法规定，构成违反治安管理行为的，依法给予治安管理处罚；构成犯罪的，依法追究刑事责任。

第八章　附　　则

第七十二条　自然人因个人或者家庭事务处理个人信息的，不适用本法。

法律对各级人民政府及其有关部门组织实施的统计、档案管理活动中的个人信息处理有规定的，适用其规定。

第七十三条　本法下列用语的含义：

（一）个人信息处理者，是指在个人信息处理活动中自主决定处理目的、处理方式的组织、个人。

（二）自动化决策，是指通过计算机程序自动分析、评估个人的行为习惯、兴趣爱好或者经济、健康、信用状况等，并进行决策的活动。

（三）去标识化，是指个人信息经过处理，使其在不借助额外信息的情况下无法识别特定自然人的过程。

（四）匿名化，是指个人信息经过处理无法识别特定自然人且不能复原的过程。

第七十四条　本法自 2021 年 11 月 1 日起施行。

中华人民共和国网络安全法

（2016 年 11 月 7 日第十二届全国人民代表大会常务委员会第二十四次会议通过　2016 年 11 月 7 日中华人民共和国主席令第 53 号公布　自 2017 年 6 月 1 日起施行）

目　　录

第一章　总　　则

第一条　为了保障网络安全，维护网络空间主权和国家安全、社会公共利益，保护公民、法人和其他组织的合法权益，促进经济社会信息化健康发展，制定本法。

第二条 在中华人民共和国境内建设、运营、维护和使用网络，以及网络安全的监督管理，适用本法。

第三条 国家坚持网络安全与信息化发展并重，遵循积极利用、科学发展、依法管理、确保安全的方针，推进网络基础设施建设和互联互通，鼓励网络技术创新和应用，支持培养网络安全人才，建立健全网络安全保障体系，提高网络安全保护能力。

第四条 国家制定并不断完善网络安全战略，明确保障网络安全的基本要求和主要目标，提出重点领域的网络安全政策、工作任务和措施。

第五条 国家采取措施，监测、防御、处置来源于中华人民共和国境内外的网络安全风险和威胁，保护关键信息基础设施免受攻击、侵入、干扰和破坏，依法惩治网络违法犯罪活动，维护网络空间安全和秩序。

第六条 国家倡导诚实守信、健康文明的网络行为，推动传播社会主义核心价值观，采取措施提高全社会的网络安全意识和水平，形成全社会共同参与促进网络安全的良好环境。

第七条 国家积极开展网络空间治理、网络技术研发和标准制定、打击网络违法犯罪等方面的国际交流与合作，推动构建和平、安全、开放、合作的网络空间，建立多边、民主、透明的网络治理体系。

第八条 国家网信部门负责统筹协调网络安全工作和相关监督管理工作。国务院电信主管部门、公安部门和其他有关机关依照本法和有关法律、行政法规的规定，在各自职责范围内负责网络安全保护和监督管理工作。

县级以上地方人民政府有关部门的网络安全保护和监督管理职责，按照国家有关规定确定。

第九条 网络运营者开展经营和服务活动，必须遵守法律、行政法规，尊重社会公德，遵守商业道德，诚实信用，履行网络安全保护义务，接受政府和社会的监督，承担社会责任。

第十条 建设、运营网络或者通过网络提供服务，应当依照法律、行政法规的规定和国家标准的强制性要求，采取技术措施和其他必要措施，保障网络安全、稳定运行，有效应对网络安全事件，防范网络违法犯罪活动，维护网络数据的完整性、保密性和可用性。

第十一条 网络相关行业组织按照章程，加强行业自律，制定网络安全行为规范，指导会员加强网络安全保护，提高网络安全保护水平，促进行业健康发展。

第十二条 国家保护公民、法人和其他组织依法使用网络的权利，促进网络接入普及，提升网络服务水平，为社会提供安全、便利的网络服务，保障网络信息依法有序自由流动。

任何个人和组织使用网络应当遵守宪法法律，遵守公共秩序，尊重社会公德，不得危害网络安全，不得利用网络从事危害国家安全、荣誉和利益，煽动颠覆国家政权、推翻社会主义制度，煽动分裂国家、破坏国家统一，宣扬恐怖主义、极端主义，宣扬民族仇恨、民族歧视，传播暴力、淫秽色情信息，编造、传播虚假信息扰乱经济秩序和社会秩序，以及侵害他人名誉、隐私、知识产权和其他合法权益等活动。

第十三条 国家支持研究开发有利于未成年人健康成长的网络产品和服务，依法惩治利用网络从事危害未成年人身心健康的活动，为未成年人提供安全、健康的网络环境。

第十四条 任何个人和组织有权对危害网络安全的行为向网信、电信、公安等部门举报。收到举报的部门应当及时依法作出处理；不属于本部门职责的，应当及时移送有权处理的部门。

有关部门应当对举报人的相关信息予以保密，保护举报人的合法权益。

第二章　网络安全支持与促进

第十五条　国家建立和完善网络安全标准体系。国务院标准化行政主管部门和国务院其他有关部门根据各自的职责，组织制定并适时修订有关网络安全管理以及网络产品、服务和运行安全的国家标准、行业标准。

国家支持企业、研究机构、高等学校、网络相关行业组织参与网络安全国家标准、行业标准的制定。

第十六条　国务院和省、自治区、直辖市人民政府应当统筹规划，加大投入，扶持重点网络安全技术产业和项目，支持网络安全技术的研究开发和应用，推广安全可信的网络产品和服务，保护网络技术知识产权，支持企业、研究机构和高等学校等参与国家网络安全技术创新项目。

第十七条　国家推进网络安全社会化服务体系建设，鼓励有关企业、机构开展网络安全认证、检测和风险评估等安全服务。

第十八条　国家鼓励开发网络数据安全保护和利用技术，促进公共数据资源开放，推动技术创新和经济社会发展。

国家支持创新网络安全管理方式，运用网络新技术，提升网络安全保护水平。

第十九条 各级人民政府及其有关部门应当组织开展经常性的网络安全宣传教育，并指导、督促有关单位做好网络安全宣传教育工作。

大众传播媒介应当有针对性地面向社会进行网络安全宣传教育。

第二十条 国家支持企业和高等学校、职业学校等教育培训机构开展网络安全相关教育与培训，采取多种方式培养网络安全人才，促进网络安全人才交流。

第三章 网络运行安全

第一节 一般规定

第二十一条 国家实行网络安全等级保护制度。网络运营者应当按照网络安全等级保护制度的要求，履行下列安全保护义务，保障网络免受干扰、破坏或者未经授权的访问，防止网络数据泄露或者被窃取、篡改：

（一）制定内部安全管理制度和操作规程，确定网络安全负责人，落实网络安全保护责任；

（二）采取防范计算机病毒和网络攻击、网络侵入等危害网络安全行为的技术措施；

（三）采取监测、记录网络运行状态、网络安全事件的技术措施，并按照规定留存相关的网络日志不少于六个月；

（四）采取数据分类、重要数据备份和加密等措施；

（五）法律、行政法规规定的其他义务。

第二十二条 网络产品、服务应当符合相关国家标准的强制性要求。网络产品、服务的提供者不得设置恶意程序；发现其网络产品、服务存在安全缺陷、漏洞等风险时，应当立即采取补救措施，按照规定及时告知用户并向有关主管部门报告。

网络产品、服务的提供者应当为其产品、服务持续提供安全维护；在规定或者当事人约定的期限内，不得终止提供安全维护。

网络产品、服务具有收集用户信息功能的，其提供者应当向用户明示并取得同意；涉及用户个人信息的，还应当遵守本法和有关法律、行政法规关于个人信息保护的规定。

第二十三条 网络关键设备和网络安全专用产品应当按照相关国家标准的强制性要求，由具备资格的机构安全认证合格或者安全检测符合要求后，方可销售或者提供。国家网信部门会同国务院有关部门制定、公布网络关键设备和网络安全专用产品目录，并推动安全认证和安全检测结果互认，避免重复认证、检测。

第二十四条 网络运营者为用户办理网络接入、域名注册服务，办理固定电话、移动电话等入网手续，或者为用户提供信息发布、即时通讯等服务，在与用户签订协议或者确认提供服务时，应当要求用户提供真实身份信息。用户不提供真实身份信息的，网络运营者不得为其提供相关服务。

国家实施网络可信身份战略，支持研究开发安全、方便的电子身份认证技术，推动不同电子身份认证之间的互认。

第二十五条 网络运营者应当制定网络安全事件应急预案，及时处置系统漏洞、计算机病毒、网络攻击、网络侵入等安全风险；在发生危害网络安全的事件时，立即启动应急预案，采取相应的补救措施，并按照规定向有关主管部门报告。

第二十六条 开展网络安全认证、检测、风险评估等活动，向社会发布系统漏洞、计算机病毒、网络攻击、网络侵入等网络安全信息，应当遵守国家有关规定。

第二十七条　任何个人和组织不得从事非法侵入他人网络、干扰他人网络正常功能、窃取网络数据等危害网络安全的活动；不得提供专门用于从事侵入网络、干扰网络正常功能及防护措施、窃取网络数据等危害网络安全活动的程序、工具；明知他人从事危害网络安全的活动的，不得为其提供技术支持、广告推广、支付结算等帮助。

第二十八条　网络运营者应当为公安机关、国家安全机关依法维护国家安全和侦查犯罪的活动提供技术支持和协助。

第二十九条　国家支持网络运营者之间在网络安全信息收集、分析、通报和应急处置等方面进行合作，提高网络运营者的安全保障能力。

有关行业组织建立健全本行业的网络安全保护规范和协作机制，加强对网络安全风险的分析评估，定期向会员进行风险警示，支持、协助会员应对网络安全风险。

第三十条　网信部门和有关部门在履行网络安全保护职责中获取的信息，只能用于维护网络安全的需要，不得用于其他用途。

第二节　关键信息基础设施的运行安全

第三十一条　国家对公共通信和信息服务、能源、交通、水利、金融、公共服务、电子政务等重要行业和领域，以及其他一旦遭到破坏、丧失功能或者数据泄露，可能严重危害国家安全、国计民生、公共利益的关键信息基础设施，在网络安全等级保护制度的基础上，实行重点保护。关键信息基础设施的具体范围和安全保护办法由国务院制定。

国家鼓励关键信息基础设施以外的网络运营者自愿参与关键信息基础设施保护体系。

第三十二条 按照国务院规定的职责分工，负责关键信息基础设施安全保护工作的部门分别编制并组织实施本行业、本领域的关键信息基础设施安全规划，指导和监督关键信息基础设施运行安全保护工作。

第三十三条 建设关键信息基础设施应当确保其具有支持业务稳定、持续运行的性能，并保证安全技术措施同步规划、同步建设、同步使用。

第三十四条 除本法第二十一条的规定外，关键信息基础设施的运营者还应当履行下列安全保护义务：

（一）设置专门安全管理机构和安全管理负责人，并对该负责人和关键岗位的人员进行安全背景审查；

（二）定期对从业人员进行网络安全教育、技术培训和技能考核；

（三）对重要系统和数据库进行容灾备份；

（四）制定网络安全事件应急预案，并定期进行演练；

（五）法律、行政法规规定的其他义务。

第三十五条 关键信息基础设施的运营者采购网络产品和服务，可能影响国家安全的，应当通过国家网信部门会同国务院有关部门组织的国家安全审查。

第三十六条 关键信息基础设施的运营者采购网络产品和服务，应当按照规定与提供者签订安全保密协议，明确安全和保密义务与责任。

第三十七条 关键信息基础设施的运营者在中华人民共和国境内运营中收集和产生的个人信息和重要数据应当在境内存储。因业务需要，确需向境外提供的，应当按照国家网信部门会同国务院有关部门制定的办法进行安全评估；法律、行政法规另有规定的，依照其规定。

第三十八条 关键信息基础设施的运营者应当自行或者委托网络安全服务机构对其网络的安全性和可能存在的风险每年至少进行一次检测评估，并将检测评估情况和改进措施报送相关负责关键信息基础设施安全保护工作的部门。

第三十九条 国家网信部门应当统筹协调有关部门对关键信息基础设施的安全保护采取下列措施：

（一）对关键信息基础设施的安全风险进行抽查检测，提出改进措施，必要时可以委托网络安全服务机构对网络存在的安全风险进行检测评估；

（二）定期组织关键信息基础设施的运营者进行网络安全应急演练，提高应对网络安全事件的水平和协同配合能力；

（三）促进有关部门、关键信息基础设施的运营者以及有关研究机构、网络安全服务机构等之间的网络安全信息共享；

（四）对网络安全事件的应急处置与网络功能的恢复等，提供技术支持和协助。

第四章　网络信息安全

第四十条　网络运营者应当对其收集的用户信息严格保密，并建立健全用户信息保护制度。

第四十一条　网络运营者收集、使用个人信息，应当遵循合法、正当、必要的原则，公开收集、使用规则，明示收集、使用信息的目的、方式和范围，并经被收集者同意。

网络运营者不得收集与其提供的服务无关的个人信息，不得违反法律、行政法规的规定和双方的约定收集、使用个人信息，并应当依照法律、行政法规的规定和与用户的约定，处理其保存的个人信息。

第四十二条 网络运营者不得泄露、篡改、毁损其收集的个人信息；未经被收集者同意，不得向他人提供个人信息。但是，经过处理无法识别特定个人且不能复原的除外。

网络运营者应当采取技术措施和其他必要措施，确保其收集的个人信息安全，防止信息泄露、毁损、丢失。在发生或者可能发生个人信息泄露、毁损、丢失的情况时，应当立即采取补救措施，按照规定及时告知用户并向有关主管部门报告。

第四十三条 个人发现网络运营者违反法律、行政法规的规定或者双方的约定收集、使用其个人信息的，有权要求网络运营者删除其个人信息；发现网络运营者收集、存储的其个人信息有错误的，有权要求网络运营者予以更正。网络运营者应当采取措施予以删除或者更正。

第四十四条 任何个人和组织不得窃取或者以其他非法方式获取个人信息，不得非法出售或者非法向他人提供个人信息。

第四十五条 依法负有网络安全监督管理职责的部

门及其工作人员，必须对在履行职责中知悉的个人信息、隐私和商业秘密严格保密，不得泄露、出售或者非法向他人提供。

第四十六条 任何个人和组织应当对其使用网络的行为负责，不得设立用于实施诈骗，传授犯罪方法，制作或者销售违禁物品、管制物品等违法犯罪活动的网站、通讯群组，不得利用网络发布涉及实施诈骗，制作或者销售违禁物品、管制物品以及其他违法犯罪活动的信息。

第四十七条 网络运营者应当加强对其用户发布的信息的管理，发现法律、行政法规禁止发布或者传输的信息的，应当立即停止传输该信息，采取消除等处置措施，防止信息扩散，保存有关记录，并向有关主管部门报告。

第四十八条 任何个人和组织发送的电子信息、提供的应用软件，不得设置恶意程序，不得含有法律、行政法规禁止发布或者传输的信息。

电子信息发送服务提供者和应用软件下载服务提供者，应当履行安全管理义务，知道其用户有前款规定行为的，应当停止提供服务，采取消除等处置措施，保存有关记录，并向有关主管部门报告。

第四十九条 网络运营者应当建立网络信息安全投

诉、举报制度，公布投诉、举报方式等信息，及时受理并处理有关网络信息安全的投诉和举报。

网络运营者对网信部门和有关部门依法实施的监督检查，应当予以配合。

第五十条　国家网信部门和有关部门依法履行网络信息安全监督管理职责，发现法律、行政法规禁止发布或者传输的信息的，应当要求网络运营者停止传输，采取消除等处置措施，保存有关记录；对来源于中华人民共和国境外的上述信息，应当通知有关机构采取技术措施和其他必要措施阻断传播。

第五章　监测预警与应急处置

第五十一条　国家建立网络安全监测预警和信息通报制度。国家网信部门应当统筹协调有关部门加强网络安全信息收集、分析和通报工作，按照规定统一发布网络安全监测预警信息。

第五十二条　负责关键信息基础设施安全保护工作的部门，应当建立健全本行业、本领域的网络安全监测预警和信息通报制度，并按照规定报送网络安全监测预警信息。

第五十三条　国家网信部门协调有关部门建立健全

网络安全风险评估和应急工作机制，制定网络安全事件应急预案，并定期组织演练。

负责关键信息基础设施安全保护工作的部门应当制定本行业、本领域的网络安全事件应急预案，并定期组织演练。

网络安全事件应急预案应当按照事件发生后的危害程度、影响范围等因素对网络安全事件进行分级，并规定相应的应急处置措施。

第五十四条 网络安全事件发生的风险增大时，省级以上人民政府有关部门应当按照规定的权限和程序，并根据网络安全风险的特点和可能造成的危害，采取下列措施：

（一）要求有关部门、机构和人员及时收集、报告有关信息，加强对网络安全风险的监测；

（二）组织有关部门、机构和专业人员，对网络安全风险信息进行分析评估，预测事件发生的可能性、影响范围和危害程度；

（三）向社会发布网络安全风险预警，发布避免、减轻危害的措施。

第五十五条 发生网络安全事件，应当立即启动网络安全事件应急预案，对网络安全事件进行调查和评估，要求网络运营者采取技术措施和其他必要措施，消除安全隐患，防止危害扩大，并及时向社会发布与公众有关的警示信息。

第五十六条 省级以上人民政府有关部门在履行网络安全监督管理职责中，发现网络存在较大安全风险或者发生安全事件的，可以按照规定的权限和程序对该网络的运营者的法定代表人或者主要负责人进行约谈。网络运营者应当按照要求采取措施，进行整改，消除隐患。

第五十七条 因网络安全事件，发生突发事件或者生产安全事故的，应当依照《中华人民共和国突发事件应对法》、《中华人民共和国安全生产法》等有关法律、行政法规的规定处置。

第五十八条 因维护国家安全和社会公共秩序，处置重大突发社会安全事件的需要，经国务院决定或者批准，可以在特定区域对网络通信采取限制等临时措施。

第六章 法律责任

第五十九条 网络运营者不履行本法第二十一条、第二十五条规定的网络安全保护义务的，由有关主管部门责令改正，给予警告；拒不改正或者导致危害网络安全等后果的，处一万元以上十万元以下罚款，对直接负责的主管人员处五千元以上五万元以下罚款。

关键信息基础设施的运营者不履行本法第三十三条、第三十四条、第三十六条、第三十八条规定的网络安全保护义务的，由有关主管部门责令改正，给予警告；拒不改正或者导致危害网络安全等后果的，处十万元以上一百万元以下罚款，对直接负责的主管人员处一万元以上十万元以下罚款。

第六十条 违反本法第二十二条第一款、第二款和第四十八条第一款规定，有下列行为之一的，由有关主管部门责令改正，给予警告；拒不改正或者导致危害网络安全等后果的，处五万元以上五十万元以下罚款，对直接负责的主管人员处一万元以上十万元以下罚款：

（一）设置恶意程序的；

（二）对其产品、服务存在的安全缺陷、漏洞等风险未立即采取补救措施，或者未按照规定及时告知用户并向有关主管部门报告的；

（三）擅自终止为其产品、服务提供安全维护的。

第六十一条 网络运营者违反本法第二十四条第一款规定，未要求用户提供真实身份信息，或者对不提供真实身份信息的用户提供相关服务的，由有关主管部门责令改正；拒不改正或者情节严重的，处五万元以上五十万元以下罚款，并可以由有关主管部门责令暂停相关业务、停业整顿、关闭网站、吊销相关业务许可证或者吊销营业执照，对直接负责的主管人员和其他直接责任人员处一万元以上十万元以下罚款。

第六十二条 违反本法第二十六条规定，开展网络安全认证、检测、风险评估等活动，或者向社会发布系统漏洞、计算机病毒、网络攻击、网络侵入等网络安全信息的，由有关主管部门责令改正，给予警告；拒不改正或者情节严重的，处一万元以上十万元以下罚款，并可以由有关主管部门责令暂停相关业务、停业整顿、关闭网站、吊销相关业务许可证或者吊销营业执照，对直接负责的主管人员和其他直接责任人员处五千元以上五万元以下罚款。

第六十三条 违反本法第二十七条规定，从事危害网络安全的活动，或者提供专门用于从事危害网络安全活动的程序、工具，或者为他人从事危害网络安全的活动提供技术支持、广告推广、支付结算等帮助，尚不构成犯罪的，由公安机关没收违法所得，处五日以下拘留，可以并处五万元以上五十万元以下罚款；情节较重的，处五日以上十五日以下拘留，可以并处十万元以上一百万元以下罚款。

单位有前款行为的，由公安机关没收违法所得，处十万元以上一百万元以下罚款，并对直接负责的主管人员和其他直接责任人员依照前款规定处罚。

违反本法第二十七条规定，受到治安管理处罚的人员，五年内不得从事网络安全管理和网络运营关键岗位的工作；受到刑事处罚的人员，终身不得从事网络安全管理和网络运营关键岗位的工作。

第六十四条 网络运营者、网络产品或者服务的提供者违反本法第二十二条第三款、第四十一条至第四十三条规定，侵害个人信息依法得到保护的权利的，由有关主管部门责令改正，可以根据情节单处或者并处警告、没收违法所得、处违法所得一倍以上十倍以下罚款，没有违法所得的，处一百万元以下罚款，对直接负责的主管人员和其他直接责任人员处一万元以上十万元以下罚款；情节严重的，并可以责令暂停相关业务、停业整顿、关闭网站、吊销相关业务许可证或者吊销营业执照。

违反本法第四十四条规定，窃取或者以其他非法方式获取、非法出售或者非法向他人提供个人信息，尚不构成犯罪的，由公安机关没收违法所得，并处违法所得一倍以上十倍以下罚款，没有违法所得的，处一百万元以下罚款。

第六十五条 关键信息基础设施的运营者违反本法第三十五条规定，使用未经安全审查或者安全审查未通过的网络产品或者服务的，由有关主管部门责令停止使用，处采购金额一倍以上十倍以下罚款；对直接负责的主管人员和其他直接责任人员处一万元以上十万元以下罚款。

第六十六条 关键信息基础设施的运营者违反本法第三十七条规定，在境外存储网络数据，或者向境外提供网络数据的，由有关主管部门责令改正，给予警告，没收违法所得，处五万元以上五十万元以下罚款，并可以责令暂停相关业务、停业整顿、关闭网站、吊销相关业务许可证或者吊销营业执照；对直接负责的主管人员和其他直接责任人员处一万元以上十万元以下罚款。

第六十七条 违反本法第四十六条规定，设立用于实施违法犯罪活动的网站、通讯群组，或者利用网络发布涉及实施违法犯罪活动的信息，尚不构成犯罪的，由公安机关处五日以下拘留，可以并处一万元以上十万元以下罚款；情节较重的，处五日以上十五日以下拘留，可以并处五万元以上五十万元以下罚款。关闭用于实施违法犯罪活动的网站、通讯群组。

单位有前款行为的，由公安机关处十万元以上五十万元以下罚款，并对直接负责的主管人员和其他直接责任人员依照前款规定处罚。

第六十八条 网络运营者违反本法第四十七条规定，对法律、行政法规禁止发布或者传输的信息未停止传输、采取消除等处置措施、保存有关记录的，由有关主管部门责令改正，给予警告，没收违法所得；拒不改正或者情节严重的，处十万元以上五十万元以下罚款，并可以责令暂停相关业务、停业整顿、关闭网站、吊销相关业务许可证或者吊销营业执照，对直接负责的主管人员和其他直接责任人员处一万元以上十万元以下罚款。

电子信息发送服务提供者、应用软件下载服务提供者，不履行本法第四十八条第二款规定的安全管理义务的，依照前款规定处罚。

第六十九条 网络运营者违反本法规定，有下列行为之一的，由有关主管部门责令改正；拒不改正或者情节严重的，处五万元以上五十万元以下罚款，对直接负责的主管人员和其他直接责任人员，处一万元以上十万元以下罚款：

（一）不按照有关部门的要求对法律、行政法规禁止发布或者传输的信息，采取停止传输、消除等处置措施的；

（二）拒绝、阻碍有关部门依法实施的监督检查的；

（三）拒不向公安机关、国家安全机关提供技术支持和协助的。

第七十条 发布或者传输本法第十二条第二款和其他法律、行政法规禁止发布或者传输的信息的，依照有关法律、行政法规的规定处罚。

第七十一条 有本法规定的违法行为的，依照有关法律、行政法规的规定记入信用档案，并予以公示。

第七十二条 国家机关政务网络的运营者不履行本法规定的网络安全保护义务的，由其上级机关或者有关机关责令改正；对直接负责的主管人员和其他直接责任人员依法给予处分。

第七十三条 网信部门和有关部门违反本法第三十条规定，将在履行网络安全保护职责中获取的信息用于其他用途的，对直接负责的主管人员和其他直接责任人员依法给予处分。

网信部门和有关部门的工作人员玩忽职守、滥用职权、徇私舞弊，尚不构成犯罪的，依法给予处分。

第七十四条 违反本法规定，给他人造成损害的，依法承担民事责任。

违反本法规定，构成违反治安管理行为的，依法给予治安管理处罚；构成犯罪的，依法追究刑事责任。

第七十五条 境外的机构、组织、个人从事攻击、侵入、干扰、破坏等危害中华人民共和国的关键信息基础设施的活动，造成严重后果的，依法追究法律责任；国务院公安部门和有关部门并可以决定对该机构、组织、个人采取冻结财产或者其他必要的制裁措施。

第七章 附 则

第七十六条 本法下列用语的含义：

（一）网络，是指由计算机或者其他信息终端及相关设备组成的按照一定的规则和程序对信息进行收集、存储、传输、交换、处理的系统。

（二）网络安全，是指通过采取必要措施，防范对网络的攻击、侵入、干扰、破坏和非法使用以及意外事故，使网络处于稳定可靠运行的状态，以及保障网络数据的完整性、保密性、可用性的能力。

（三）网络运营者，是指网络的所有者、管理者和网络服务提供者。

（四）网络数据，是指通过网络收集、存储、传输、处理和产生的各种电子数据。

（五）个人信息，是指以电子或者其他方式记录的能够单独或者与其他信息结合识别自然人个人身份的各种信息，包括但不限于自然人的姓名、出生日期、身份证件号码、个人生物识别信息、住址、电话号码等。

第七十七条 存储、处理涉及国家秘密信息的网络的运行安全保护，除应当遵守本法外，还应当遵守保密法律、行政法规的规定。

第七十八条 军事网络的安全保护，由中央军事委员会另行规定。

第七十九条 本法自 2017 年 6 月 1 日起施行。

中华人民共和国数据安全法

（2021 年 6 月 10 日第十三届全国人民代表大会常务委员会第二十九次会议通过　2021 年 6 月 10 日中华人民共和国主席令第 84 号公布　自 2021 年 9 月 1 日起施行）

目　　录

第一章　总　　则

第一条　为了规范数据处理活动，保障数据安全，促进数据开发利用，保护个人、组织的合法权益，维护国家主权、安全和发展利益，制定本法。

第二条　在中华人民共和国境内开展数据处理活动及其安全监管，适用本法。

在中华人民共和国境外开展数据处理活动，损害中华人民共和国国家安全、公共利益或者公民、组织合法权益的，依法追究法律责任。

第三条　本法所称数据，是指任何以电子或者其他方式对信息的记录。

数据处理，包括数据的收集、存储、使用、加工、传输、提供、公开等。

数据安全，是指通过采取必要措施，确保数据处于有效保护和合法利用的状态，以及具备保障持续安全状态的能力。

第四条 维护数据安全，应当坚持总体国家安全观，建立健全数据安全治理体系，提高数据安全保障能力。

第五条 中央国家安全领导机构负责国家数据安全工作的决策和议事协调，研究制定、指导实施国家数据安全战略和有关重大方针政策，统筹协调国家数据安全的重大事项和重要工作，建立国家数据安全工作协调机制。

第六条 各地区、各部门对本地区、本部门工作中收集和产生的数据及数据安全负责。

工业、电信、交通、金融、自然资源、卫生健康、教育、科技等主管部门承担本行业、本领域数据安全监管职责。

公安机关、国家安全机关等依照本法和有关法律、行政法规的规定，在各自职责范围内承担数据安全监管职责。

国家网信部门依照本法和有关法律、行政法规的规定，负责统筹协调网络数据安全和相关监管工作。

第七条 国家保护个人、组织与数据有关的权益，鼓励数据依法合理有效利用，保障数据依法有序自由流动，促进以数据为关键要素的数字经济发展。

第八条　开展数据处理活动，应当遵守法律、法规，尊重社会公德和伦理，遵守商业道德和职业道德，诚实守信，履行数据安全保护义务，承担社会责任，不得危害国家安全、公共利益，不得损害个人、组织的合法权益。

第九条　国家支持开展数据安全知识宣传普及，提高全社会的数据安全保护意识和水平，推动有关部门、行业组织、科研机构、企业、个人等共同参与数据安全保护工作，形成全社会共同维护数据安全和促进发展的良好环境。

第十条　相关行业组织按照章程，依法制定数据安全行为规范和团体标准，加强行业自律，指导会员加强数据安全保护，提高数据安全保护水平，促进行业健康发展。

第十一条　国家积极开展数据安全治理、数据开发利用等领域的国际交流与合作，参与数据安全相关国际规则和标准的制定，促进数据跨境安全、自由流动。

第十二条　任何个人、组织都有权对违反本法规定的行为向有关主管部门投诉、举报。收到投诉、举报的部门应当及时依法处理。

有关主管部门应当对投诉、举报人的相关信息予以保密，保护投诉、举报人的合法权益。

第二章　数据安全与发展

第十三条　国家统筹发展和安全，坚持以数据开发利用和产业发展促进数据安全，以数据安全保障数据开发利用和产业发展。

第十四条　国家实施大数据战略，推进数据基础设施建设，鼓励和支持数据在各行业、各领域的创新应用。

省级以上人民政府应当将数字经济发展纳入本级国民经济和社会发展规划，并根据需要制定数字经济发展规划。

第十五条　国家支持开发利用数据提升公共服务的智能化水平。提供智能化公共服务，应当充分考虑老年人、残疾人的需求，避免对老年人、残疾人的日常生活造成障碍。

第十六条　国家支持数据开发利用和数据安全技术研究，鼓励数据开发利用和数据安全等领域的技术推广和商业创新，培育、发展数据开发利用和数据安全产品、产业体系。

第十七条　国家推进数据开发利用技术和数据安全标准体系建设。国务院标准化行政主管部门和国务院有关部门根据各自的职责，组织制定并适时修订有关数据开发利用技术、产品和数据安全相关标准。国家支持企业、社会团体和教育、科研机构等参与标准制定。

第十八条 国家促进数据安全检测评估、认证等服务的发展，支持数据安全检测评估、认证等专业机构依法开展服务活动。

国家支持有关部门、行业组织、企业、教育和科研机构、有关专业机构等在数据安全风险评估、防范、处置等方面开展协作。

第十九条 国家建立健全数据交易管理制度，规范数据交易行为，培育数据交易市场。

第二十条 国家支持教育、科研机构和企业等开展数据开发利用技术和数据安全相关教育和培训，采取多种方式培养数据开发利用技术和数据安全专业人才，促进人才交流。

第三章 数据安全制度

第二十一条 国家建立数据分类分级保护制度，根据数据在经济社会发展中的重要程度，以及一旦遭到篡改、破坏、泄露或者非法获取、非法利用，对国家安全、公共利益或者个人、组织合法权益造成的危害程度，对数据实行分类分级保护。国家数据安全工作协调机制统筹协调有关部门制定重要数据目录，加强对重要数据的保护。

关系国家安全、国民经济命脉、重要民生、重大公共利益等数据属于国家核心数据，实行更加严格的管理制度。

各地区、各部门应当按照数据分类分级保护制度，确定本地区、本部门以及相关行业、领域的重要数据具体目录，对列入目录的数据进行重点保护。

第二十二条 国家建立集中统一、高效权威的数据安全风险评估、报告、信息共享、监测预警机制。国家数据安全工作协调机制统筹协调有关部门加强数据安全风险信息的获取、分析、研判、预警工作。

第二十三条 国家建立数据安全应急处置机制。发生数据安全事件，有关主管部门应当依法启动应急预案，采取相应的应急处置措施，防止危害扩大，消除安全隐患，并及时向社会发布与公众有关的警示信息。

第二十四条 国家建立数据安全审查制度，对影响或者可能影响国家安全的数据处理活动进行国家安全审查。

依法作出的安全审查决定为最终决定。

第二十五条 国家对与维护国家安全和利益、履行国际义务相关的属于管制物项的数据依法实施出口管制。

第二十六条 任何国家或者地区在与数据和数据开发利用技术等有关的投资、贸易等方面对中华人民共和国采取歧视性的禁止、限制或者其他类似措施的，中华人民共和国可以根据实际情况对该国家或者地区对等采取措施。

第四章 数据安全保护义务

第二十七条 开展数据处理活动应当依照法律、法规的规定，建立健全全流程数据安全管理制度，组织开展数据安全教育培训，采取相应的技术措施和其他必要措施，保障数据安全。利用互联网等信息网络开展数据处理活动，应当在网络安全等级保护制度的基础上，履行上述数据安全保护义务。

重要数据的处理者应当明确数据安全负责人和管理机构，落实数据安全保护责任。

第二十八条 开展数据处理活动以及研究开发数据新技术，应当有利于促进经济社会发展，增进人民福祉，符合社会公德和伦理。

第二十九条 开展数据处理活动应当加强风险监测，发现数据安全缺陷、漏洞等风险时，应当立即采取补救措施；发生数据安全事件时，应当立即采取处置措施，按照规定及时告知用户并向有关主管部门报告。

第三十条 重要数据的处理者应当按照规定对其数据处理活动定期开展风险评估，并向有关主管部门报送风险评估报告。

风险评估报告应当包括处理的重要数据的种类、数量，开展数据处理活动的情况，面临的数据安全风险及其应对措施等。

第三十一条 关键信息基础设施的运营者在中华人民共和国境内运营中收集和产生的重要数据的出境安全管理，适用《中华人民共和国网络安全法》的规定；其他数据处理者在中华人民共和国境内运营中收集和产生的重要数据的出境安全管理办法，由国家网信部门会同国务院有关部门制定。

第三十二条 任何组织、个人收集数据，应当采取合法、正当的方式，不得窃取或者以其他非法方式获取数据。

法律、行政法规对收集、使用数据的目的、范围有规定的，应当在法律、行政法规规定的目的和范围内收集、使用数据。

第三十三条 从事数据交易中介服务的机构提供服

务，应当要求数据提供方说明数据来源，审核交易双方的身份，并留存审核、交易记录。

第三十四条 法律、行政法规规定提供数据处理相关服务应当取得行政许可的，服务提供者应当依法取得许可。

第三十五条 公安机关、国家安全机关因依法维护国家安全或者侦查犯罪的需要调取数据，应当按照国家有关规定，经过严格的批准手续，依法进行，有关组织、个人应当予以配合。

第三十六条 中华人民共和国主管机关根据有关法律和中华人民共和国缔结或者参加的国际条约、协定，或者按照平等互惠原则，处理外国司法或者执法机构关于提供数据的请求。非经中华人民共和国主管机关批准，境内的组织、个人不得向外国司法或者执法机构提供存储于中华人民共和国境内的数据。

第五章 政务数据安全与开放

第三十七条 国家大力推进电子政务建设，提高政务数据的科学性、准确性、时效性，提升运用数据服务经济社会发展的能力。

第三十八条 国家机关为履行法定职责的需要收集、使用数据，应当在其履行法定职责的范围内依照法律、行政法规规定的条件和程序进行；对在履行职责中知悉的个人隐私、个人信息、商业秘密、保密商务信息等数据应当依法予以保密，不得泄露或者非法向他人提供。

第三十九条 国家机关应当依照法律、行政法规的规定，建立健全数据安全管理制度，落实数据安全保护责任，保障政务数据安全。

第四十条 国家机关委托他人建设、维护电子政务系统，存储、加工政务数据，应当经过严格的批准程序，并应当监督受托方履行相应的数据安全保护义务。受托方应当依照法律、法规的规定和合同约定履行数据安全保护义务，不得擅自留存、使用、泄露或者向他人提供政务数据。

第四十一条 国家机关应当遵循公正、公平、便民的原则，按照规定及时、准确地公开政务数据。依法不予公开的除外。

第四十二条 国家制定政务数据开放目录，构建统一规范、互联互通、安全可控的政务数据开放平台，推动政务数据开放利用。

第四十三条 法律、法规授权的具有管理公共事务职能的组织为履行法定职责开展数据处理活动，适用本章规定。

第六章　法律责任

第四十四条　有关主管部门在履行数据安全监管职责中，发现数据处理活动存在较大安全风险的，可以按照规定的权限和程序对有关组织、个人进行约谈，并要求有关组织、个人采取措施进行整改，消除隐患。

第四十五条　开展数据处理活动的组织、个人不履行本法第二十七条、第二十九条、第三十条规定的数据安全保护义务的，由有关主管部门责令改正，给予警告，可以并处五万元以上五十万元以下罚款，对直接负责的主管人员和其他直接责任人员可以处一万元以上十万元以下罚款；拒不改正或者造成大量数据泄露等严重后果的，处五十万元以上二百万元以下罚款，并可以责令暂停相关业务、停业整顿、吊销相关业务许可证或者吊销营业执照，对直接负责的主管人员和其他直接责任人员处五万元以上二十万元以下罚款。

违反国家核心数据管理制度，危害国家主权、安全和发展利益的，由有关主管部门处二百万元以上一千万元以下罚款，并根据情况责令暂停相关业务、停业整顿、吊销相关业务许可证或者吊销营业执照；构成犯罪的，依法追究刑事责任。

第四十六条 违反本法第三十一条规定，向境外提供重要数据的，由有关主管部门责令改正，给予警告，可以并处十万元以上一百万元以下罚款，对直接负责的主管人员和其他直接责任人员可以处一万元以上十万元以下罚款；情节严重的，处一百万元以上一千万元以下罚款，并可以责令暂停相关业务、停业整顿、吊销相关业务许可证或者吊销营业执照，对直接负责的主管人员和其他直接责任人员处十万元以上一百万元以下罚款。

第四十七条 从事数据交易中介服务的机构未履行本法第三十三条规定的义务的，由有关主管部门责令改正，没收违法所得，处违法所得一倍以上十倍以下罚款，没有违法所得或者违法所得不足十万元的，处十万元以上一百万元以下罚款，并可以责令暂停相关业务、停业整顿、吊销相关业务许可证或者吊销营业执照；对直接负责的主管人员和其他直接责任人员处一万元以上十万元以下罚款。

第四十八条 违反本法第三十五条规定，拒不配合数据调取的，由有关主管部门责令改正，给予警告，并处五万元以上五十万元以下罚款，对直接负责的主管人员和其他直接责任人员处一万元以上十万元以下罚款。

违反本法第三十六条规定，未经主管机关批准向外国司法或者执法机构提供数据的，由有关主管部门给予警告，可以并处十万元以上一百万元以下罚款，对直接负责的主管人员和其他直接责任人员可以处一万元以上十万元以下罚款；造成严重后果的，处一百万元以上五百万元以下罚款，并可以责令暂停相关业务、停业整顿、吊销相关业务许可证或者吊销营业执照，对直接负责的主管人员和其他直接责任人员处五万元以上五十万元以下罚款。

第四十九条 国家机关不履行本法规定的数据安全保护义务的，对直接负责的主管人员和其他直接责任人员依法给予处分。

第五十条 履行数据安全监管职责的国家工作人员玩忽职守、滥用职权、徇私舞弊的，依法给予处分。

第五十一条 窃取或者以其他非法方式获取数据，开展数据处理活动排除、限制竞争，或者损害个人、组织合法权益的，依照有关法律、行政法规的规定处罚。

第五十二条 违反本法规定，给他人造成损害的，依法承担民事责任。

违反本法规定，构成违反治安管理行为的，依法给予治安管理处罚；构成犯罪的，依法追究刑事责任。

第七章　附　　则

第五十三条　开展涉及国家秘密的数据处理活动，适用《中华人民共和国保守国家秘密法》等法律、行政法规的规定。

在统计、档案工作中开展数据处理活动，开展涉及个人信息的数据处理活动，还应当遵守有关法律、行政法规的规定。

第五十四条　军事数据安全保护的办法，由中央军事委员会依据本法另行制定。

第五十五条　本法自2021年9月1日起施行。

企业事业单位内部治安保卫条例

（2004年9月13日国务院第64次常务会议通过　2004年9月27日中华人民共和国国务院令第421号公布　自2004年12月1日起施行）

第一条　为了规范企业、事业单位（以下简称单位）内部治安保卫工作，保护公民人身、财产安全和公共财产安全，维护单位的工作、生产、经营、教学和科研秩序，制定本条例。

第二条 单位内部治安保卫工作贯彻预防为主、单位负责、突出重点、保障安全的方针。

单位内部治安保卫工作应当突出保护单位内人员的人身安全，单位不得以经济效益、财产安全或者其他任何借口忽视人身安全。

第三条 国务院公安部门指导、监督全国的单位内部治安保卫工作，对行业、系统有监管职责的国务院有关部门指导、检查本行业、本系统的单位内部治安保卫工作；县级以上地方各级人民政府公安机关指导、监督本行政区域内的单位内部治安保卫工作，对行业、系统有监管职责的县级以上地方各级人民政府有关部门指导、检查本行政区域内的本行业、本系统的单位内部治安保卫工作，及时解决单位内部治安保卫工作中的突出问题。

第四条 县级以上地方各级人民政府应当加强对本行政区域内的单位内部治安保卫工作的领导，督促公安机关和有关部门依法履行职责，并及时协调解决单位内部治安保卫工作中的重大问题。

第五条 单位的主要负责人对本单位的内部治安保卫工作负责。

第六条 单位应当根据内部治安保卫工作需要，设置治安保卫机构或者配备专职、兼职治安保卫人员。

治安保卫重点单位应当设置与治安保卫任务相适应的治安保卫机构，配备专职治安保卫人员，并将治安保卫机构的设置和人员的配备情况报主管公安机关备案。

第七条 单位内部治安保卫工作的要求是：

（一）有适应单位具体情况的内部治安保卫制度、措施和必要的治安防范设施；

（二）单位范围内的治安保卫情况有人检查，重要部位得到重点保护，治安隐患及时得到排查；

（三）单位范围内的治安隐患和问题及时得到处理，发生治安案件、涉嫌刑事犯罪的案件及时得到处置。

第八条 单位制定的内部治安保卫制度应当包括下列内容：

（一）门卫、值班、巡查制度；

（二）工作、生产、经营、教学、科研等场所的安全管理制度；

（三）现金、票据、印鉴、有价证券等重要物品使用、保管、储存、运输的安全管理制度；

（四）单位内部的消防、交通安全管理制度；

（五）治安防范教育培训制度；

（六）单位内部发生治安案件、涉嫌刑事犯罪案件的报告制度；

（七）治安保卫工作检查、考核及奖惩制度；

（八）存放有爆炸性、易燃性、放射性、毒害性、传染性、腐蚀性等危险物品和传染性菌种、毒种以及武器弹药的单位，还应当有相应的安全管理制度；

（九）其他有关的治安保卫制度。

单位制定的内部治安保卫制度不得与法律、法规、规章的规定相抵触。

第九条　单位内部治安保卫人员应当接受有关法律知识和治安保卫业务、技能以及相关专业知识的培训、考核。

第十条　单位内部治安保卫人员应当依法、文明履行职责，不得侵犯他人合法权益。治安保卫人员依法履行职责的行为受法律保护。

第十一条　单位内部治安保卫机构、治安保卫人员应当履行下列职责：

（一）开展治安防范宣传教育，并落实本单位的内部治安保卫制度和治安防范措施；

（二）根据需要，检查进入本单位人员的证件，登记出入的物品和车辆；

（三）在单位范围内进行治安防范巡逻和检查，建立巡逻、检查和治安隐患整改记录；

（四）维护单位内部的治安秩序，制止发生在本单位的违法行为，对难以制止的违法行为以及发生的治安案件、涉嫌刑事犯罪案件应当立即报警，并采取措施保护现场，配合公安机关的侦查、处置工作；

（五）督促落实单位内部治安防范设施的建设和维护。

第十二条 在单位管理范围内的人员，应当遵守单位的内部治安保卫制度。

第十三条 关系全国或者所在地区国计民生、国家安全和公共安全的单位是治安保卫重点单位。治安保卫重点单位由县级以上地方各级人民政府公安机关按照下列范围提出，报本级人民政府确定：

（一）广播电台、电视台、通讯社等重要新闻单位；

（二）机场、港口、大型车站等重要交通枢纽；

（三）国防科技工业重要产品的研制、生产单位；

（四）电信、邮政、金融单位；

（五）大型能源动力设施、水利设施和城市水、电、燃气、热力供应设施；

（六）大型物资储备单位和大型商贸中心；

（七）教育、科研、医疗单位和大型文化、体育场所；

（八）博物馆、档案馆和重点文物保护单位；

（九）研制、生产、销售、储存危险物品或者实验、保藏传染性菌种、毒种的单位；

（十）国家重点建设工程单位；

（十一）其他需要列为治安保卫重点的单位。

治安保卫重点单位应当遵守本条例对单位治安保卫工作的一般规定和对治安保卫重点单位的特别规定。

第十四条 治安保卫重点单位应当确定本单位的治安保卫重要部位，按照有关国家标准对重要部位设置必要的技术防范设施，并实施重点保护。

第十五条 治安保卫重点单位应当在公安机关指导下制定单位内部治安突发事件处置预案，并定期演练。

第十六条 公安机关对本行政区域内的单位内部治安保卫工作履行下列职责：

（一）指导单位制定、完善内部治安保卫制度，落实治安防范措施，指导治安保卫人员队伍建设和治安保卫重点单位的治安保卫机构建设；

（二）检查、指导单位的内部治安保卫工作，发现单位有违反本条例规定的行为或者治安隐患，及时下达整改通知书，责令限期整改；

（三）接到单位内部发生治安案件、涉嫌刑事犯罪案件的报警，及时出警，依法处置。

第十七条 对认真落实治安防范措施，严格执行治安保卫工作制度，在单位内部治安保卫工作中取得显著成绩的单位和个人，有关人民政府、公安机关和有关部门应当给予表彰、奖励。

第十八条 单位治安保卫人员因履行治安保卫职责伤残或者死亡的，依照国家有关工伤保险、评定伤残、批准烈士的规定给予相应的待遇。

第十九条 单位违反本条例的规定，存在治安隐患的，公安机关应当责令限期整改，并处警告；单位逾期不整改，造成公民人身伤害、公私财产损失，或者严重威胁公民人身安全、公私财产安全或者公共安全的，对单位处1万元以上10万元以下的罚款，对单位主要负责人和其他直接责任人员处500元以上5000元以下的罚款，并可以建议有关组织对单位主要负责人和其他直接责任人员依法给予处分；情节严重，构成犯罪的，依法追究刑事责任。

第二十条 单位治安保卫人员在履行职责时侵害他人合法权益的，应当赔礼道歉，给他人造成损害的，单位应当承担赔偿责任。单位赔偿后，有权责令因故意或者重大过失造成侵权的治安保卫人员承担部分或者全部赔偿的费用；对故意或者重大过失造成侵权的治安保卫人员，单位应当依法给予处分。治安保卫人员侵害他人合法权益的行为属于受单位负责人指使、胁迫的，对单位负责人依法给予处分，并由其承担赔偿责任；情节严重，构成犯罪的，依法追究刑事责任。

第二十一条 公安机关接到单位报警后不依法履行职责，致使公民人身、财产和公共财产遭受损失，或者有其他玩忽职守、滥用职权行为的，对直接负责的主管人员和其他直接责任人员依法给予行政处分；情节严重，构成犯罪的，依法追究刑事责任。

对行业、系统有监管职责的人民政府有关部门在指导、检查本行业、本系统的单位内部治安保卫工作过程中有玩忽职守、滥用职权行为的，参照前款规定处罚。

第二十二条 机关、团体的内部治安保卫工作参照本条例的有关规定执行。

高等学校治安保卫工作的具体规定由国务院另行制定。

第二十三条 本条例自2004年12月1日起施行。

北京市公共安全图像信息系统管理办法

（2006 年 12 月 15 日北京市人民政府第 185 号令公布　自 2007 年 4 月 1 日起施行）

第一条　为了规范本市公共安全图像信息系统的建设和管理，提高预防和处置突发公共事件的能力，保障公共安全，保护公民的合法权益，制定本办法。

第二条　本办法适用于本市行政区域内公共安全图像信息系统的建设和管理。

第三条　本办法所称的公共安全图像信息系统，是指利用图像采集设备和其他相关设备对涉及公共安全的区域进行信息记录的视频系统。

第四条　市人民政府有关部门和区、县人民政府负责本行业、本系统、本地区公共安全图像信息系统建设的组织实施，并协助做好公共安全图像信息系统使用、维护等方面的监督管理工作。

市和区、县公安机关负责公共安全图像信息系统建设、使用、维护的日常监督管理工作。

第五条　下列单位和区域，应当安装公共安全图像信息系统：

（一）党政机关、国家机关所在地，广播电台、电视台，电信、邮政、金融、服务单位，博物馆、档案馆、重点文物保护单位，危险物品生产、销售、存放场所等重要单位；

（二）宾馆、饭店、商场、医院、学校、幼儿园、文化娱乐场所，举办体育赛事的场馆、场地，住宅区、停车场等人员聚集的公共场所；

（三）重点道路、路段和主要交通路口，地下通道、过街天桥，机场、火车站、地铁和城铁车站，公共电汽车的重要交通枢纽等；

（四）城市供排水、电力、燃气、热力设施，城市河湖及其他重要水务工程等重要城市基础设施；

（五）国家法律、法规规定的其他地点和区域。

公共安全图像信息系统建设的市级主管部门可以根据需要确定其他应当安装公共安全图像信息系统的区域，报市人民政府批准。

第六条 单位按照本办法规定自建公共安全图像信息系统，应当符合政府的统一规划和要求，不得采集本单位范围以外的公共区域的图像信息。

第七条 交通道路、广场等公共场所公共安全图像信息系统的建设由政府负责，其他任何单位和个人不得在该区域设置公共安全图像信息系统。

第八条 公共安全图像信息系统的建设，应当符合国家和本市的技术规范和标准。

市质量技术监督、信息化主管部门和公安机关共同制定本市公共安全图像信息系统的技术规范和标准，公共图像信息系统应当具有采集、录像、传输等功能。

第九条 设置公共安全图像信息系统，不得侵犯公民个人隐私；对涉及公民个人隐私的图像信息，应当采取保密措施。

涉及国家秘密、商业秘密的公共安全图像信息系统的建设，按照国家有关规定执行。

第十条 新建、改建、扩建建设项目应当安装公共安全图像信息系统的，公共安全图像信息系统应当与项目主体工程同步规划、同步建设、同时投入使用。

第十一条 公共安全图像信息系统的使用单位，应当自系统竣工验收合格之日起 30 日内，将公共安全图像信息系统的建设情况按照保卫隶属关系向市或者区、县公安机关备案；没有保卫隶属关系的，向本单位所在地的区、县公安机关备案。

本办法施行前已经建成的公共安全图像信息系统的

使用单位应当自本办法施行之日起 30 日内，将公共安全图像信息系统的建设情况按照前款规定向公安机关备案。

第十二条 公共安全图像信息系统的使用单位，应当采取下列措施，保证公共安全图像信息系统安全运行：

（一）对与公共安全图像信息系统密切接触的人员进行岗位技能和保密知识的培训；

（二）建立安全检查、运行维护、应急处理等制度；

（三）保持图像信息画面清晰，保证系统正常运行；

（四）不得擅自改变公共安全图像信息系统的用途和摄像设备的位置。

使用单位委托其他单位运营、维护、管理公共安全图像信息系统的，双方应当明确保证系统安全运行的责任。

第十三条 公共安全图像信息系统的使用单位，应当建立、健全图像信息安全管理制度，遵守下列规定：

（一）建立值班监看制度，发现涉及公共安全的可疑信息及时向公安机关报告；

（二）建立图像信息使用登记制度，对图像信息的录制人员、调取时间、调取用途等事项进行登记；

（三）按照规定期限留存图像信息，不得擅自删改、破坏留存期限内图像信息的原始数据记录。

第十四条　负责图像信息监看的工作人员，应当遵守各项图像信息安全管理制度，坚守岗位，爱护仪器设备，保守秘密。

与图像信息监看工作无关的人员不得擅自进入监看场所。留存的图像信息除按照本办法的规定使用外，任何人不得擅自查阅、复制、提供、传播。

第十五条　在公共场所设置公共安全图像信息系统，应当设置标识。

第十六条　发生社会治安、自然灾害、事故灾难、公共卫生等突发公共事件时，具有突发公共事件调查、处置权的政府有关主管部门有权查看、调取、复制图像信息，有关单位应当予以配合。

第十七条　政府有关主管部门工作人员查看、调取、复制图像信息时，应当遵守下列规定：

（一）工作人员不得少于二人；

（二）出示工作证件和证明文件；

（三）填写查看、调取、复制图像信息情况登记表；

（四）遵守图像信息的使用、保密制度，不得擅自提供、传播图像信息，对涉及国家秘密、商业秘密和公民个人隐私的图像信息予以保密。

第十八条　公安机关应当对公共安全图像信息系统

的日常使用、维护情况进行监督检查，发现问题督促相关单位及时整改；必要时，质量技术监督、信息化主管部门在技术检测等方面应当予以协助。

第十九条 违反本办法的规定，应当建设公共安全图像信息系统不建设或者不按照规范和标准建设的，由公安机关责令限期整改并予以警告；逾期不整改或者整改不合格的，对单位处 1 万元以上 3 万元以下的罚款，对单位主要负责人、直接责任人员分别处 500 元以上 1000 元以下的罚款。

第二十条 违反本办法第六条的规定，单位设置公共安全图像信息系统擅自采集本单位范围以外的公共区域的图像信息的，由公安机关责令改正，并对单位处 1 万元以上 3 万元以下的罚款，对单位主要负责人、直接责任人员分别处 500 元以上 1000 元以下的罚款。

第二十一条 违反本办法第七条的规定，擅自在公共场所设置公共安全图像信息系统，由公安机关责令拆除；单位设置的，对单位处 1 万元以上 3 万元以下的罚款，对单位主要负责人、直接责任人员分别处 500 元以上 1000 元以下的罚款；个人设置的，对个人处 500 元以上 1000 元以下的罚款。

第二十二条 违反本办法第十一条的规定，不遵守备案制度的，由公安机关责令改正，并对单位处 1000 元以上 1 万元以下的罚款，对单位主要负责人、直接责任人员分别处 500 元以下的罚款。

第二十三条 违反本办法第十二条的规定，未采取保障图像信息系统运行安全管理措施，影响系统安全运行的，由公安机关责令限期整改，可以对单位并处 1000 元以上 1 万元以下的罚款，对单位主要负责人、直接责任人员分别处 500 元以下的罚款；逾期不整改或者整改不合格的，对单位处 1 万元以上 3 万元以下的罚款，对单位主要负责人、直接责任人员分别处 500 元以上 1000 元以下的罚款。

第二十四条 违反本办法第十三条、第十四条的规定，未建立、健全或者违反图像信息安全管理制度，以及擅自查阅、复制、提供、传播图像信息的，由公安机关对单位处 1 万元以上 3 万元以下的罚款，对单位主要负责人、直接责任人员分别处 500 元以上 1000 元以下的罚款；构成违反治安管理行为的，由公安机关依法处罚；构成犯罪的，依法追究刑事责任。

第二十五条 违反本办法第十六条的规定，拒不提供图像信息的，由公安机关对单位处 1 万元以上 3 万元以下的罚款，对单位主要负责人、直接责任人员分别处 500

元以上1000元以下的罚款；构成违反治安管理行为的，由公安机关依法处罚；构成犯罪的，依法追究刑事责任。

第二十六条 违反本办法第十七条的规定，政府有关主管部门的工作人员查看、调取、复制图像信息时违反相关管理制度，由主管部门追究其行政责任。构成犯罪的，依法追究刑事责任。

第二十七条 本办法自2007年4月1日起施行。

重庆市公共安全视频图像信息系统管理办法

（2016年6月17日重庆市人民政府令第304号公布 自2016年8月1日起施行）

第一章 总 则

第一条 为了规范公共安全视频图像信息系统的建设和使用，保障公民、法人和其他组织的合法权益，维护公共安全，根据有关法律法规，结合本市实际，制定本办法。

第二条 本市行政区域内公共安全视频图像信息系统的建设、使用及其管理适用本办法。

第三条 本办法所称公共安全视频图像信息系统，

是指利用视频图像采集设备和其他相关设备，对涉及公共安全的区域或者场所进行视频图像采集、传输、显示和存储的系统。

第四条 公共安全视频图像信息系统的建设和使用应当遵循统一规划、统一标准、统筹建设、整合共享、合理适度、合法利用的原则。

第五条 市人民政府有关部门、各区县（自治县）人民政府应当将公共安全视频图像信息系统建设纳入国民经济和社会发展规划统筹建设。

第六条 公安机关负责公共安全视频图像信息系统的监督管理和指导，以及本办法规定的特定区域和场所公共安全视频图像信息系统的建设、使用和维护。

综治、发展改革、财政、经济信息、城乡建设、交通、规划、市政、质监、安监、国家安全、通信等部门应当根据职责做好相关工作。

供电、广播电视、电信业务经营等单位应当配合做好相关工作。

第七条 任何单位和个人不得利用公共安全视频图像信息系统非法获取国家秘密、商业秘密或者侵犯个人隐私。

第二章　规划、建设与整合

第八条　市公安机关应当会同综治、发展改革、财政、经济信息、城乡建设、交通、规划、市政、国家安全等部门编制全市公共安全视频图像信息系统建设规划，报市人民政府批准后组织实施。

区县（自治县）公安机关应当根据全市公共安全视频图像信息系统建设规划，会同本级人民政府有关部门编制本行政区域的公共安全视频图像信息系统建设规划，报本级人民政府批准后组织实施。

制定和实施公共安全视频图像信息系统建设规划，应当充分利用和整合现有视频图像信息系统资源，避免重复建设。

第九条　下列区域和场所中涉及公共安全的部位，应当建设公共安全视频图像信息系统：

（一）步行街、大型广场、重要地下人行通道、公共停车场、城市和乡镇主要道路的重要路段、重要交通路口、城市主要出入口等社会公共区域；

（二）城市公共交通车辆、城市轨道车辆、长途客运车辆、客运轮船等大中型公共交通工具；

（三）公园、住宅小区、旅游景区（点）、影剧院、旅馆、大型餐饮场所、大型娱乐场所、互联网上网服务营业场所等人员密集区域和场所；

（四）防范恐怖袭击的重点目标、治安保卫重点单位、重要涉外场所；

（五）其他易发或者频发刑事、治安案件的区域和场所；

（六）法律、法规、规章规定的其他区域和场所。

第十条 下列区域和场所禁止建设视频图像信息系统：

（一）旅馆客房和娱乐场所包房；

（二）集体和个人宿舍；

（三）公共浴室、更衣室、卫生间、哺乳室；

（四）金融机构内可能泄露客户个人信息和商业秘密的操作区域；

（五）选举箱、投票点等附近可以观察到个人意愿表达情况的区域；

（六）涉及个人隐私的其他区域和场所。

第十一条 本办法第九条第一项规定的社会公共区域的公共安全视频图像信息系统属于公共基础设施，由公安机关建设、维护和管理，所需费用列入同级政府财政预算。但是，有运营管理单位的公共区域除外。

其他应当建设公共安全视频图像信息系统的区域或者场所，由该区域或者场所的所有权人与使用权人约定责任主体；没有约定的，由所有权人负责建设和维护。所有权属于国家的，由管理单位或者使用权人负责建设和维护。

鼓励有条件的企业事业单位履行社会职责，承担本单位周边公共区域的公共安全视频图像信息系统建设。

除本条第一款、第二款、第三款规定的责任单位外，其他单位和个人不得在公共区域和场所建设公共安全视频图像信息系统。

第十二条 根据本办法第九条规定建设公共安全视频图像信息系统，建设单位应当按照相关国家标准、行业标准和地方标准组织设计技术方案可行性论证，预留公共安全视频图像信息系统接入联网的硬件、软件接口；系统中使用的产品应当符合相关国家标准、行业标准和地方标准。

公共区域建设的公共安全视频图像信息系统，应当做到视频图像采集设备的位置合理、采集范围固定，并设置明显标志。

第十三条 新建、改建、扩建的建设工程，按照本办法规定应当建设公共安全视频图像信息系统的，公共安全视频图像信息系统应当与建设工程同时设计、同时施工、同时验收。

第十四条 公共安全视频图像信息系统竣工后，建设单位应当按照相关国家标准、行业标准和地方标准组织竣工验收。验收不合格的应当整改；验收合格或者整改合格后，方可投入使用。

第十五条 在涉及国家安全、国家秘密的区域和场所建设公共安全视频图像信息系统，应当符合国家相关保密规定，建立严格的安全准入机制，选用安全可控的产品设备和符合要求的专业服务队伍，不得接入互联网以及其他公共信息网络。

第十六条 根据本办法第九条规定建设的公共安全视频图像信息系统，建设单位应当自验收合格之日起30日内，将公共安全视频图像信息系统设计技术方案和验收的相关材料报所在地区县（自治县）公安机关备案。

本办法施行前已经建成的公共安全视频图像信息系统，使用者应当于本办法施行后60日内向所在地区县（自治县）公安机关备案。

拆除已备案的公共安全视频图像信息系统，应当自拆除之日起30日内向所在地区县（自治县）公安机关报告。

第十七条 公共安全视频图像信息系统的建设单位、使用者应当将系统的设计、施工、验收、维护等基础资料立卷归档，依法管理、保存。

第十八条 本办法实施前已建成的公共安全视频图像信息系统不符合现行相关国家标准、行业标准和地方标准的，应当逐步进行升级改造。

相关主管部门应当指导推动本行业、本系统公共安全视频图像信息系统的建设、管理和升级改造工作。

第十九条 市、区县（自治县）公安机关应当按照合法、安全和规范的要求，对政府投资建设的公共安全视频图像信息系统进行整合，并根据公共安全、公共服务和管理工作需要，实现跨部门视频图像信息的共享。

为了维护公共安全的需要，市、区县（自治县）公安机关可以对辖区内企事业单位、其他组织建设的公共安全视频图像信息系统进行整合，相关单位和个人应当予以配合。

整合接入公共安全视频图像信息系统的经费应当列入同级政府财政预算。

第三章 管理与监督

第二十条 公共安全视频图像信息系统使用、维护单位和个人应当遵守下列规定：

（一）建立值班监看、重大情况报告、操作维护等管理制度和突发事件处置预案；

（二）对公共安全视频图像信息系统的监看、操作维护等人员进行岗位技能和保密知识培训；

（三）建立公共安全视频图像信息系统监看人员档案；

（四）建立系统效能和安全性能的定期评估、评价制度；

（五）建立公共安全视频图像信息系统定期检查和维护保养制度；

（六）不得无故中断公共安全视频图像信息系统运行，因故障中断运行的，应当及时恢复；

（七）不得擅自改变公共安全视频图像信息系统设施、设备的位置和功能；

（八）禁止与视频图像监看工作无关的人员进入监看场所；

（九）发现涉及公共安全的可疑信息，应当及时向所在地区县（自治县）公安机关报告；

委托其他单位管理、维护公共安全视频图像信息系统的，双方应当明确保证系统安全运行的责任。

第二十一条 公共安全视频图像信息系统采集的视频图像信息应当真实、完整，能够满足使用要求。

第二十二条 公共安全视频图像信息系统的使用者，应当采取授权管理、控制访问等措施，限制对公共安全视频图像信息系统设计方案、设备类型、安装位置、地址码等基础信息，以及系统采集的视频图像信息的查阅、复制、转发，保障信息安全。

显示、存储、传输涉及违法犯罪证据的视频图像信息，应当采取信息保全等技术手段，保证原始视频图像信息不被删改和破坏。显示、存储、传输涉及国家安全、国家秘密的基础信息和视频图像信息，应当符合国家相关保密规定。

第二十三条 公共安全视频图像信息系统的使用者，应当建立信息保存、使用等管理制度，按照本办法第二十五条规定提供信息并进行登记。

公共安全视频图像信息系统的信息资料至少留存30日。法律、法规或者相关国家标准、行业标准另有规定的，从其规定。

第二十四条 电信业务经营者应当加强网络传输安全管理，提升网络安全防护能力，并按照合同约定保障网络传输链路畅通和公共安全视频图像信息系统的运行安全。

第二十五条　行使侦查、检察、审判职权的机关因工作需要，政府及其相关部门因处置突发事件或者行政执法需要，可以调取、查阅或者复制公共安全视频图像信息系统的信息资料。

根据前款规定调取、查阅或者复制公共安全视频图像信息系统的信息资料，应当遵守下列规定：

（一）工作人员不得少于2人；

（二）出示工作证件和提交单位证明文件；

（三）履行相关登记手续；

（四）获取的信息限于执行职务需要范围。

第二十六条　国家机关及其工作人员不得违法强制要求企事业单位、其他组织和个人建设公共安全视频图像信息系统，不得指定或者变相指定公共安全视频图像信息系统的设计、施工、接入联网和维护单位以及产品的品牌、销售单位。

第二十七条　任何单位和个人不得有下列行为：

（一）盗窃、损毁公共安全视频图像信息系统的设施、设备；

（二）删改公共安全视频图像信息系统信息资料的原始记录和运行记录，破坏运行程序；

（三）删改、隐匿、毁弃留存期内的公共安全视频图像信息系统采集的视频图像信息；

（四）非法使用、传播公共安全视频图像信息资料；

（五）拒绝、阻碍相关部门依法建设公共安全视频图像信息系统或者依法调取、查阅、复制、使用公共安全视频图像信息系统的信息资料；

（六）设置户外广告、架设管线、园林绿化或者安装其他设施影响公共安全视频图像信息系统正常运行或者视频图像信息正常采集；

（七）影响公共安全视频图像信息系统正常运行的其他行为。

第二十八条　公安机关应当定期依法对公共安全视频图像信息系统相关情况进行监督检查。监督检查包括下列内容：

（一）建设单位依法建设、验收、整改的情况；

（二）升级改造的情况；

（三）日常运行和维护以及信息资料的管理和使用情况；

（四）依法备案的情况；

（五）其他依法需要监督检查的事项。

公安机关实施监督检查时，相关单位和个人应当予以配合。

第四章　法律责任

第二十九条　违反本办法规定，在涉及公共安全的区域和场所建设公共安全视频图像信息系统，或者在可能泄露国家秘密、商业秘密和个人隐私的区域和场所建设公共安全视频图像信息系统、安装其他具有视频图像采集功能的设备、设施的，由公安机关责令限期拆除；拒不拆除的，依法申请人民法院强制拆除；单位安装的，对单位处3000元以上3万元以下罚款，其中，对属非经营活动中的违法行为处1000元罚款；个人安装的，对个人处500元以上1000元以下罚款。

第三十条　违反本办法规定，有下列行为之一的，由公安机关责令限期改正并给予警告；逾期未改正的，对单位处1000元罚款，对单位负责的主管人员和其他直接责任人员处500元以下罚款；对个人处500元以上1000元以下罚款：

（一）应当建设公共安全视频图像信息系统而不建设的；

（二）建设公共安全视频图像信息系统未预留接入联网的硬件、软件接口的；

（三）公共安全视频图像信息系统建设竣工后未验收

或者验收不合格不予整改的；

（四）在关系国家安全、涉及国家秘密的区域或者场所建设的公共安全视频图像信息系统，不符合国家保密规定或者接入互联网以及其他公共信息网络的；

（五）拒绝、阻碍相关部门依法查阅、复制、调取公共安全视频图像信息系统信息资料的。

第三十一条 违反本办法第十六条、第十七条规定的，由公安机关责令限期改正；逾期未改正的，处1000元以下罚款。

第三十二条 违反本办法第二十条、第二十二条、第二十三条规定的，由公安机关责令限期改正并给予警告；情节严重的，对单位处1000元罚款，对单位负责的主管人员和其他直接责任人员处500元以下罚款；对个人处500元以上1000元以下罚款。

第三十三条 违反本办法规定，拒绝、阻碍公共安全视频图像信息系统整合的，由公安机关责令限期改正并给予警告；逾期不改正的，对单位处1000元罚款，对单位负责的主管人员和其他直接责任人员处500元以下罚款；对个人处500元以上1000元以下罚款。

第三十四条 违反本办法第二十七条规定的，由公安机关责令限期改正，并对单位处1000元罚款，对单位负责的主管人员和其他直接责任人员处500元以下罚款；对个人处500元以上1000元以下罚款；构成犯罪的，依法追究刑事责任。

第三十五条 国家机关及其工作人员有下列情形之一的，由上级行政机关或者监察机关责令改正，对主管人员和直接责任人员依法给予处分；构成犯罪的，依法追究刑事责任：

（一）在公共安全视频图像信息系统管理工作中不依法履行职责，致使他人人身、财产或者公共财产遭受损害的；

（二）泄露国家秘密、商业秘密或者个人隐私的；

（三）指定或者变相指定公共安全视频图像信息系统的设计、施工、接入联网和维护单位以及产品的品牌、销售单位的；

（四）不按照规定开展或者配合开展公共安全视频图像信息系统整合工作的；

（五）在调取、查阅、复制或者使用公共安全视频图像信息系统的信息资料时未遵守相关规定的；

（六）其他玩忽职守、滥用职权的行为。

第五章 附 则

第三十六条 本办法自2016年8月1日起施行。《重庆市社会公共安全视频图像信息系统管理办法》（重庆市人民政府令第230号）同时废止。

吉林省公共安全视频图像信息系统管理办法

（2012年11月17日吉林省人民政府令第236号公布 自2013年1月1日起施行）

第一章 总 则

第一条 为了加强对公共安全视频图像信息系统的管理，维护公共安全和社会治安秩序，根据有关法律、法规，结合本省实际，制定本办法。

第二条 本办法所称公共安全视频图像信息系统，是指以维护公共安全为目的，利用视频监控设备和技术，对涉及公共安全的场所和部位进行图像信息采集、传输、显示、处理的系统。

第三条 本省行政区域内公共安全视频图像信息系

统的规划、建设、使用和管理适用本办法。

第四条 公共安全视频图像信息系统的建设、使用应当遵循统筹规划、资源共享、合法利用的原则。

第五条 县级以上人民政府应当加强公共安全视频图像信息系统相关工作的组织领导，将公共安全视频图像信息系统的建设、使用纳入社会治安综合治理范围。

第六条 县级以上人民政府公安机关对公共安全视频图像信息系统的规划、建设、使用、维护等活动进行管理、监督和指导。

社会治安综合治理办公室、发展改革、财政、规划、住房城乡建设、交通运输、工业信息化、质监、电力、通信管理等部门应当在各自职责范围内做好公共安全视频图像信息系统的建设、管理、监督等相关工作。

第七条 涉及国家安全、商业秘密的公共安全视频图像信息系统的建设，应当按照国家有关规定执行。

使用公共安全视频图像信息系统不得泄露国家秘密和商业秘密，应当保护公民的个人隐私及其他合法权益。

第二章 规划与建设

第八条 县级以上人民政府公安机关根据社会公共安全的需要，会同发展改革、工业信息化、交通运输、住房城乡建设、规划等部门编制本行政区域内公共安全视频图像信息系统的建设规划，报同级人民政府批准后实施。

县级以上人民政府应当按照建设规划统筹本行政区域内的公共安全视频图像信息系统建设，并充分利用和整合现有资源，避免重复建设。

第九条 下列涉及公共安全的场所和部位应当建设公共安全视频图像信息系统：

（一）电台、电视台、报社等新闻单位的要害部位；

（二）电信、邮政、金融单位的要害部位；

（三）研制、生产、销售和储存危险物品单位的要害部位；

（四）能源设施、水利设施和城市水、电、燃气、热力供应等提供社会公共服务单位的要害部位；

（五）高速公路、国道、省道，城市的街道、地下铁路、轻型轨道的要害部位；

（六）重要科研单位、学校和幼儿园、医院、旅游景区、公园、机场、码头（港口）、边境口岸、车站、停车场的要害部位；

（七）城市公共交通车辆、客运车辆和客运轮船等大中型公共交通工具的要害部位；

（八）文化体育场所、广场、重点文物保护单位、博物馆、档案馆、会展场所、市政地下通道、步行街的主要公共通道和出入口；

（九）大中型商业网点、大中型餐饮场所、影剧院、娱乐场所、旅馆、互联网上网服务营业场所的主要公共通道和出入口。

鼓励和支持其他单位、组织和个人在本办法第十条规定外的场所和部位安装公共安全视频图像信息系统。

第十条 下列场所和部位禁止安装公共安全视频图像信息系统：

（一）医院、疗养院等医疗机构的病房；

（二）旅馆、宾馆的客房，娱乐活动场所的包房；

（三）集体宿舍房间；

（四）公共化妆间、试衣间、更衣室、休息室；

（五）公共浴室、公共卫生间；

（六）金融、保险、证券机构等可能泄露个人信息的操作部位；

（七）选举箱、投票点等附近能够观察到个人意愿表达的部位；

（八）其他涉及个人隐私的场所和部位。

第十一条 设置户外广告、架设管线或者安装其他设施，不得妨碍已合法安装的公共安全视频图像信息系统的正常运行。

从事前款规定的活动，确因特殊情况的需要不能保证公共安全视频图像信息系统正常运行的，可以重建或迁移该系统，但应当保证重建或迁移后的系统能够正常运行。

第十二条 城市的主要出入口、广场和重要路段、重要交通路口等公共场所和部位的公共安全视频图像信息系统由政府组织建设和维护，所需费用列入同级政府预算。

在前款以外的场所和部位建设公共安全视频图像信息系统的由所有者与使用者约定建设、使用的责任主体；没有约定的，由场所和部位的所有者负责。

第十三条 安装公共安全视频图像信息系统，其所在的建筑物属于新建、改建、扩建项目的，应当与主体工程同时施工，同时投入使用。

第十四条 建设公共安全视频图像信息系统，应当符合国家和行业的技术要求。建设单位根据监控目的、范围和功能的不同，可以采用不同等级的技术要求。

第十五条 政府投资建设的公共安全视频图像信息系统，建设单位应当按照法律、法规的有关规定选择合格的产品以及具有国家规定资质的安全技术防范系统设计、施工和维护单位。

第十六条 任何单位和组织不得向建设单位指定与公共安全视频图像信息系统相关的产品以及系统的设计、施工和维护单位。

第十七条 政府投资建设的公共安全视频图像信息系统，自系统建成并试运行 30 日后，建设单位应当组织有关单位按照国家有关规定验收。验收不合格的，不得投入使用。

非政府投资建设的公共安全视频图像信息系统，建设单位应当自系统竣工验收合格之日起 30 日内向所在地县级公安机关备案。备案时应当提交系统设计技术方案、系统检测和竣工验收的有关材料。

备案可以通过信函、电传、电子数据交换和电子邮件等形式提出。

公安机关受理备案之日起 15 日内，应当实地查看并进行必要的技术指导。

第十八条 需要拆除公共安全视频图像信息系统有关设施、设备的，拆除单位应当在拆除前 7 日内通知所在地公安机关。

公安机关应当及时处理信息系统的存储资料。

第十九条 在公共场所和规定的部位安装公共安全视频图像信息系统的，应当设置明显的标识。采集设备的位置及采集范围应当符合系统设计的技术要求，不得随意变动。

第三章 维护与使用

第二十条 公共安全视频图像信息系统由使用单位自行维护，也可以委托专业机构维护。

第二十一条 公共安全视频图像信息系统的维护应当遵守下列规定：

（一）建立运行维护、安全检查、应急处理制度；

（二）公共安全视频图像信息存储期不少于15天；

（三）对信息资料的录制人员、调取人员、调取时间、调取用途以及去向等情况进行登记；

（四）定期检查公共安全视频图像信息系统，因故障不能正常运行的，应当立即修复。

第二十二条 任何单位和个人不得有下列行为：

（一）拒绝、阻碍政府有关部门依法使用公共安全视频图像信息系统及其信息资料；

（二）盗窃、损毁公共安全视频图像信息系统的设施、设备；

（三）删改、隐匿、毁弃留存期限内图像信息的原始记录；

（四）擅自改变公共安全视频图像信息系统设施、设备的位置和用途；

（五）非法传播、复制公共安全视频图像信息系统的信息资料；

（六）未经县级以上人民政府公安机关批准，向境内外组织、个人提供公共安全视频图像信息系统的信息资料；

（七）其他影响公共安全视频图像信息系统正常使用的行为。

第二十三条 公共安全视频图像信息系统的使用单位发现涉及公共安全和其他可疑的违法犯罪行为信息，应当及时向公安机关报告。

第二十四条 国家安全机关或者公安机关根据维护国家安全、公共安全和社会治安秩序的需要，可以使用公共安全视频图像信息系统资料。

第二十五条 司法机关因执法工作需要，可以查阅公共安全视频图像信息系统的信息资料，需要复制或者调取有关信息资料的，应当经县级以上司法机关批准。

第二十六条 具有突发事件调查、处置权的行政主管部门在突发事件发生时，可以查阅、复制或者调取有关公共安全视频图像信息系统的信息资料。

第二十七条 经县级以上公安机关确认，社会组织、个人确需查阅、复制或者调取有关公共安全视频图像信息的，公安机关应当提供。

第二十八条 查阅、复制或者调取公共安全视频图像信息资料，应当遵守下列规定：

（一）工作人员不少于 2 人；

（二）出示工作证件；

（三）出示批准文件；

（四）履行登记手续；

（五）遵守使用、保密制度。

法律、法规另有规定的，从其规定。

第二十九条 公安机关应当对公共安全视频图像信息系统的日常运行、维护和信息资料的安全管理进行监督，发现问题及时督促整改。

第三十条 公共安全视频图像信息系统的建设单位和个人为侦破重大刑事、治安案件提供关键证据和线索或者有其他突出贡献的，按照国家和省的有关规定给予表彰奖励。

第四章　法律责任

第三十一条　违反本办法规定，应当建设公共安全视频图像信息系统未建设的，由公安机关责令限期建设；逾期未建设的，处500元以上1000元以下罚款。

第三十二条　违反本办法第十条规定建设公共安全视频图像信息系统和相关设备的，由公安机关责令拆除；拒不拆除的，处500元以上1000元以下罚款。

第三十三条　违反本办法第十一条规定设置户外广告、架设管线或者安装其他设施妨碍公共安全视频图像信息系统正常运行的，由公安机关责令改正；拒不改正的，处500元以上1000元以下罚款。

第三十四条　违反本办法第十四条规定建设公共安全视频图像信息系统不符合国家和行业技术要求的，由公安机关责令改正；拒不改正的，处500元以上1000元以下罚款。

第三十五条　违反本办法第十八条规定拆除公共安全视频图像信息系统未在规定时限内通知所在地公安机关的，由公安机关处500元以上1000元以下罚款。

第三十六条　违反本办法第二十一条规定的，由公安机关责令限期改正；逾期不改正的，处500元以上

1000元以下罚款。

第三十七条 违反本办法第二十二条规定的，由公安机关责令改正，并处500元以上1000元以下罚款。

第三十八条 违反本办法规定，属于《中华人民共和国刑法》、《中华人民共和国治安管理处罚法》、《娱乐场所管理条例》、《企事业单位内部治安保卫条例》等法律、法规规定范围的，由公安机关依法处理。

第三十九条 公安机关、国家安全机关、司法机关和其他行政管理部门及其工作人员在公共安全视频图像信息系统管理中，不依法履行职责，或者有玩忽职守、滥用职权行为，造成危害的，依法给予相应处理。

第五章 附 则

第四十条 本办法所称要害部位是指财务室、危险品储藏室、贵重物品存放室、保密室、主要公共通道和出入口等容易发生危害公共安全事件的场所和部位。

第四十一条 本办法自2013年1月1日起施行。

湖北省公共安全视频图像信息系统管理办法

（2013 年 7 月 8 日湖北省人民政府令第 361 号公布　自 2013 年 9 月 1 日起施行）

第一条　为了规范公共安全视频图像信息系统建设和管理，提高公共服务和管理水平，保障公民、法人和其他组织的合法权益，根据有关法律、法规的规定，结合本省实际，制定本办法。

第二条　本省行政区域内公共安全视频图像信息系统的规划、建设、使用、维护和管理，适用本办法。

第三条　本办法所称公共安全视频图像信息系统（以下简称公共视频系统），是指以维护公共安全、提供公共服务和创新社会管理为目的，采用视频技术及设备，对涉及公共安全、公共服务和管理的场所或者区域进行视频图像信息采集、传输、显示、存储和管理的系统。

各级人民政府应当充分发挥公共视频系统在维护公共安全、处置突发事件、防灾减灾和服务社会管理等方面的作用，为社会公众提供合法、有效、便捷的公共服务。

第四条　公共视频系统应当遵循统一规划、分级建设、属地管理、资源共享的原则，与构建公共安全防控体系、基本公共服务和管理体系相适应。

第五条　县级以上人民政府公安机关负责本行政区域内公共视频系统的统一管理工作。

县级以上人民政府发展和改革、经济和信息化、财政、科技、住房和城乡建设、交通运输、质量技术监督等主管部门在各自职责范围内做好公共视频系统的相关工作。

电力、通信、金融等单位应当协助做好公共视频系统的相关工作。

第六条　县级以上人民政府应当根据本行政区域公共安全、公共服务和管理的需要，编制公共视频系统建设规划，并按照规划组织实施。

公共视频系统的规划、建设应当充分利用现有视频信息资源，避免重复建设。

第七条　下列涉及公共安全、公共服务和管理的场所或者区域，其重要出入口、主要通道或者要害部位应当建设、安装公共视频系统：

（一）国家机关和广播电台、电视台、报社等重要新闻单位，通信、邮政、金融单位和国家重点建设工程单位；

（二）机场、港口、车站等重要交通枢纽，高速公路、国省干道、城市街道、中心城镇等重要交通路段，大型桥梁、隧道、地下通道等重要交通路口，地铁、轻轨、客运车船等重要交通工具；

（三）大型能源动力设施、水利设施和城市水、电、燃油、燃气、热力供应设施；

（四）幼儿园、学校和科研、医疗机构，博物馆、档案馆和重点文物保护单位；

（五）大型商贸、物流、物资储备中心，大型广场、停车场、公园、旅游景区，文化娱乐、体育健身、餐饮、网吧等场所；

（六）研制、生产、销售、储存危险物品或者实验、保藏传染性菌种和毒种的单位；

（七）国防科技工业重要产品的研制、生产单位；

（八）居民住宅区的出入口、主要通道和主要公用设施区域；

（九）易发或者频发刑事、治安案件的区域；

（十）法律、法规规定的其他场所和区域。

第八条　下列涉及个人隐私的场所和区域禁止建设、安装公共视频系统：

（一）旅店业客房内；

（二）集体宿舍、公寓房间内；

（三）哺乳室，公共浴室、更衣室、化妆间、卫生间；

（四）金融、保险、证券机构内可能泄露客户个人信息的区域；

（五）选举箱、举报箱、投票点等附近可能观察到个人意愿表达或者行为的区域；

（六）其他涉及个人隐私或者涉及公民、法人和其他组织合法权益的场所和区域。

第九条 公共视频系统的建设、安装应当遵守国家和省有关规定，符合行业技术规范，确保其安全、适用、有效运行。

公共视频系统摄像设备的安装，应当做到设备位置固定、摄像范围相对固定，并设置明显标识。

第十条 属于公共视频系统建设、安装范围的新建、改建、扩建建设项目，其公共视频系统应当与建设项目主体工程同时设计、同时施工、同时竣工验收、同时投入使用。

公共视频系统工程项目的竣工验收应当依照国家和省有关规定执行。

第十一条 公共视频系统使用单位应当自该系统投入使用之日起30日内，向县级以上人民政府公安机关备案。

已建公共视频系统不再属于本办法第七条规定的建设、安装范围的，其建设单位可以拆除，但应当在拆除前30日内报县级以上人民政府公安机关备案。

第十二条 公共视频系统属政府投资建设的，其运行维护由管理和使用单位负责；属政府承租的，其运行维护由建设单位负责。非政府投资建设或者承租的公共视频系统，其运行维护由建设单位或者使用单位负责。

第十三条 公共视频系统建设单位、管理和使用单位应当遵守国家网络和信息安全管理规定，不得泄露国家秘密和商业秘密，不得侵犯公民隐私及其他合法权益。

第十四条 县级以上人民政府公安机关应当按照合法、安全和规范的要求，对政府投资建设或者承租的公共视频系统进行资源整合，并根据公共安全、公共服务和管理工作需要，实现跨部门视频图像信息有序共享。县级以上人民政府有关主管部门应当予以配合。

非政府投资建设或者承租的公共视频系统，其建设单位或者使用单位应当预留与县级以上人民政府公安机关或者应急指挥系统联通的接口。

第十五条 县级以上人民政府公安机关因维护公共安全的需要，可以依法调取公共视频系统信息资料，或者接入、直接使用公共视频系统。

县级以上人民政府有关主管部门因调查、处置突发事件或者其他公共服务和管理工作需要，可以依法查阅、复制、调取公共视频系统信息资料，或者接入公共视频系统。

第十六条 县级以上人民政府公安机关和其他主管部门依照本办法第十五条的规定查阅、复制或者调取公共视频系统信息资料时，应当遵守下列规定：

（一）不少于两名工作人员；

（二）出示省人民政府或者国务院行政主管部门颁发的行政执法证件；

（三）出示县级以上人民政府公安机关的批准文件。

第十七条 公共视频系统使用单位履行下列职责：

（一）建立信息保密、值班监看、维护保养、安全检查等制度；

（二）对公共视频系统的监看和管理人员进行业务培训，并将监看人员的基本信息报县级以上人民政府公安机关备案；

（三）对信息资料的录制人员、调取人员、调取时间、调取方式、调取用途以及去向等情况进行登记；

（四）维护保养公共视频系统，保持其正常运行，对因系统故障、维护保养等原因暂时停用或者因工作需要移动公共视频系统摄像设备的，应当及时向原备案的公安机关报告；

（五）发现涉及公共安全、突发事件和违法犯罪行为可疑信息以及公共服务和管理方面的其他重要信息的，应当及时向当地公安机关和有关主管部门报告；

（六）公共视频系统的信息资料有效存储期不少于15日，涉及公共安全、突发事件和违法犯罪行为的重要信息资料有效存储期不少于两年。国家有其他期限规定的，从其规定。

第十八条　公民、法人和其他组织不得有下列影响公共视频系统正常运行和管理的行为：

（一）擅自拆除公共视频系统或者改变公共视频系统的用途、摄像设备的指向方位和范围；

（二）改变公共视频系统信息资料的调取用途，将其用于商业用途或者其他非法用途；

（三）非法买卖、提供、传播或者非法复制、调取公共视频系统的信息资料；

（四）删改、破坏公共视频系统信息资料的原始记录；

（五）故意隐匿、毁弃公共视频系统采集的涉及违法犯罪活动的信息资料；

（六）拒绝公安机关依法调取、接入或者直接使用公共视频系统，或者拒绝具有突发事件及公共服务和管理事项调查、处置权的行政主管部门依法查阅、复制、调取公共视频系统信息资料；

（七）其他影响公共视频系统正常运行和管理的行为。

第十九条 公共视频系统使用单位在维护公共安全、提供公共服务、处置突发事件等方面作出突出贡献的，由县级以上人民政府公安机关或者有关主管部门给予表彰和奖励。

第二十条 违反本办法第十七条、第十八条规定，或者有下列情形之一的，由县级以上人民政府或者其所属公安机关通报批评，责令限期改正；逾期未改正的，对单位处500元以上3000元以下罚款，对个人处100元以上500元以下罚款；构成违反治安管理行为的，依法予以治安处罚；构成犯罪的，依法追究刑事责任：

（一）属于公共视频系统建设、安装范围而未建设、安装的；

（二）公共视频系统的建设单位或者使用单位未按照规定向县级以上人民政府公安机关备案的；

（三）属于公共视频系统禁止安装范围而擅自安装公共视频系统和其他视频设备的。

第二十一条 县级以上人民政府公安机关和其他主管部门的工作人员有下列情形之一的，由本部门或者同级监察机关责令改正，对主管人员和直接责任人员依法予以行政处分：

（一）在公共视频系统管理工作中不依法履行职责，致使公民人身受到侵害，公民财产和公共财产遭受损失的；

（二）未按照规定进行公共视频系统资源整合工作的；

（三）未按照规定维护保养公共视频系统，导致系统不能正常运行的；

（四）未经批准调取公共视频系统信息资料，或者接入、直接使用公共视频系统的；

（五）改变公共视频系统信息资料的调取用途，将其用于商业用途或者其他非法用途的；

（六）查阅、复制或者调取公共视频系统信息资料未遵守有关规定的。

第二十二条 本办法自 2013 年 9 月 1 日起施行。

广东省公共安全视频图像信息系统管理办法

（2009 年 2 月 25 日广东省人民政府令第 132 号公布　根据 2018 年 1 月 23 日广东省人民政府令第 251 号第一次修改　根据 2020 年 5 月 12 日广东省人民政府令第 275 号第二次修改　根据 2025 年 1 月 9 日广东省人民政府令第 316 号第三次修改）

第一章　总　　则

第一条　为规范公共安全视频图像信息系统的规划、建设、管理和应用，维护公共安全，保障社会稳定，根据有关法律、法规，结合本省实际，制定本办法。

第二条　本省行政区域内公共安全视频图像信息系统的规划、建设、管理和应用，适用本办法。

本办法所称公共安全视频图像信息系统，是指采用视频监控技术设备，对涉及公共安全的场所和区域进行图像信息采集、传输、显示、存储和管理的系统。

第三条　县级以上人民政府公安机关具体负责本行

政区域内公共安全视频图像信息系统建设与应用的管理、监督和指导工作。

发展改革、科技、住房城乡建设、交通、工业和信息化、水利、市场监督管理、通信管理和政务服务数据管理等部门，按照各自职责做好相关工作。

供电、电信运营、广播电视等单位配合做好相关工作。

第四条 公共安全视频图像信息系统应当遵循统一规划、统一标准、统筹建设、资源共享、合法使用的原则。

公共安全视频图像信息系统的建设和应用，不得泄露国家秘密和商业秘密，不得侵犯公民的个人隐私及其他合法权益。

第二章 规划与建设

第五条 地级以上市人民政府应当根据本行政区域公共安全的需要，编制本行政区域公共安全视频图像信息系统的建设规划，并按照规划进行统筹建设。

建设公共安全视频图像信息系统，应当充分利用现有的网络资源，避免重复建设。

第六条 下列涉及公共安全的场所和区域应当建设

公共安全视频图像信息系统：

（一）武器、弹药，易燃、易爆、剧毒、放射性物品，易制毒化学品的生产、存放或者经营场所以及实验、保藏传染性菌种、毒种的单位的重要部位；

（二）国家重点科研机构，集中存放重要档案资料的馆、库；

（三）博物馆、纪念馆、展览馆等集中陈列、存放重要文物、资料和贵重物品的场所和重点文物保护单位的重要部位；

（四）金库，货币、有价证券、票据的制造或者集中存放场所，票据、货币押运车辆，金融机构的营业和金融信息的运行、储存场所；

（五）广播电台、电视台、通讯社和电信、邮政等单位以及大型能源动力、供水、供电、供气等设施的重要部位；

（六）机场、港口、大型车站、码头、停车场等交通枢纽和高速公路、城市快速干线、城市道路等主要道路的重要部位，以及中心城镇和地铁的重要路段、路口、隧道，大型桥梁的重要部位；

（七）旅馆、公共娱乐场所、互联网上网服务场所的大厅、通道、出入口等重要部位；

（八）大型物资储备单位、大型商贸中心、商业街和大型农贸市场的重要部位；

（九）体育比赛场馆、公园、大型广场、医院、学校、幼儿园等公众活动和聚集场所的重要部位，住宅小区的出入口和周界；

（十）城市公共交通、客运车辆和客轮等公共交通工具；

（十一）江河堤防、水库、人工湖、重点防洪排涝区域及其他重要水利工程设施；

（十二）法律、法规、规定需要建设公共安全视频图像信息系统的其他场所和区域。

以上所称重要部位、重要路段，是指涉及公共安全的部位或者路段。

第七条 禁止在旅馆客房，劳动者、学生等宿舍，公共浴室、更衣室、卫生间等涉及公民个人隐私的场所和区域安装视频监控设备。

第八条 城市道路的重要路段、重要交通路口、城市主要出入口和大型广场等公共场所的公共安全视频图像信息系统由政府组织建设，其他单位和个人不得擅自在上述场所和区域建设公共安全视频图像信息系统。

各级人民政府应当将前款规定公共安全视频图像信

息系统的建设和管理费用列入本级财政预算。

第九条 按照本办法规定应当建设公共安全视频图像信息系统的场所和区域，其公共安全视频图像信息系统的建设和管理，除由政府负责的以外，可以由该场所或者区域的所有权人与使用权人、经营权人约定责任主体；没有约定的，由所有权人负责。所有权属于国家的，由依法取得使用权或者经营权的使用权人或者经营权人负责。

第十条 城市拆迁改造需要移动、改建公共安全视频图像信息系统的设施、设备的，所需费用应当纳入城市拆迁改造预算。

第十一条 新建、改建、扩建建设项目应当安装公共安全视频图像信息系统的，公共安全视频图像信息系统应当与项目主体工程同时设计、同时施工、同时投入使用。

第十二条 建设公共安全视频图像信息系统，应当符合有关标准和技术规范。

建设公共安全视频图像信息系统，应当预留与报警接收中心和应急指挥系统联通的接口。

第十三条 建设公共安全视频图像信息系统，建设单位可以自主选择合格的安全技术防范产品和安全技术防范系统的设计、施工和维修单位。公安机关以及其他行政管理部门不得指定产品的品牌和销售单位，不得指定设计、施工和维修单位或者利用职权牟取不正当利益。

第十四条 公共安全视频图像信息系统的设计技术方案应当按照国家标准进行论证，公共安全视频图像信息系统应当通过法定检验机构检验。

第十五条 因客观条件发生变化，不再属于本办法第六条第一款规定应当建设公共安全视频图像信息系统的范围的，公共安全视频图像信息系统的使用单位可以拆除公共安全视频图像信息系统的有关设施、设备。

第十六条 在公共场所安装公共安全视频图像信息系统的，应当设置明显的标识。

第三章 管理与应用

第十七条 公共安全视频图像信息系统的使用单位应当采取下列措施，保障公共安全视频图像信息系统安全运行：

（一）建立值班监看、运行维护、安全检查等制度；

（二）对公共安全视频图像信息系统的监看和管理人员进行岗位技能和保密知识培训；

（三）确保与监看工作无关人员不得擅自进入监看

场所；

（四）不得擅自改变公共安全视频图像信息系统的设施、设备的位置和功能。

第十八条 公共安全视频图像信息系统的使用单位应当遵守下列规定：

（一）建立信息资料安全管理制度；

（二）对公共安全视频图像信息系统的监看和管理人员进行监督管理；

（三）对信息资料的录制人员、调取人员、调取时间、调取用途以及去向等情况进行登记；

（四）发现涉及公共安全和其他违法犯罪行为的可疑信息，及时向公安机关报告；

（五）涉及公共安全和其他违法犯罪行为的重要信息资料的有效存储期不少于两年。法律、法规另有规定的，从其规定。

第十九条 公共安全视频图像信息系统的使用单位及其监看和管理人员不得有下列行为：

（一）改变公共安全视频图像信息系统的用途，将其用于采集涉及国家秘密、商业秘密或者公民个人隐私及其他合法权益的信息；

（二）删改、破坏留存期限内的公共安全视频图像信息系统信息资料的原始记录；

（三）故意隐匿、毁弃公共安全视频图像信息系统采集的涉及违法犯罪活动的信息资料；

（四）拒绝、阻碍有关行政管理部门依法使用公共安全视频图像信息系统及其信息资料；

（五）向本办法规定以外的单位、个人提供公共安全视频图像信息系统的信息资料。

第二十条　任何单位和个人不得有下列行为：

（一）盗窃、损毁公共安全视频图像信息系统的设施、设备；

（二）买卖、非法复制、传播公共安全视频图像信息系统的信息资料；

（三）其他影响公共安全视频图像信息系统正常运行的行为。

第二十一条　对政府组织建设的公共安全视频图像信息系统，地级以上市人民政府应当指定部门，按照合法、安全和规范的要求进行资源整合，为有关行政管理部门使用公共安全视频图像信息系统及其信息资料提供条件。

负责具体管理公共安全视频图像信息系统的行政管理部门应当予以配合。

第二十二条 公安机关和国家安全机关因执法工作需要，可以无偿查阅公共安全视频图像信息系统的信息资料；需要复制或者调取有关信息资料的，应当经县级以上人民政府公安机关或者国家安全机关负责人批准。

其他行政管理部门因执法工作需要查阅、复制或者调取公共安全视频图像信息系统的信息资料的，应当经系统所在地县级以上人民政府公安机关批准。

发生突发公共事件时，具有突发公共事件调查、处置权的县级以上人民政府行政管理部门可以无偿查阅、复制或者调取有关公共安全视频图像信息系统的信息资料。

根据维护公共安全和社会治安秩序的需要，经县级以上人民政府公安机关负责人批准，公安机关可以无偿接入或者直接使用相关单位的公共安全视频图像信息系统。

第二十三条 有关行政管理部门工作人员根据本办法第二十二条规定查阅、复制或者调取公共安全视频图像信息系统信息资料时，应当遵守下列规定：

（一）工作人员不少于两人；

（二）出示工作证件；

（三）出示公安机关的批准文件或者所在单位出具的

证明文件；

（四）履行登记手续；

（五）遵守公共安全视频图像信息系统信息资料的使用、保密制度。

公安机关和国家安全机关工作人员根据本办法第二十二条第一款规定查阅公共安全视频图像信息系统的信息资料时，无须提供前款第（三）项规定文件。

第二十四条　公安机关应当采取下列措施，加强对公共安全视频图像信息系统及其信息资料的管理：

（一）对公共安全视频图像信息系统的日常运行、维护和信息资料的安全管理情况进行监督检查，发现问题及时督促整改；

（二）规范公共安全视频图像信息系统及其信息资料的使用审批制度，加强公共安全视频图像信息系统及其信息资料的使用管理；

（三）加强对公安机关工作人员的保密教育和工作规范，防止泄密事件发生。

第二十五条　公共安全视频图像信息系统的使用单位和个人，为侦破重大刑事、治安案件或者抓获重要犯罪嫌疑人提供重要证据或者线索的，公安机关应当按照有关规定给予表彰、奖励。

第四章　法律责任

第二十六条　违反本办法规定，有下列行为之一的，由县级以上人民政府公安机关给予警告，并责令限期改正；逾期不改正的，对单位处2000元以上10000元以下罚款，对直接负责的主管人员和其他直接责任人员处200元以上500元以下罚款：

（一）违反本办法第六条第一款规定，应当建设公共安全视频图像信息系统而不建设的；

（二）违反本办法第十七条规定，未采取保障公共安全视频图像信息系统安全运行的管理措施，影响系统安全运行的；

（三）违反本办法第十八条规定，未建立或者违反信息资料安全管理制度的。

法律、法规另有规定的，从其规定。

第二十七条　违反本办法第七条、第八条第一款规定安装公共安全视频图像信息系统和其他视频监控设备的，由县级以上人民政府公安机关责令限期拆除。单位设置的，对单位处5000元以上30000元以下罚款，对直接负责的主管人员和其他直接责任人员处200元以上500元以下罚款。

第二十八条 违反本办法第十九条、第二十条规定的，由县级以上人民政府公安机关按照《中华人民共和国治安管理处罚法》等法律、法规的规定予以处罚。

第二十九条 在使用公共安全视频图像信息系统及其信息资料时，侵犯公民、法人或者其他组织的合法权益的，有关单位和个人应当依法承担相应的法律责任。

第三十条 公安机关和其他行政管理部门及其工作人员有下列情形之一的，由有关机关责令改正，对直接负责的主管人员和其他直接责任人员依法给予处分；构成犯罪的，依法追究刑事责任：

（一）违反本办法第十三条规定，在公共安全视频图像信息系统的建设和管理中，指定产品的品牌和销售单位，指定设计、施工和维修单位或者利用职权牟取不正当利益的；

（二）违反本办法第二十一条规定，不按照规定开展或者配合开展公共安全视频图像信息系统的资源整合工作的；

（三）违反本办法第二十二条规定，不依法审批或者使用公共安全视频图像信息系统及其信息资料的；

（四）违反本办法第二十三条规定，在使用公共安全视频图像信息系统信息资料时未遵守有关规定的；

（五）违反本办法第二十四条规定，未依法履行监督管理职责的；

（六）其他玩忽职守、滥用职权、徇私舞弊行为的。

第五章　附　　则

第三十一条　本办法自2009年4月1日起施行。

贵州省公共安全视频信息系统管理办法

（2010年10月8日贵州省人民政府令第117号公布　根据2012年2月1日贵州省人民政府令133号修改）

第一条　为了规范公共安全视频信息系统的规划、建设、应用、维护及管理，维护公共安全和社会稳定，根据《贵州省安全技术防范管理条例》和有关法律、法规的规定，结合本省实际，制定本办法。

第二条　本省行政区域内公共安全视频信息系统的规划、建设、应用、维护及管理，适用本办法。

第三条　本办法所称公共安全视频信息系统（以下

简称公共视频系统）是指以维护公共安全和社会稳定为目的，利用音视频采集、传输、控制、显示等设备和控制软件等，对涉及公共安全的场所或者部位进行视频监控、信息记录的系统。

第四条 县级以上人民政府应当加强对本行政区域内公共视频系统工作的领导，做好公共视频系统的统筹规划、建设和管理工作。

县级以上人民政府公安机关负责对本行政区域内公共视频系统工作进行指导、管理和监督。

县级以上人民政府有关行政主管部门应当在各自职责范围内配合做好公共视频系统的相关工作。

供电、通信运营、广播电视等单位应当配合做好公共视频系统的相关工作。

第五条 公共视频系统的建设、应用和维护应当遵循统一规划、统一标准、统筹建设、资源共享、合法应用和安全应用的原则，充分利用和整合现有网络资源，避免重复建设。

公共视频系统的建设应当符合国家网络和信息安全管理规定，不得泄露国家秘密和商业秘密，不得侵犯个人隐私及其他合法权益。

第六条 县级以上人民政府公安机关应当按照国家

相关规定和标准，会同发展改革、经济信息、交通运输、城市管理等行政主管部门编制本行政区域内公共视频系统建设规划，报同级人民政府批准后组织实施。

第七条 县级以上人民政府公安机关负责对政府投资建设的公共视频系统进行资源整合，实现跨部门视频图像信息共享，并提供符合标准的安全接口。具体负责建设和维护公共视频系统的行政主管部门和有关单位应当予以配合。

第八条 下列涉及公共安全的场所或者部位应当安装公共视频系统：

（一）武器、弹药等易燃、易爆物品，剧毒、放射性物品，易制毒化学品的生产、存放或者经营场所；

（二）传染性菌种、毒种实验、保藏单位的重要部位；

（三）国家重点科研机构，集中存放重要档案资料的馆、库；

（四）博物馆、纪念馆、展览馆等集中陈列、存放重要文物、资料和贵重物品的场所及重点文物保护单位的重要部位；

（五）金库，有价证券、票据的制造或者集中存放场所，票据、货币押运车辆，金融机构营业场所，金融信息的运行、储存场所；

（六）国家机关、广播电台、电视台、报社等单位的重要部位；

（七）电信、邮政、大型能源动力、供水、供电、供气、加油站、成品油仓库等单位的重要部位或者经营场所；

（八）机场、港口、火车站、大型汽车站、码头的重要部位，高速公路、城市快速干线、城市道路、中心城镇的重要路段，城市出入卡口、路口、轻轨、隧道，大型桥梁、城市地下人行通道的重要部位；

（九）旅馆、公共娱乐场所、互联网上网服务场所的大厅、通道、出入口等重要部位；

（十）大型物资储备单位、大中型商贸中心、商业街和大型农贸市场的重要部位；

（十一）公共体育比赛场馆、旅游景区、公园、广场、医院、学校、幼儿园等公众活动和聚集场所的重要部位，停车场、住宅小区的出入口和周界；

（十二）客轮和城市公共交通、客运车辆等公共交通工具；

（十三）影响城市安全的江河堤防、水库、人工湖、重点防洪排涝区域及其他重要水利工程设施；

（十四）法律、法规、规章规定需要建设公共视频系统的其他场所或者部位。

以上所称重要部位、重要路段，是指涉及公共安全的部位或者路段。

第九条 下列场所或者部位禁止安装公共视频系统：

（一）旅馆客房、娱乐场所包房；

（二）集体宿舍；

（三）浴室、更衣室、卫生间等；

（四）金融、保险、证券机构内会泄露客户个人信息的操作部位；

（五）选举箱、投票点等附近会观察到个人意愿表达情况的部位；

（六）其他涉及个人隐私的场所或者部位。

其他任何单位和个人不得擅自在涉及公共安全的场所或者部位安装公共视频系统。

第十条 公共场所安装的公共视频系统应当设置明显标识，做到摄像设备的位置固定、镜头所及范围固定。

第十一条 城市的主要出入口、大型广场和城市道路的重要路段、重要交通路口等公共场所或者部位的公共视频系统由政府组织建设和维护。

第十二条 按照本办法规定应当建设公共视频系统

的场所或者部位，其公共视频系统的建设和管理，除由政府负责的以外，可以由该场所或者部位的所有权人与使用权人、经营权人约定责任主体；没有约定的，由所有权人负责。所有权属于国家的，由依法取得使用权或者经营权的使用权人或者经营权人负责。

第十三条 新建、改建、扩建建筑项目应当安装公共视频系统的，公共视频系统应当与项目主体工程同时设计、同时施工、同时投入使用。

公共视频系统建设单位应当将公共视频系统设计方案和检测、验收的有关材料报县级以上人民政府公安机关备案。项目竣工后，由建设单位按照技防系统验收规则组织验收，并应当有县级以上人民政府公安机关参加；公共视频系统验收不合格的，限期整改。

第十四条 建设公共视频系统，建设单位应当选择经有关部门检测合格的安全技术防范产品和具有国家法律、行政法规规定的安全技术防范系统设计、施工和维护资质的单位。公安机关以及其他行政主管部门不得指定使用产品的品牌和销售单位，不得指定使用设计、施工和维修单位或者利用职权牟取不正当利益。

第十五条 因维护公共安全需要，公安机关调取、接入或者直接使用相关单位的公共视频系统，应当经县级以上人民政府公安机关负责人批准。

发生突发事件时，具有突发事件调查、处置权的行政主管部门可以查阅、复制或者调取有关公共视频系统的信息资料。

其他行政主管部门因执法工作需要查阅、复制或者调取本部门以外的公共视频系统的信息资料，应当依据有关法律、法规和相关规定执行。

第十六条 除法律、法规另有规定外，公安机关和其他行政主管部门的工作人员根据第十五条规定使用公共视频系统信息资料，应当遵守下列规定：

（一）调查取证人不少于2人；

（二）出示省人民政府或者国务院部门颁发的行政执法证件；

（三）出示县级以上人民政府公安机关负责人的批准文件或者所在单位出具的证明文件；

（四）履行登记手续；

（五）遵守信息资料的使用、保密制度。

第十七条 公共视频系统管理单位应当遵守下列规定：

（一）建立信息保密、值班监看、运行维护、安全检查等制度；

（二）对公共视频系统的监看和管理人员进行培训和监督管理，并将监看人员的个人基本信息送公安机关备案；

（三）不得擅自准许与视频信息监看工作无关的人员进入监看场所；

（四）对信息资料的录制人员、调取人员、调取时间、调取用途以及去向等情况进行登记；

（五）发现涉及公共安全的可疑信息或者因工作需要移动公共视频系统设施、设备的，应当及时向公安机关报告；

（六）定期维护保养公共视频系统，保持图像画面清晰；

（七）确保公共视频系统全天运行，不得无故中断，如因故障中断运行的，应当立即修复；

（八）信息资料的有效存储期不少于30日；涉及公共安全的重要信息资料交由公安机关储存，有效存储期不少于2年。

第十八条　任何单位和个人不得有下列行为：

（一）改变公共视频系统的用途或者摄像设备的位置、摄像头指向方位、镜头所及范围，将其用于采集涉及国家秘密、商业秘密、个人隐私及其他合法权益的信息；

（二）删改、破坏留存期限内的公共视频系统信息资料的原始记录；

（三）未经依法批准，擅自复制、浏览公共视频图像信息资料；

（四）拒绝、阻碍公安机关和其他行政主管部门依法使用公共视频系统及其信息资料；

（五）其他影响公共视频系统正常运行的行为。

第十九条 公安机关和其他行政主管部门应当加强公共视频系统安装范围、日常运行、合法使用、信息安全等情况的管理和监督，建立完善公共视频系统管理运行和保障机制，确保公共视频系统日常运行维护和系统扩展。

第二十条 对违反本办法规定的行为，有关法律、法规另有处罚规定的，从其规定。

第二十一条 违反本办法第九条、第十条规定，由单位安装的，对直接负责的主管人员和其他直接责任人员处500元以上1000元以下罚款，对单位处1000元以上1万元以下罚款，其中，对属非经营活动中的违法行为处1000元罚款；个人设置的，处500元以上1000元以下罚款。

第二十二条 违反本办法第十七条、第十八条规定的，由县级以上人民政府公安机关责令限期改正；逾期不改的，对个人处 500 元罚款，对单位处 1000 元以上 5000 元以下罚款，其中，对属非经营活动中的违法行为处 1000 元罚款。

第二十三条 公安机关和其他行政主管部门及其工作人员违反本办法规定，有下列情形之一，尚不构成犯罪的，对直接负责的主管人员和其他直接责任人员依法给予行政处分：

（一）在公共视频系统管理工作中不依法履行职责，致使个人人身遭受损害，个人财产和公共财产遭受损失的；

（二）指定使用视频监控产品的品牌和销售单位，指定设计、施工和维修单位的；

（三）不按照规定开展或者配合开展公共视频系统资源整合和信息共享工作的；

（四）未经批准调取、接入或者直接使用公共视频系统的；

（五）在使用公共视频系统信息资料时未遵守有关规定的；

（六）其他玩忽职守、滥用职权、徇私舞弊行为的。

第二十四条 本办法自 2010 年 12 月 1 日起施行。

云南省公共安全视频图像信息系统管理规定

（2016 年 8 月 25 日云南省人民政府令第 203 号公布　自 2016 年 10 月 1 日起施行）

第一条　为规范公共安全视频图像信息系统的建设和管理，维护国家安全、公共安全和公民人身财产安全，提高公共服务和管理水平，保障公民、法人和其他组织的合法权益，根据有关法律、法规，结合本省实际，制定本规定。

第二条　本省行政区域内公共安全视频图像信息系统的规划、建设、联网整合、应用、维护和管理，适用本规定。

本规定所称公共安全视频图像信息系统，是指利用视频图像采集设备和其他相关设备，对涉及国家安全、公共安全的场所、区域及重点部位进行视频图像信息采集、传输、显示、处理和存储的系统。

第三条　公共安全视频图像信息系统管理应当坚持统一规划、联网整合、资源共享、规范应用、分级保障、安全可控、依法管理的原则。

第四条 县级以上人民政府应当加强对公共安全视频图像信息系统工作的领导，将公共安全视频图像信息系统建设、联网整合、应用、维护和管理纳入社会治安综合治理目标管理责任制。

第五条 县级以上人民政府公安机关负责社会公共区域公共安全视频图像信息系统规划、建设、联网整合、应用、维护的组织实施，并监督、指导社会公共区域以外其他区域的公共安全视频图像信息系统的规划、建设、联网整合、应用、维护和管理工作。

卫生计生、教育、住房城乡建设、交通运输、司法行政、文化、林业、水利、体育、新闻出版广电、通信管理、铁路、民航、金融、电力等有关职能部门和单位应当在各自职责范围内负责本单位、本系统、本行业公共安全视频图像信息系统的具体规划、建设、联网整合、应用、维护、管理和标准化改造。

第六条 县级以上人民政府公安机关应当根据公共安全管理的需要，会同发展改革、财政等部门编制公共安全视频图像信息系统建设总体规划，并报本级人民政府批准后组织实施。

社会公共区域公共安全视频图像信息系统建设专项规划，由县级以上人民政府公安机关按照本级人民政府总体规划负责编制并组织实施。

社会公共区域以外其他区域的公共安全视频图像信息系统建设专项规划，由有关职能部门按照本级人民政府总体规划编制并组织实施。

第七条 下列涉及公共安全的单位、场所、区域的重点部位应当建设公共安全视频图像信息系统：

（一）城市和乡村的结合部、主要道路、重要交通路口、主要出入口等公共区域；

（二）武器、弹药，易燃、易爆、剧毒、放射性物品，易制毒化学品的生产、存放或者经营场所以及实验、保存传染性菌种、毒种的单位；

（三）国家机关办公场所，国家重点科研机构，集中存放、陈列重要文物、档案资料的博物馆、档案馆等馆（库）；

（四）广播电台、电视台、通讯社，通信、邮政及大型能源动力、供水、供电、供气等单位，加油（气）站、充电站；

（五）医院、学校、幼儿园、机场、港口、车站、码头、体育场馆、影剧院、公园、大型广场、大中型商贸中心、大型超市、商业街和大型农贸市场等公众聚集和人员密集场所以及涉及生命健康安全的大型食品厂、制药厂；

（六）金库，货币、有价证券、票据的制造、集中存放和销毁场所，票据、货币押运车辆，金融机构的营业网点和金融信息的运行、储存场所，贵金属的生产和储存场所；

（七）住宅小区、停车场，旅馆；

（八）高速公路、高速铁路、城际铁路、地铁、隧道，大型物资储备单位、大型桥梁，城市公共交通沿线站点；

（九）城市公共交通、客运车辆和客轮等公共交通工具；

（十）重要江河堤防、重要水库、主要湖泊的重点区域及其他重要水利工程设施；

（十一）出入林区的主要通道和林区防火设施，国家公园和森林公园的主要通道及防火、旅游设施，林产品交易市场；

（十二）出入国境的口岸、通道、便道、小道和渡口，国境线主要路段；

（十三）法律、法规、规章规定应当建设公共安全视频图像信息系统的其他单位、场所和区域。

第八条 县级以上人民政府公安机关根据社会公共

区域公共安全视频图像信息系统建设专项规划，负责下列区域、部位的系统建设，所需经费列入同级财政预算：

（一）城市和乡村的结合部、主要道路、重要交通路口、主要出入口等公共区域；

（二）出入国境的通道、便道、小道和渡口，国境线主要路段；

（三）本规定第七条范围内无建设责任主体的区域和部位。

第九条 应当建设公共安全视频图像信息系统的，除公安机关负责建设、维护和管理的以外，由单位、场所、区域的所有者或者管理者负责投资建设、维护和管理。

第十条 新建、改建、扩建的建设项目按照本规定应当建设公共安全视频图像信息系统的，建设单位应当将系统建设经费纳入项目预算，并与项目主体工程同步设计、同步施工、同步验收、同步投入使用。

公共安全视频图像信息系统中使用的设备、设施应当符合国家标准、公共安全行业标准；系统竣工后，建设单位应当按照标准组织竣工验收；未经验收或者验收不合格的，不得投入使用。

第十一条 禁止在下列场所、部位安装公共安全视频图像信息系统：

（一）旅馆客房、娱乐场所包房；

（二）集体宿舍，公共浴室、卫生间、试衣间、更衣室，哺乳室；

（三）金融、保险、证券机构内可能泄露客户信息的操作部位；

（四）选举箱、举报箱、投票点等可能观察到个人意愿表达或者行为的部位；

（五）其他可能泄露个人隐私的场所、部位。

第十二条 本省行政区域内的公共安全视频图像信息系统应当按照国家标准进行建设和联网整合。

本规定实施前已经建成或者正在建设的公共安全视频图像信息系统，应当自本规定施行之日起1年内，按照国家标准完成系统标准化改造或者进行建设。

第十三条 县级以上人民政府公安机关应当以公安视频监控系统专用网络为主干，建立省、州（市）、县（市、区）三级视频图像共享平台，分级有效整合各类视频图像资源。

县级以上人民政府有关职能部门和单位应当将本单位、本系统、本行业的公共安全视频图像信息系统与公安机关建设的三级视频图像共享平台联网对接。

第十四条 省级公安机关应当统筹构建全省公共安

全视频图像信息系统专用网络，统一汇集三级视频图像共享平台的视频图像资源，支撑跨地区、跨部门视频图像资源共享应用，实现公共安全视频图像信息系统的联网共享。

第十五条　县级以上人民政府公安机关、国家安全机关根据维护国家安全、公共安全、公民人身财产安全和社会管理的需要，可以无偿接入或者直接使用有关单位的公共安全视频图像信息系统，有关单位和个人应当予以配合。

第十六条　公共安全视频图像信息系统的信息应当依法使用，实现信息共享。

国家机关因工作需要，可以依法查阅、复制或者调取公共安全视频图像信息系统的信息，有关单位或者个人应当予以配合。

其他单位和个人因维护自身合法权益，需要查阅除涉及国家秘密、商业秘密及个人隐私外的公共安全视频图像信息系统信息的，系统管理者或者使用单位应当给予帮助。

第十七条　国家机关查阅、复制或者调取公共安全视频图像信息系统的信息，应当遵守下列规定：

（一）工作人员不得少于 2 人；

（二）出示工作证件和单位证明文件；

（三）履行相关登记手续；

（四）获取的信息限于工作需要；

（五）对涉及国家秘密、商业秘密或者个人隐私的信息应当予以保密。

第十八条　公共安全视频图像信息系统的建设和应用应当安全可控，不得泄露国家秘密和商业秘密，不得侵犯公民的个人隐私及其他合法权益。

涉及国家安全、国家秘密的特殊领域建设公共安全视频图像信息系统的，应当建立安全准入机制，选用安全可控的设备、设施和符合规定的专业服务队伍。

第十九条　公安机关应当会同外事、海关、边防等部门和单位，搭建数字边防视频支撑平台，建设安全传输通道，设置边境沿线视频图像采集设备，完善边境公共安全视频图像信息系统。

第二十条　建设或者拆除公共安全视频图像信息系统，增加或者拆除系统视频图像采集设备的，应当自竣工验收或者拆除之日起30日内向所在地县级人民政府公安机关备案；本规定施行前已经建成的，使用单位应当自本规定施行之日起6个月内向所在地县级人民政府公安机关备案。

备案应当提交系统建设方案和视频图像采集设备点位分布或者拆除情况说明等资料。备案资料可以通过信函、电子数据交换、电子邮件和传真等方式提交。

第二十一条 在社会公共区域建设的公共安全视频图像信息系统，图像采集设备应当设置明显标识。

设置户外广告、架设管线或者安装其他设施设备，不得影响公共安全视频图像信息系统正常运行或者视频图像的正常采集。

园林绿化不得影响已建的公共安全视频图像信息系统正常运行或者视频图像的正常采集。新建公共安全视频图像信息系统需要修剪或者砍伐园林绿化树木的，应当征得所有者或者管理者的同意；确需砍伐的，依法给予补偿。

第二十二条 公共安全视频图像信息系统的运行维护，由建设单位或者使用单位负责，并遵守下列规定：

（一）建立值班监看、运行维护、安全检查、信息资料安全管理等制度；

（二）定期检查公共安全视频图像信息系统，因故障不能正常运行的，应当及时修复；

（三）对监看和管理人员进行岗位技能和保密知识培训并做好监督管理；

（四）对信息资料录制人员、调取人员、调取时间、调取用途以及去向等情况进行登记；

（五）确保公共安全视频图像信息资料的原始完整，不得删改、毁坏、隐匿系统信息资料；

（六）公共安全视频图像信息系统采集的视频图像信息至少留存 15 日，法律、法规、规章另有规定的，从其规定；

（七）发现可能危及公共安全和其他违法犯罪行为的可疑信息，应当及时向公安机关报告，并由公安机关拷贝储存。

第二十三条 违反本规定，应当建设公共安全视频图像信息系统而不建设的，由县级以上人民政府公安机关责令改正，予以警告；拒不改正的，处 1 万元以上 3 万元以下罚款。

第二十四条 违反本规定，在禁止安装的场所和部位建设公共安全视频图像信息系统，或者安装其他具有视频图像采集设施、设备的，由县级以上人民政府公安机关责令改正，予以警告；拒不改正的，对单位处 1 万元以上 3 万元以下罚款，对个人处 500 元以上 1000 元以下罚款。

第二十五条 违反本规定，有下列行为之一的，由县级以上人民政府公安机关责令改正，予以警告；拒不改正的，对单位处 1 万元以上 3 万元以下罚款，对个人处 500 元以上 1000 元以下罚款：

（一）设置户外广告、架设管线或者安装其他设施设备，影响公共安全视频图像信息系统正常运行或者视频图像的正常采集的；

（二）隐匿公共安全视频图像信息系统的信息资料，影响其原始完整的；

（三）不按照规定期限留存公共安全视频图像信息系统的信息资料的；

（四）拒绝、阻碍国家机关依法查阅、复制、调取公共安全视频图像信息系统信息的。

删改、毁坏公共安全视频图像信息系统的信息资料，影响其原始完整的，由公安机关予以警告；造成严重后果的，对单位处 1 万元以上 3 万元以下罚款，对个人处 500 元以上 1000 元以下罚款。

第二十六条 县级以上人民政府公安机关和其他主管部门及其工作人员有下列情形之一的，由上级主管部门或者同级监察机关责令改正，对主管领导和直接责任人员依法予以处分：

（一）在公共安全视频图像信息系统管理工作中不依

法履行职责，致使公民人身受到侵害，公民财产和公共财产遭受损失的；

（二）未按照规定督促指导建设、使用单位履行维护保养公共安全视频图像信息系统职责，导致系统不能正常运行的；

（三）非法使用公共安全视频图像信息系统资料的；

（四）未按照规定程序查阅、复制或者调取公共安全视频图像信息系统资料的。

第二十七条 在公共安全视频图像信息系统规划、建设、联网整合、应用、维护和管理工作中，违反本规定构成犯罪的，依法追究刑事责任。

第二十八条 本规定自2016年10月1日起施行。

陕西省公共安全图像信息系统管理办法

（2011年6月16日陕西省人民政府令第151号公布 根据2012年2月22日陕西省人民政府令第155号修改）

第一条 为了规范公共安全图像信息系统的规划、建设、管理和使用，保护公民、法人和其他组织的人身和财产安全，维护公共安全，根据《陕西省安全技术防范条例》，制定本办法。

第二条 本省行政区域内公共安全图像信息系统的规划、建设、管理和使用，适用本办法。

本办法所称公共安全图像信息系统，是指利用视频等技术手段，对涉及公共安全的场所和区域，进行图像信息采集、传输、存储、显示和管理应用设备、设施与软件的总称。

第三条 公共安全图像信息系统应当遵循统一规划、统一标准、统筹建设、资源共享、合法使用和保守国家秘密、商业秘密，保护公民个人隐私的原则。

第四条 各级人民政府应当加强对公共安全图像信息系统应用工作的领导，组织发展改革、教育、工业和信息化、财政、住房城乡建设、交通运输、水利、工商行政管理和文物等部门做好公共安全图像信息系统的规划、建设、管理和使用工作。

第五条 县级以上公安机关具体负责本行政区域内公共安全图像信息系统建设、管理和使用的指导与日常监督工作，其职责是：

（一）会同有关部门拟制本行政区域内公共安全图像信息系统规划，报同级人民政府批准后实施；

（二）负责城市道路、广场等公共场所和区域公共安全图像信息系统的建设、管理和使用；

（三）协调有关单位对现有涉及公共安全的图像信息系统进行资源整合；

（四）负责对其他机关、团体、企业事业单位公共安全图像信息系统建设、管理和使用的指导与监督。

发展改革、教育、工业和信息化、财政、住房城乡建设、交通运输、水利、工商行政管理和文物等部门，应当在同级人民政府的领导下，按照各自职责做好相关工作。

供电、电信运营、广播电视等单位配合做好相关工作。

第六条 省公安机关应当根据国家规定，会同有关部门制订本省公共安全图像信息系统的技术标准，经批准后发布实施。

第七条 下列场所和区域应当安装公共安全图像信息系统：

（一）《陕西省安全技术防范条例》第十四条第（一）项至第（九）项规定的范围；

（二）高速公路、城市道路、城市快速干线、地铁、隧道、大型桥梁的重要路段或者部位，以及区域公安检查站；

（三）学校、幼儿园、医院、公园、大型广场等公众活动和聚集场所的重要部位；

（四）物流中心、大型物资储备场所和农贸市场的重要部位；

（五）江河堤防、水库、人工湖及其他水利工程的重要部位；

（六）其他社会治安复杂场所。

前款所称重要路段、重要部位，是指涉及公共安全的路段或者部位。

第八条 下列场所和区域禁止安装视频监控设备：

（一）旅馆客房；

（二）集体和个人宿舍；

（三）公共浴室、更衣室、卫生间、哺乳室等；

（四）金融、保险、证券场所中可能泄露客户个人信息的操作区域；

（五）选举箱、投票点等可以观察到个人意愿表达情况的区域；

（六）其他涉及个人隐私的场所和区域。

第九条 城市道路、广场等公共场所和区域公共安全图像信息系统的建设、管理和使用费用，列入本级人民政府财政预算。

其他场所和区域安装的公共安全图像信息系统，其建设、管理和使用费用由所属的机关、团体、企业事业单位负责。

第十条 机关、团体、企业事业单位按照本办法第七条规定建设或者自行建设图像信息系统，应当遵守统一规划和技术标准，接受公安机关的指导和监督。

第十一条 在公共场所安装公共安全图像信息系统的，应当设置明显的标识。

第十二条 公共安全图像信息系统，应当根据技术发展和使用需要，及时更新、升级。

第十三条 发展改革、工业和信息化、住房城乡建设等负有建设项目审批和验收职能的部门，在对涉及公共安全图像信息系统的建设项目审批和验收时，应当告知建设单位可以先行征求公安机关对公共安全图像信息系统的意见。

第十四条 公安机关以及其他行政管理部门，不得以任何形式对公共安全图像信息系统的建设单位指定设计、施工和维修单位，不得指定产品的品牌和销售单位。

第十五条 机关、团体、企业事业单位，按照本办法第七条规定安装的公共安全图像信息系统，因客观条件变化，可以变更或者拆除有关设施、设备，变更或者拆除后30日内报告所在地县级公安机关。

第十六条 公共安全图像信息系统的使用单位，应当履行下列职责：

（一）建立信息保密、值班监看、运行维护、安全检查等制度；

（二）对公共安全图像信息系统的监看和管理人员进行思想品德、业务技能和保密知识培训；

（三）不得改变公共安全图像信息系统设施、设备的位置和功能，不得删改系统原始记录；

（四）发现涉及公共安全和其他违法犯罪行为的可疑信息，及时向公安机关报告；

（五）配合执法机关依法使用公共安全图像信息系统及其信息资料；

（六）对信息资料查阅、复制或者调取的单位、人员、时间、用途等进行登记；

（七）信息资料的存储期不少于30日；法律、法规另有规定的，从其规定。

第十七条 公安、国家安全机关和其他行政管理部门因执法工作需要，可以查阅公共安全图像信息系统的资料；需要复制或者调取公共安全图像信息资料的，国家安全机关应当经本机关负责人批准，公安机关和其他行政管理部门应当经县级以上公安机关负责人批准。

因维护国家安全、公共安全和社会治安的需要，经县级国家安全机关或者公安机关负责人批准，国家安全和公安机关可以接入或者直接使用相关单位的公共安全图像信息系统。

查阅、复制或者调取公共安全图像信息资料时，公共安全图像信息系统的所有者和管理人员应当予以积极配合，不得收取任何费用。

第十八条　公安、国家安全机关和其他行政管理部门在依法查阅公共安全图像信息系统资料时，应当遵守下列规定：

（一）执法人员不少于2人；

（二）具备执法资格，出示执法证件；

（三）履行登记手续；

（四）遵守公共安全图像信息系统资料的使用、保密等制度。

复制或者调取公共安全图像信息系统资料时，除遵守前款规定外，还应当出示本办法第十七条规定的批准文件。

第十九条　公安机关应当对公共安全图像信息系统

的安装范围、日常运行、维护和信息资料的安全管理情况进行指导和监督检查，发现问题及时督促整改。

第二十条 公共安全图像信息系统的建设、使用单位和个人，为侦破重大刑事案件、抓获重要犯罪嫌疑人提供重要证据或者线索，以及为维护社会治安作出突出贡献的，公安机关应当对有关单位和个人给予表彰、奖励。

第二十一条 违反本办法的行为，法律法规已有处理规定的，从其规定。

第二十二条 违反本办法第八条规定的，由县级以上公安机关责令拆除；拒不拆除的申请人民法院强制执行，对单位并处500元以上1000元以下罚款，对个人处200元以下罚款；有违反治安管理行为的，依法予以处理；构成犯罪的，依法追究刑事责任。

第二十三条 违反本办法第十一条规定的，由县级以上公安机关责令限期改正；逾期不改正的，处500元以上1000元以下罚款。

第二十四条 违反本办法第十五条规定的，由县级以上公安机关处500元以上1000元以下罚款。

第二十五条 违反本办法第十六条规定的，由县级以上公安机关责令改正，并对单位处500元以上1000元以下罚款，对单位主要负责人和直接责任人处200元以下罚款；构成犯罪的，依法追究刑事责任。

第二十六条　当事人对公安机关在公共安全图像信息系统管理中作出的具体行政行为不服的，可以依法申请行政复议或者向人民法院提起行政诉讼。

第二十七条　公安、国家安全机关和其他行政管理部门及其工作人员，违反本办法规定滥用职权、玩忽职守、徇私舞弊的，依法予以处理；构成犯罪的，依法追究刑事责任。

第二十八条　本办法自2011年8月1日起施行。

附：

《陕西省安全技术防范条例》

（2006年8月4日陕西省第十届人民代表大会常务委员会第二十六次会议通过）

第十四条　第（一）项至第（九）项

（一）武器、弹药的生产、存放场所和国家重要物资储备场所；

（二）易制毒化学品和传染性菌种、毒种以及其他危险物品的研制、生产、销售、储存场所；

（三）金库，货币、有价证券、票据的制造或者集中存放场所，货币押运车辆，金融机构的营业场所和金融信息的运行、储存场所；

（四）国家或者省级统一考试的命题及试卷印刷、存放场所；

（五）党政机关、国有企业事业单位涉及国家秘密的场所或者部位；

（六）国家重点文物保护单位和国有博物馆、档案馆的重要部位；

（七）广播、电视、电信、邮政以及城市水、电、燃油（气）、热力供应单位的重要部位；

（八）机场、火车站、长途客运汽车站和民航、铁路、公路等交通枢纽的重要部位；

（九）星级宾馆和大型的商场、体育场馆、公共娱乐场所、住宅小区的出入口、主要通道及其他公共区域。

内蒙古自治区公共安全视频监控图像信息系统管理办法

（2014年9月17日内蒙古自治区人民政府令第203号公布　根据2022年10月21日《内蒙古自治区人民政府关于修改和废止部分政府规章的决定》修正）

第一条　为了规范公共安全视频监控图像信息系统建设和管理，提高公共服务和管理水平，保障公民、法人和其他组织的合法权益，根据《内蒙古自治区公共安全技术防范管理条例》，结合自治区实际，制定本办法。

第二条　自治区行政区域内公共安全视频监控图像信息系统的规划、建设、使用、监督和图像信息的存储、应用，适用本办法。

第三条　本办法所称的公共安全视频监控图像信息系统，是指利用视频监控技术和设备，对涉及公共安全的场所、区域进行图像信息采集、传输、显示、存储和管理的系统。

第四条　公共安全视频监控图像信息系统建设应当

列入国土空间规划。

第五条 旗县级以上人民政府公安机关负责本行政区域内公共安全视频监控图像信息系统建设及信息应用的指导和监督管理。

旗县级以上人民政府有关部门应当在各自职责范围内做好公共安全视频监控图像信息系统管理工作。

供电、通信、网络运营等单位应当做好公共安全视频监控图像信息系统的相关保障工作。

第六条 各级人民政府应当将公共安全视频监控图像信息系统建设、管理工作纳入社会治安综合治理目标管理范围。

第七条 下列场所和部位应当安装公共安全视频监控图像信息系统：

（一）广播、电视、电信、邮政等系统的重要部位；

（二）国防科技工业重要产品的研制、生产场所；

（三）金融机构的金库、营业场所及其重要部位以及货币押运车辆等；

（四）民用机场、车站、道路交通、轨道交通、物流园区的重要部位，公共交通工具；

（五）重要物资仓库和粮库；

（六）研制、生产、销售、储存危险物品的场所或者实验、保藏传染性菌种、毒种单位的重要部位；

（七）大型能源动力设施、水利设施和城市水、电、燃油（气）、热力供应设施；

（八）旅店、商场、旅游景区、文化娱乐场所的主要出入口和通道；

（九）博物馆、档案馆、文物保护单位以及存放有重要物品的纪念馆和展览馆等场所；

（十）学校、幼儿园、医院、养老机构以及其他民政服务机构、公园、城市广场、体育场馆、地下人行通道等人员较多的场所；

（十一）国家机关、人民团体、事业单位、大型企业、居民住宅区的公共区域和重要部位；

（十二）其他旗县级以上人民政府确定的治安保卫重点单位的相关场所或者部位；

（十三）其他法律、法规、规章规定的需要安装公共安全视频监控图像信息系统的场所或者部位。

第八条 下列涉及个人隐私的场所和区域禁止安装公共安全视频监控图像信息系统：

（一）旅店业客房、娱乐场所包间；

（二）集体宿舍、公寓房间；

（三）哺乳室、公共浴室、更衣室、化妆间、卫生间；

（四）金融、保险、证券机构内可能泄露客户个人信息的区域；

（五）选举箱、举报箱、投票点等附近可能观察到个人意愿表达或者行为的区域；

（六）其他涉及个人隐私的场所和区域。

第九条 城市道路的重要路段、重要交通路口、城市主要出入口和大型广场等公共场所的公共安全视频图像信息系统由政府组织建设，并保障建设、运行和维护经费。

第十条 政府组织建设的公共安全视频信息系统的图像信息数据，由旗县级以上人民政府公安机关或者其他相关部门存储管理；非政府财政投资建设的公共安全视频信息系统的图像信息数据，由使用单位存储管理。

第十一条 有关单位和个人需要调取由政府组织建设的公共安全视频信息系统的图像信息数据，应当经旗县级以上人民政府公安机关确认并办理相关手续。

第十二条 调取、复制公共安全视频监控图像信息应当遵守下列规定：

（一）出示有效身份证明；

（二）填写调取、复制图像信息登记表；

（三）遵守图像信息的使用、保密制度。

第十三条 公共安全视频监控图像信息系统应当符合国家技术标准，并预留与当地公安机关联网的接口。

旗县级以上人民政府公安机关应当根据公共安全、公共服务和管理工作需要，实现跨部门视频监控信息资源有序共享。

公共安全视频监控图像信息采集设备的安装位置，应当设置明显标识。

第十四条 因维护公共安全和社会治安秩序的需要，公安机关可以无偿接入或者直接使用相关单位的公共安全视频监控图像信息系统。

第十五条 新建、改建、扩建的建设工程，需要安装公共安全视频监控图像信息系统的，建设单位应当将视频监控图像信息系统与建设工程综合设计、同步施工、同时使用、独立验收。

第十六条 建设公共安全视频监控图像信息系统应当使用国家相关部门检测合格或者认证的安全技术防范产品。任何单位和个人不得指定产品的品牌和销售单位，不得指定设计、施工和维修单位。

第十七条 公共安全视频监控图像信息系统建成试运行1个月后，应当委托具有检验资格的检测机构进行技术检测。检测通过后，建设单位会同公安机关组织验收。

公共安全视频监控图像信息系统验收不合格的，不得投入使用。

第十八条 公共安全视频监控图像信息系统的使用单位，应当采取下列措施，保证系统安全运行：

（一）建立值机值班、日常检查、定期维护、图像信息使用登记、安全保密等制度；

（二）公共安全视频监控图像信息系统维护、操作人员应当经过专业培训；

（三）建立突发事件应急处置预案，定期组织演练；

（四）系统图像存储时间和质量应当满足相关标准要求，原始图像信息的存储时间应当在三十日以上。法律、法规或者国家另有规定的，从其规定；

（五）委托其他单位运营、维护公共安全视频监控图像信息系统的，双方应当明确保证系统安全运行的责任。

第十九条 任何单位和个人不得有下列行为：

（一）拒绝、阻碍公安机关等有关部门依法使用公共安全视频监控图像信息系统的设施、设备以及调取图像信息；

（二）擅自删改，故意隐匿、毁弃留存期限内图像信息的原始记录；

（三）破坏公共安全视频监控图像信息系统的运行程序和记录；

（四）泄露公共安全视频监控图像信息系统的秘密；

（五）非法提供、使用、传播、复制公共安全视频监控图像信息资料；

（六）擅自改变公共安全视频监控图像信息系统用途、权限和范围；

（七）影响公共安全视频图像信息系统正常运行的其他行为。

第二十条 公安机关应当对公共安全视频监控图像信息系统的使用情况进行日常监督。

第二十一条 违反本办法规定的行为，有关法律、法规已经作出具体处罚规定的，从其规定。

第二十二条 违反本办法第七条规定，应当安装公共安全视频监控图像信息系统而未安装的，由旗县级以上人民政府公安机关责令限期改正；逾期不改正的，对单位处5000元以上1万元以下罚款；造成严重后果的，对单位处1万元以上3万元以下罚款，对负有责任的主管人员和其他直接责任人员由有关部门依法给予处分。

第二十三条 违反本办法第十七条规定，使用未经验收或者验收不合格的公共安全视频监控图像信息系统，由旗县级以上人民政府公安机关责令限期验收，并对建设单位处5000元以上1万元以下罚款。

第二十四条 违反本办法第十九条规定，有下列行为之一的，由旗县级以上人民政府公安机关对单位处5000元以上2万元以下罚款，对个人处1000元以上5000元以下罚款；构成犯罪的，依法追究刑事责任：

（一）拒绝、阻碍公安机关等有关部门依法使用公共安全视频监控图像信息系统的设施、设备以及调取图像信息的；

（二）擅自删改，故意隐匿、毁弃留存期限内图像信息原始记录的；

（三）非法提供、使用、传播、复制公共安全视频监控图像信息资料的；

（四）擅自改变公共安全视频监控图像信息系统用途、权限和范围的。

第二十五条 公安机关及其工作人员违反本办法规定，未依法履行公共安全视频监控图像信息系统监督管理职责，或者滥用职权、玩忽职守、徇私舞弊的，对负有责任的主管人员和其他直接责任人员依法给予处分；构成犯罪的，依法追究刑事责任。

第二十六条 本办法自2014年11月1日起施行。

甘肃省公共安全视频信息系统管理办法

（2011 年 3 月 1 日甘肃省人民政府令第 78 号公布　自 2011 年 5 月 1 日起施行）

第一条　为规范公共安全视频信息系统建设和管理，提高公共服务能力，保障公共安全，保护公民、法人和其他组织的合法权益，依据有关法律法规，结合本省实际，制定本办法。

第二条　本省行政区域内公共安全视频信息系统的建设、应用、维护及其管理，适用本办法。

第三条　本办法所称公共安全视频信息系统是指利用图像采集、传输、控制、显示等设备和其他相关设备对涉及公共安全的场所和区域进行视频信息记录的系统。

第四条　公共安全视频信息系统的建设、应用和维护应当遵循统一规划、统一标准、统筹建设、资源共享、合法利用的原则。

建设、应用和维护公共安全视频信息系统不得泄露国家秘密和商业秘密，不得侵犯个人隐私及其他合法权益。

第五条 县级以上人民政府应当组织公安、发展改革、财政、建设、交通运输、通信等部门编制本行政区域内公共安全视频信息系统建设规划，并组织实施。

第六条 县级以上人民政府公安机关负责本行政区域内公共安全视频信息系统的管理、监督和指导工作。

县级以上人民政府有关行政部门应当按照各自职责做好公共安全视频信息系统的相关工作。

供电、通信、广电等单位应当配合做好公共安全视频信息系统的相关工作。

第七条 下列涉及公共安全的区域、场所和部位应当安装公共安全视频信息系统：

（一）城市和乡镇所在地的主要街道、路口、过街通道、公共交通枢纽、广场、公园等公共场所；

（二）县级以上行政区域界线公路交界部位；

（三）《企业事业单位内部治安保卫条例》所规定的治安保卫重点单位的重要部位；

（四）居民住宅小区的出入口和主要通道；

（五）法律、法规、规章规定应当安装公共安全视频信息系统的其他区域、场所和部位。

第八条 公共安全视频信息系统摄像设备的设置应当有明显标识，做到摄像设备的位置固定、摄像范围固定。

第九条 下列区域、场所和部位禁止安装公共安全视频信息系统：

（一）旅馆客房、娱乐场所包房；

（二）单位宿舍；

（三）浴室、更衣室、卫生间、哺乳室；

（四）金融、保险、证券机构内可能泄露客户个人信息的操作部位；

（五）选举箱、投票点等附近可能观察到个人意愿表达情况的部位；

（六）其他涉及个人隐私和其他合法权益的区域、场所和部位。

第十条 建设和维护公共安全视频信息系统及配套使用的产品应当符合强制性标准。本办法第七条第（一）（二）项所列部位的公共安全视频信息系统由同级地方政府制定实施方案，分步组织建设和维护。

本办法第七条第（三）项所列部位的公共安全视频信息系统由本单位负责建设和维护。

本办法第七条第（四）项所列部位的公共安全视频信息系统由管理单位负责建设和维护。

鼓励和支持社会力量投资参与公共安全视频信息系

统建设。

第十一条 属于本办法第七条规定应当安装公共安全视频信息系统的新建、改建、扩建的建设项目，公共安全视频信息系统与项目主体工程应当同时设计、同时施工、同时投入使用。建设单位应当将公共安全视频信息系统摄像设备安装位置报所在地县级人民政府公安机关备案。

已建成的公共安全视频信息系统，其使用单位应当自本办法实施之日起60日内向所在地县级人民政府公安机关备案。

第十二条 县级以上人民政府应当设置公共安全视频信息系统监控中心，对公共安全视频信息系统进行资源整合，根据工作需要，逐步实现跨地区、跨部门视频信息的共享。

非政府财政投资建设的公共安全视频信息系统，应当预留接口，公安机关在确保信息安全的前提下，经省人民政府公安机关批准，可与其进行系统对接。

第十三条 政府组织建设的公共安全视频信息系统的图像信息数据由县级以上人民政府公安机关存储管理，非政府财政投资建设的公共安全视频信息系统的图像信息数据由使用单位存储管理。

第十四条 有关单位和个人需要调取由政府组织建设和维护的公共安全视频信息系统的图像信息数据，应当经县级以上人民政府公安机关批准。

有关单位和个人需要调取由非政府财政投资建设和维护的公共安全视频信息系统的图像信息数据，应当经该系统使用单位批准。

法律、法规另有规定的，从其规定。

第十五条 有关单位和个人根据前条规定使用公共安全视频信息系统的图像信息数据时，应当遵守下列规定：

（一）出示有效证件和批准文件；

（二）履行登记手续；

（三）遵守信息资料的保密制度。

第十六条 公共安全视频信息系统使用单位应当遵守下列规定：

（一）建立信息保密、值机监看、运行维护、安全检查等制度；

（二）对公共安全视频信息系统的值机和管理人员进行培训和监督管理，并将值机人员的个人信息送所在地县级人民政府公安机关备案；

（三）对图像信息数据的调取人员、时间、用途及复制等情况进行登记；

（四）严格按照批准的范围和内容，提供图像信息数据；

（五）发现涉及公共安全的可疑信息或者移动摄像设备位置的，应当及时向所在地县级人民政府公安机关报告；

（六）定期维护保养公共安全视频信息系统，保证其正常运行；

（七）公共安全视频信息系统应当全天运行，不得无故中断，如因故障中断运行的，应当立即修复；

（八）公共安全视频信息系统的图像信息数据的有效存储期一般不少于30日；涉及公共安全的重要图像信息数据要进行复制备份；复制的图像信息数据交由公安机关存储，有效存储期不少于2年。

第十七条 任何单位和个人不得有下列行为：

（一）擅自改变公共安全视频信息系统的用途或者摄像设备的位置、摄像范围；

（二）改变、隐匿、损毁存储期限内的公共安全视频信息系统的原始图像信息数据；

（三）擅自查阅、下载、复制公共安全视频信息系统的图像信息数据；

（四）拒绝、阻碍公安机关和其他有关单位依法使用公共安全视频信息系统及其图像信息数据；

（五）其他影响公共安全视频信息系统正常运行的行为。

第十八条 公安机关和其他有关单位应当加强公共安全视频信息系统安装范围、日常运行、合法使用、信息安全等情况的管理和监督，建立保障机制，确保正常运行。

第十九条 有下列行为之一的，由县级以上人民政府公安机关责令限期改正，逾期不改正的，对单位处1000元以下罚款，对单位负责人或直接责任人处200元以下罚款：

（一）安装公共安全视频信息系统的，未明显标示摄像设备位置或擅自改变摄像设备的位置和摄像范围；

（二）未按规定将公共安全视频信息系统摄像设备安装位置报所在地县级人民政府公安机关备案的。

第二十条 违反本办法规定的行为，法律、法规已有规定的，从其规定。

第二十一条 公安机关和其他行政机关及其工作人员有滥用职权、玩忽职守、徇私舞弊的，由上级行政机关或者监察机关依法给予处分；构成犯罪的，依法追究刑事责任。

第二十二条 本办法自2011年5月1日起施行。

新疆维吾尔自治区公共安全视频信息系统管理办法

（2014年5月1日自治区人民政府令第190号公布　自2014年7月1日起施行）

第一条　为了规范公共安全视频信息系统建设和管理，维护公共安全，提高公共服务和管理水平，保障公民、法人和其他组织的合法权益，根据国家有关法律、法规，结合自治区实际，制定本办法。

第二条　自治区行政区域内公共安全视频信息系统的规划、建设、应用、维护和管理，适用本办法。

第三条　本办法所称公共安全视频信息系统（以下简称公共视频系统），是指利用图像采集设备和其他相关设备，对涉及公共安全的区域进行信息记录的视频系统。

第四条　公共视频系统建设和应用应当遵循政府主导、社会参与、统一规划、统一标准、资源共享、合法利用的原则；不得泄露国家秘密和商业秘密，不得侵犯公民个人隐私及其他合法权益。

第五条　县级以上人民政府应当加强对公共视频系

统管理工作的领导。公共视频系统建设和管理工作应当纳入社会管理综合治理目标。

县（市）以上公安机关负责编制本行政区域公共视频系统建设规划，对公共视频系统的建设、管理、应用进行指导和监督。发展和改革、经济和信息化、住房和城乡建设、财政、教育、交通运输、安全生产监督、质量技术监督、通信管理等行政主管部门依法履行公共视频系统建设、管理等方面相关工作职责。

供电、电信等单位应当配合做好公共视频系统的电力、通信保障等相关工作。

第六条　下列场所、区域的出入口、重要路段、重要部位，实行当地政府投资、自治区财政视情况适当补贴的方式建设公共视频系统，由公安机关负责管理、使用和维护：

（一）广场、公园；

（二）人行天桥、地下人行通道、隧道；

（三）城市道路（巷道）、中心城镇；

（四）法律、法规、规章规定的其他重要场所、区域。

第七条　下列单位、场所、区域的出入口、主要通道、重要部位，实行本单位投资、有条件的地区可以采取财政补贴的方式建设公共视频系统，由本单位管理、使用和维护：

（一）实验、保藏传染性菌种、毒种的单位，生产、存放或者经营民用爆炸物品以及易燃、易爆、剧毒、放射性物品、易制毒化学品的场所；

（二）国家机关和广播电台、电视台、报社、电信、邮政等单位；

（三）幼儿园、学校和科研、医疗机构，博物馆、纪念馆、展览馆和重点文物保护单位；

（四）金库以及货币、有价证券、票据的集中存放场所，票据、货币押运车辆，金融机构营业和金融信息运行、储存场所；

（五）供水、供电、供气、供热、加油（气）站；

（六）机场、大型车站等重要交通枢纽，城市公共交通、客运车辆等公共交通工具；

（七）大型商贸、物流、物资储备中心，旅馆、宾馆、停车场、旅游景区，文化娱乐、体育健身、网吧及宗教活动场所，住宅小区；

（八）堤防、水库、人工湖、饮用水源地、重点防洪排涝区域和重要水利工程设施；

（九）法律、法规、规章规定的其他重要场所、区域。

第八条 禁止在下列涉及个人隐私的场所、区域安装公共视频系统：

（一）旅馆、宾馆的客房，娱乐场所包房；

（二）员工宿舍、公共浴室、公共卫生间、试衣间、更衣室、哺乳室；

（三）金融、保险、证券机构内可能泄露客户信息的操作部位；

（四）选举箱、举报箱、投票点等可能观察到个人意愿表达或者行为的区域；

（五）其他涉及个人隐私的场所、区域。

任何单位和个人不得擅自在本办法第六条规定的范围内设置、安装公共视频系统。

第九条 公安机关应当按照合法、安全和规范的要求，对公共视频系统进行资源整合，实现视频信息共享。

第十条 新建、改建、扩建的建设项目，应当按照本办法规定建设公共视频系统，并与项目主体工程同时设计、同时施工、同时投入使用。

建设单位应当选择符合国家标准和技术规范的公共视频系统产品。

第十一条 建设公共视频系统，应当委托具有安全技术防范资质的单位，按照国家标准和技术规范进行设计、施工。

公共视频系统工程项目的竣工验收，依照国家有关规定执行。

第十二条 公共视频系统应当自投入使用之日起30日内，向当地县（市）公安机关备案；本办法施行前已经建成的，应当自本办法施行之日起60日内备案。

因客观条件变化，拆除公共视频系统或者有关设施、设备的，应当在拆除后30日内向当地县（市）公安机关备案。

第十三条 设置户外广告、架设管线、植树或者设置其他设施，不得遮挡公共视频系统信息采集设备。

第十四条 建设、使用公共视频系统的单位，应当遵守下列规定：

（一）建立健全运行维护、安全检查、应急处理制度；

（二）对监看和管理人员进行岗位技能和保密知识培训；

（三）对录制人员、调取人员、调取时间、调取用途以及去向等情况进行登记；

（四）发现涉及公共安全的可疑信息，及时向公安机关报告；

（五）信息资料的有效存储期不少于30日，涉及公共安全的重要信息资料有效存储期不少于2年。

第十五条 任何单位和个人不得实施下列行为：

（一）擅自改变公共视频系统的用途；

（二）删改、隐匿、毁弃储存期限内的公共视频系统原始记录；

（三）擅自查阅、复制、提供、传播公共视频系统的信息资料；

（四）拒绝、阻碍有关管理部门依法使用公共视频系统及其信息资料；

（五）盗窃或者故意损毁、破坏公共视频系统；

（六）其他影响依法使用公共视频系统的行为。

第十六条 经本机关负责人批准，县（市）以上公安机关、国家安全机关可以使用本办法第六条、第七条所列公共视频系统或者将该系统接入确定的视频系统；调查、处置突发事件的管理部门，可以查阅、复制或者调取有关公共视频系统的信息资料。

前款规定以外的单位或者个人需要查阅、复制或者调取公共视频系统信息资料的，应当经当地县（市）公安机关批准。

第十七条　查阅、复制或者调取公共视频系统信息资料，应当遵守下列规定：

（一）出示工作证、身份证件；

（二）出示单位证明文件和公安机关的批准文件；

（三）现场人员不少于两人；

（四）遵守保密制度。

任何单位和个人不得利用查阅、复制或者调取公共视频系统信息资料牟利。

第十八条　违反本办法第七条规定的，由县（市）以上公安机关责令限期建设；逾期仍未建设的，处3万元以下罚款。

第十九条　违反本办法第八条、第十二条、第十三条规定的，由县（市）以上公安机关责令改正；逾期不改正的，处200元以上1000元以下罚款。

第二十条　违反本办法第十四条、第十五条、第十七条第二款规定的，由县（市）以上公安机关责令改正，并处200元以上2万元以下罚款。

第二十一条　违反本办法规定，应当承担法律责任的其他行为，依照有关法律、法规执行。

第二十二条　有关管理部门工作人员违反本办法规定，玩忽职守、滥用职权、徇私舞弊的，由本部门或者行政监察机关依法给予行政处分；构成犯罪的，依法追究刑事责任。

第二十三条 本办法自2014年7月1日起施行。

武汉市公共安全视频图像信息系统管理办法

（2022年12月31日武汉市人民政府令第314号令公布 根据2024年5月9日武汉市人民政府令第322号修改）

第一章 总 则

第一条 为了规范公共安全视频图像信息系统管理，保障公民、法人和其他组织的合法权益，根据《中华人民共和国个人信息保护法》《湖北省公共安全视频图像信息系统管理办法》等法律法规和规章的规定，结合本市实际，制定本办法。

第二条 本办法适用于本市行政区域内公共安全视频图像信息系统的规划、建设、使用、维护和管理。

本办法所称公共安全视频图像信息系统（以下简称公共视频系统），是指利用视频图像采集技术和设备，对涉及公共安全、公共服务和管理的场所或者区域进行视频图像信息采集、传输、控制、显示和存储的系统。

第三条 公共视频系统应当遵循统一规划、分级建设、属地管理、资源共享、依法使用、安全可靠的原则。

第四条 市、区人民政府（含开发区、风景区、长江新区等功能区管委会，下同）应当加强本辖区内公共视频系统管理工作领导，建立健全工作协调机制，将公共视频系统建设纳入城乡规划和数字政府建设。政府投资建设和运维的公共视频系统，所需经费按规定纳入同级财政预算。

公安机关是公共视频系统的主管部门，负责公共视频系统统一管理工作。

发改、数据、自然资源、规划、财政、交通运输、城乡建设、市场监管、园林林业等部门在各自职责范围内做好公共视频系统管理相关工作。

第二章　规划与建设

第五条 市公安机关应当根据全市公共安全、公共服务和管理的需要，组织编制全市公共视频系统建设规划，报市人民政府批准后实施。

区公安机关应当根据全市公共视频系统建设规划，

组织编制本辖区内公共视频系统建设规划，报本级人民政府和市公安机关批准后实施。

公共视频系统应当按照规划建设实施，避免重复建设。

第六条 下列涉及公共安全、公共服务和管理的场所或者区域，其重要出入口、主要通道或者要害部位应当建设、安装公共视频系统：

（一）国家机关和广播电台、电视台、报社等重要新闻单位，通信、邮政、金融单位和国家重点建设工程单位；

（二）机场、港口、车站等重要交通枢纽，高速公路、国省干道、城市街道和中心城镇区域的重要交通路段，大型桥梁、隧道、地下通道等重要交通路口，地铁、轻轨、客运车船等重要交通工具；

（三）大型能源动力设施、水利设施和城市水、电、燃油、燃气、热力供应设施；

（四）幼儿园、学校，科研、医疗机构，博物馆、档案馆和重点文物保护单位；

（五）大型商贸、物流、物资储备中心，大型广场、停车场、公园、森林、湿地、旅游景区，文化娱乐、体育健身、餐饮、宾馆、民宿、网吧等场所；

（六）研制、生产、销售、储存危险物品或者实验、保藏传染性菌种和毒种的单位；

（七）国防科技工业重要产品的研制、生产单位；

（八）货币、贵金属和有价证券的制造、储存场所和运输设备；

（九）应急疏散场所、大型地下空间等设施；

（十）居民住宅区的出入口、主要通道和主要公用设施区域；

（十一）易发或者频发刑事、治安案件的区域；

（十二）法律、法规规定的其他场所和区域。

第七条 建设和安装公共视频系统应当遵守国家和省有关规定，符合行业技术规范，安全有效运行。

安装公共视频系统摄像设备，应当做到设备位置固定、摄像范围相对固定，并设置明显标识。

第八条 属于公共视频系统建设、安装范围的新建、改建、扩建建设项目主体工程应当与公共视频系统同时设计、同时施工、同时竣工验收、同时投入使用。

公共视频系统建设单位应当按照有关标准组织竣工验收，未经验收或者验收不合格的，不得投入使用。

第九条 公共视频系统建设、管理或者使用单位应当自该系统竣工验收合格之日起三十日内，将系统使用的主要设备类型、点位分布等资料向所在地公安机关备案。

第十条 属于本办法第六条规定的公共视频系统，不得随意移动或者拆除。因规划变更等原因确需调整的，移动或者拆除方应当提供复建或者替代方案。

第十一条 园林绿化、架设管线、户外广告等设施，不得妨碍既有公共视频系统图像采集。

第三章 使用与管理

第十二条 市公安机关负责对政府投资建设或者承租的公共视频系统进行资源整合，建立统一公共安全视频图像信息联网共享平台和统一空间坐标，编制全市公共安全视频图像联网信息数据资源目录，推送至市大数据平台依法共享。

市数据主管部门应当遵循统筹集约、依法采集、按需共享、有序开放、合规应用、安全可控的原则，根据公共服务和管理需要，按照有关规定组织开展跨部门信息共享工作。

其他有关部门和单位应当按照信息安全技术规定，推动公共视频系统开放共享。

第十三条 公安机关因维护公共安全的需要，可以依法查阅、复制、调取未在市大数据平台共享的公共视频系统信息。

其他有关主管部门和单位因调查、处置突发事件或者其他公共服务和管理工作需要，可以依法查阅、复制、调取未在市大数据平台共享的公共视频系统信息。

第十四条 公安机关和其他主管部门查阅、复制或者调取未在市大数据平台共享的公共视频系统信息时，应当遵守下列规定：

（一）不少于两名工作人员；

（二）出示工作证件或者行政执法证件；

（三）出示单位批准文件或者介绍信函；

（四）履行登记手续。

第十五条 公共视频系统建设、管理或者使用单位应当履行下列职责：

（一）建立信息保密、值班监看、维护保养、安全检查等制度；

（二）对公共视频系统监看和管理人员进行业务培训，并将监看人员的基本信息报区公安机关备案；

（三）对信息资料调取人员、调取时间、调取方式、调取用途以及去向等情况进行登记；

（四）发现涉及公共安全、突发事件和违法犯罪行为可疑信息以及公共服务和管理方面的其他重要信息的，应当及时向公安机关和有关主管部门报告；

（五）公共视频系统的信息存储期限按照国家规定执行，防范恐怖袭击重点目标系统采获信息的存储期限不少于九十日，涉及公共安全、突发事件和违法犯罪行为的重要信息有效存储期不少于两年；

（六）法律法规规定的其他职责。

第十六条 提供公共视频系统传输网络运营服务的单位，应当加强网络传输安全管理，保障网络安全运行和视频图像信息安全稳定传输。

第四章 个人信息保护

第十七条 下列涉及个人隐私的场所和区域禁止建设、安装公共视频系统：

（一）旅店业客房内；

（二）集体宿舍、公寓房间内；

（三）哺乳室、公共浴室、更衣室、化妆间、卫生间；

（四）金融、保险、证券机构内可能泄露客户个人信息的区域；

（五）选举箱、举报箱、投票点等附近可能观察到个人意愿表达或者行为的区域；

（六）其他涉及个人隐私或者涉及公民、法人和其他组织合法权益的场所和区域。

第十八条 公民、法人和其他组织通过公共视频系统获取的个人信息，只能用于维护公共安全的目的，不得用于其他目的。

通过公共视频系统获取信息的公民、法人和其他组织，应当采取必要措施保障个人信息安全。

第十九条 公共视频系统信息应当受到法律保护，任何单位和个人不得有下列行为：

（一）非法买卖、提供、传播或者非法复制、调取公共视频系统信息；

（二）删改、破坏公共视频系统信息原始记录；

（三）故意隐匿、毁弃公共视频系统采集的信息；

（四）利用公共视频系统信息泄露国家秘密、商业秘密或者个人隐私；

（五）其他违法使用公共视频系统信息的行为。

第二十条 人像、人体及机动车号牌等敏感视频图像信息用于公共传播时，除法律、法规另有规定外，应当对涉及当事人个体特征、机动车号牌等隐私信息采取使特定个体无法被识别、且不能复原的保护性措施。

第五章　法律责任

第二十一条　违反本办法规定的行为，法律法规和规章已有规定的，从其规定。

第二十二条　违反本办法第十一条规定，由公安机关责令限期改正；逾期未改正的，对直接负责的主管人员和其他直接责任人员处100元以上500元以下罚款。

第二十三条　违反本办法规定，构成违反治安管理行为的，由公安机关依法给予治安管理处罚；构成犯罪的，依法追究刑事责任。

第二十四条　国家机关及其工作人员违反本办法规定，不依法履行职责的，在数据获取、使用过程中侵犯国家秘密、商业秘密、个人隐私的，以及玩忽职守、滥用职权、徇私舞弊的，依法追究法律责任。

第六章　附　　则

第二十五条　本办法自2023年3月1日起施行。

株洲市公共安全视频图像信息系统管理条例

（2023年9月27日株洲市第十六届人民代表大会常务委员会第十四次会议通过　2023年11月30日湖南省第十四届人民代表大会常务委员会第六次会议批准　2023年12月14日株洲市人民代表大会常务委员会公告第7号公布　自2024年3月1日起施行）

第一条　为了规范公共安全视频图像信息系统的规划、建设、使用和管理，维护公共安全，提高公共服务水平，保障公民、法人和其他组织的合法权益，根据有关法律、法规，结合本市实际，制定本条例。

第二条　本市行政区域内公共安全视频图像信息系统的规划、建设、使用和管理，适用本条例。

第三条　公共安全视频图像信息系统的规划、建设、使用和管理应当遵循统筹规划、规范建设、合法使用和保障安全的原则，不得泄露国家秘密和商业秘密，不得侵犯个人隐私以及其他合法权益。

第四条　市、县（市）人民政府应当统筹公共安全视频图像信息系统的规划、建设、使用和管理，将公共安全视频图像信息系统工作纳入国民经济和社会发展规划，保障政府投资建设的公共安全视频图像信息系统所需经费。

市人民政府应当充分利用和整合视频图像信息系统资源，建立统一的公共安全视频图像信息共享平台（以下简称信息共享平台）。

第五条 公安机关负责公共安全视频图像信息系统的监督、管理和指导工作。其他有关部门按照职责分工，做好公共安全视频图像信息系统相关工作。

电力、通信等具有公共服务职能的企事业单位应当配合做好公共安全视频图像信息系统相关工作。

第六条 市公安机关应当会同市自然资源和规划、发展和改革、数据管理、城市管理、交通运输、市场监管、住房和城乡建设、水行政、应急管理等主管部门编制市区公共安全视频图像信息系统建设规划，报市人民政府批准后组织实施。

县（市）公安机关应当会同相关部门参照市区公共安全视频图像信息系统建设规划，编制本行政区域公共安全视频图像信息系统建设规划，报本级人民政府批准后组织实施。

编制公共安全视频图像信息系统建设规划，应当满足社会治安防控、防灾减灾救灾、安全生产、食品药品安全等工作需要。

第七条 公共安全视频图像信息系统的建设范围，根据相关法律、法规和《公共安全重点区域视频图像信息采集规范》等国家强制性标准确定。

公共安全视频图像信息系统建成后，公安机关应当登记造册，告知其所有权人或者管理人相关权利和义务。

第八条 禁止在公共区域内的下列私密空间安装视频图像采集设备，但是法律另有规定的除外：

（一）旅馆业客房；

（二）集体宿舍；

（三）公共浴室、母婴室、试衣间、更衣室、化妆间和卫生间；

（四）其他可能侵犯个人隐私的私密空间。

对前款规定的私密空间负有经营管理义务的单位或者个人，应当采取必要的安全保障措施，防止在该私密空间内非法安装视频图像采集设备。

第九条 建设公共安全视频图像信息系统应当执行有关国家标准；没有国家标准的，执行行业标准；没有行业标准的，执行有关技术规范。

在涉及国家安全、国家秘密的区域建设公共安全视频图像信息系统，应当符合相关法律、法规的规定。

新建、改建、扩建的建设项目需要配套建设公共安全视频图像信息系统的，应当将公共安全视频图像信息系统与项目主体工程同步设计、同步施工、同步验收、同步使用。

第十条 公共安全视频图像采集设备，应当设置显著的提示标识。

提示标识的设置规范由市公安机关制定。

第十一条 政府投资建设的公共安全视频图像信息系统，应当与信息共享平台联网，但是法律、法规规定禁止联网的除外。

非政府投资建设的公共安全视频图像信息系统，应当预留与信息共享平台联网的硬件、软件接口。法律、法规对联网有规定的，从其规定；没有规定的，鼓励联网。

第十二条 公共安全视频图像信息系统所有权人或者管理人，应当规范视频图像信息的收集、存储、使用、传输、查阅、复制等行为，遵守下列规定：

（一）定期进行维护，确保公共安全视频图像信息系统有效运行，因故障中断运行的应当及时修复；

（二）对公共安全视频图像信息系统的管理、监看、操作和维护人员进行岗位技能和保密知识培训，建立并落实保密责任追究制度；

（三）建立并落实值班监看制度，禁止与监看工作无关的人员擅自进入监看场所；

（四）建立并落实视频图像信息查阅留痕制度，鼓励采用电子水印形式全程留痕；

（五）公共安全视频图像信息存储期不得少于三十日，法律、法规另有规定的从其规定；

（六）履行网络和信息安全管理义务，保障公共安全视频图像信息安全；

（七）其他应当遵守的相关规定。

第十三条 信息共享平台的管理部门应当会同公安机关按照法律、法规和安全保密管理规定，对共享视频图像信息进行脱敏、脱密处理，保障信息共享安全可控。

国家机关因履行法定职责需要，可以依照法律、行政法规规定的权限和程序查阅、调取、复制公共安全视频图像信息。

第十四条 因老人、儿童、智力障碍者等特殊群体人员走失，其监护人、近亲属可以申请公安机关查阅公共安全视频图像信息。

公安机关应当制定并公开申请查阅公共安全视频图像信息的条件和程序，符合条件的，公安机关应当查阅并将结果告知申请人。

第十五条 任何单位和个人不得有下列行为：

（一）盗窃、损坏公共安全视频图像信息系统的设施、设备；

（二）非法侵入、破坏、擅自删改公共安全视频图像信息系统的运行程序和运行记录；

（三）擅自删除、修改存储期内公共安全视频图像信息系统采集的原始视频图像信息；

（四）买卖和非法使用、翻拍、复制、传播公共安全视频图像信息系统采集的视频图像信息；

（五）非法处理涉及国家安全、国家秘密的视频图像信息；

（六）无故中断、停用公共安全视频图像信息系统；

（七）遮挡公共安全视频图像采集设备或者擅自调整采集设备方向，妨碍已安装的公共安全视频图像信息系统正常使用；

（八）法律、法规规定的其他禁止行为。

第十六条 国家机关及其工作人员有下列情形之一的，对直接负责的主管人员和其他直接责任人员，由有权机关依法给予处分；构成犯罪的，依法追究刑事责任：

（一）违反本条例第十三条第一款规定，未对共享视频图像信息进行脱敏、脱密处理，泄露个人信息的；

（二）违反本条例第十三条第二款规定，超范围使用视频图像信息，泄露个人信息的；

（三）有其他滥用职权、玩忽职守、徇私舞弊行为的。

第十七条 违反本条例第十五条第七项规定，妨碍公共安全视频图像信息系统正常使用的，由公安机关责令限期改正；逾期不改正的，对个人处警告或者五百元以下罚款，对单位处三千元以上一万元以下罚款。

第十八条 违反本条例规定的行为，法律、法规另有规定的，从其规定。

第十九条 本条例自 2024 年 3 月 1 日起施行。

图书在版编目（CIP）数据

公共安全视频图像信息系统管理条例理解与适用 / 刘为军，倪龙编著. -- 北京 ：中国法治出版社，2025. 7. -- ISBN 978-7-5216-5401-1

Ⅰ. D922.175；D923.75

中国国家版本馆 CIP 数据核字第 2025VF2947 号

责任编辑：张僚　　　　封面设计：周黎明

公共安全视频图像信息系统管理条例理解与适用

GONGGONG ANQUAN SHIPIN TUXIANG XINXI XITONG GUANLI TIAOLI LIJIE YU SHIYONG

编著/刘为军　倪龙

经销/新华书店

印刷/三河市国英印务有限公司

开本/880 毫米×1230 毫米　32 开　　　　印张 / 14.375　字数 / 205 千

版次/2025 年 7 月第 1 版　　　　2025 年 7 月第 1 次印刷

中国法治出版社出版

书号 ISBN 978-7-5216-5401-1　　　　定价：58.00 元

北京市西城区西便门西里甲 16 号西便门办公区

邮政编码：100053　　　　传真：010-63141600

网址：http：//www.zgfzs.com　　　　**编辑部电话：010-63141663**

市场营销部电话：010-63141612　　　　**印务部电话：010-63141606**

（如有印装质量问题，请与本社印务部联系。）

养花一岁，看花十日，爱人如养花。
你要好好对它才是。

枝呦九